U0468596

世界秩序学派研究

A STUDY ON THE WORLD ORDER SCHOOL

马朝林·著

时事出版社
北京

本书是海南省人文医学研究基地立项课题"全球生命伦理视角下的世界秩序学派研究"（编号 QRYZH201802）的最终成果

目录 Contents

绪　论……………………………………………………（1）

第一章　建设性后现代主义的兴起…………………（60）
　第一节　建设性后现代主义的发展历程……………（61）
　第二节　建设性后现代主义的理论体系……………（70）
　第三节　建设性后现代主义与世界秩序学派………（80）

第二章　世界秩序模式工程的起源与演变…………（87）
　第一节　世界秩序模式工程产生的时代背景………（87）
　第二节　世界秩序模式工程的起源与产生
　　　　　（20世纪60年代）………………………（95）
　第三节　世界秩序模式工程的兴盛与世界秩序学派
　　　　　的产生（20世纪60年代末到80年代初）……（100）
　第四节　世界秩序模式工程的深化、分裂与沉寂
　　　　　（20世纪80年代初以后）………………（110）
　第五节　重启：尚未完成的世界秩序模式工程…………（118）

· 1 ·

第三章　世界秩序学派的价值基础 (120)
 第一节　和平 (120)
 第二节　经济福利 (126)
 第三节　社会正义 (131)
 第四节　生态平衡 (136)

第四章　世界秩序学派的理论体系 (141)
 第一节　何谓"世界秩序"？ (141)
 第二节　世界秩序行为体 (145)
 第三节　世界秩序学派的理论内涵 (151)

第五章　世界秩序学派的转型战略 (164)
 第一节　世界秩序学派的转型设计 (165)
 第二节　世界秩序学派的转型战略：改革联合国 (176)
 第三节　世界秩序学派的转型战略：跨国社会运动 (181)

第六章　理论比较视野下的世界秩序学派 (189)
 第一节　世界秩序学派与现实主义、自由主义 (190)
 第二节　世界秩序学派与英国学派 (197)
 第三节　世界秩序学派与其他相关理论 (205)

第七章　世界秩序学派的贡献与不足 (214)
 第一节　世界秩序学派的贡献 (215)
 第二节　世界秩序学派的不足 (221)

结语：后现代世界秩序与人类的未来 …………………（229）

参考文献 ………………………………………………（236）

后　记 …………………………………………………（287）

绪 论

本书主要研究建设性后现代主义（Constructive Postmodernism）的重要理论流派之一——"世界秩序学派"（World Order School）的建设性后现代国际关系思想。本部分主要介绍和阐述本研究问题的提出与选题意义、国内外关于本研究主题的研究现状、主要观点和结构安排、研究方法、创新与不足等情况。

一、问题提出与选题意义

（一）问题的提出

进入现代社会以后，人类取得的进步显而易见。仅以最近十余年通讯手段的升级为例，笔者本人就经历了电报、书信、传呼机、电话、大哥大、蓝屏手机、彩屏手机、电脑、手机电脑二合一的智能手机的快速更新换代。可以说，人类过去十余年在这些方面取得的进步甚至超过过去数千年。它们不仅使人们的沟通变得越来越快速便捷，同时也改变了我们的生活方式。交通通讯方式的便捷使得国际经济文化往来愈益频繁，全球化时代已是不争的事实，诸如"地球村"之类的表述也不绝于耳。在外交上，也催生了首脑外交、多边外交、经济外交、公共外交等众多新方式，国际合作与协调愈益方便、有效。

然而另一方面，人类也面临着现代技术进步带来的新问题。由于在全球范围内的利益争夺和武器杀伤力提高，第一次世界大战、第二次世界大战带来的损失是空前的。二战后，由于核武器等新型武器的发明，人类未能实现真正的和平，而是笼罩在更为恐怖的共同毁灭阴影之下。而冷战之后，大规模战争的可能性虽然降低了，小规模冲突依然不断，联合国的作用令人失望，改革却举步维艰。恐怖主义威胁使美国人不再有安全感，反恐战争成为新的战争形式，却难以根本解决问题。金融危机频发，对社会财富带来的损失不亚于战争。而包括气候变暖、干净水资源短缺在内的生态危机使人类面临一个可怕的现实：我们已经开始面临最基本生存条件的危机。

面对现代性和国家主导范式在全球化时代面临的危机，学界众多领域都在进行反思。在国际关系学科内，全球治理理论的流行和反思主义诸派别对主流理论的挑战就是此种努力的表现。后现代主义的批判性在其中或许是最为深刻的，然而却艰涩难懂，让人望而却步，其更大的缺陷在于，只重解构而没有提出解决问题的办法，甚至走向虚无主义，令人失望。

偶遇建设性后现代主义对笔者而言如发现了新大陆一般兴奋。后现代主义其实不仅包括我们熟知的解构性后现代主义，建设性后现代主义也是其中颇为重要的一支。20世纪70年代以来，美国著名哲学家约翰·B. 科布（John B. Cobb, Jr.）、大卫·雷·格里芬（David Ray Griffin）等人在继承和发展阿尔弗雷德·诺斯·怀特海（Alfred Noth. Whitehead）过程哲学（process philosophy）的基础上提出的建设性后现代主义兴起。后现代主义的建设性向度包括倡导创造性、鼓励多元的思维风格、倡导对世界的关爱、重视性别平等。建设性后现代主义"要否定的并不是现代主义的存在，而是它的霸权，不是它的优点而是它的局限。它欣赏现代化给人们带来的物质和精神方面的进步，同时又对现代化的负面影响深恶痛绝。"它对现代主义的否定不是机械的否定，而是某种程度的"辩证否定"。也正是这种"辩证否定"造就了后现代主义的内在生成力和积极建设性。①而著名国际关系和国际法学者理查德·福尔克（Richard A. Falk）被广泛视为是这种建设性后现代主义的代表人物之一。

　　从福尔克开始，笔者回到国际关系领域。福尔克被誉为"当代的格劳秀斯"，他独具特色的世界秩序思想对规范国际关系学科的形成和发展产生了重要影响，并且已经形成一个国际关系和世界秩序研究的"福尔克学派"或"世界秩序学派"。从福尔克出发，笔者又"发现"了世界秩序模式工程（World Order Models Project，WOMP）。世界秩序模式工程创立于1968年，是一项持续达半个世纪之久的跨国思想、教育和社会运动，目的是追求一个和平、富足、社会公正和生态平衡的世界，在国际教育界、学术界和公共生活中产生了极大影响。除福尔克以外，其核心参与者还包括工程主任、美国罗格斯大学（Rutgers University）教授、对外关系委员会（Council on Foreign Relations）成员门德洛维兹（Saul H. Mendlovitz）、挪威奥斯陆和平研究所（the Peace Research Institute Oslo，PRIO）创始人加尔通（Johan Galtung）、名列世界100位顶尖公共知识分子的肯尼亚学者马兹锐（Ali A. Mazrui）、印度发展中社会研究中心（Center for the Study of Developing Societies）、洛卡岩（人民对话团）[*Lokayan*（Dialogue of the People）]创始人科塔里（Rajni Kothari）、东京大学教授坂本义和（Yoshikazu Sakamoto）、加拿大维多利亚大学教授沃克尔（R. B. J. Walker）、哥伦比亚大学美籍韩裔教授金淳基（Samuel S. Kim）

---

① 参见王治河："前言：建设性后现代主义与中国"，载王治河、薛晓源主编：《全球化与后现代性》，南宁：广西师范大学出版社，2003年版。

等人。①

如此规模宏大、长期存在、成员广泛的一项思想和社会运动，在现有的国际关系学科史介绍中却较少提及，更不用说详细介绍和深入研究，这不能不说是一件令人奇怪的事情。通过深入了解，笔者发现了其中主要缘由：其一是世界秩序模式工程在实践上属于未来导向的社会运动，在理论上则以挑战主流范式为目标，在当下国家主导范式下在实践层面尚无法取得成功，在理论上则多被视为"空想"而被一笔带过。②其二是世界秩序模式工程的研究理论性不强，他们把理论当成手段而非目的，在方法论上则是拒斥行为主义，其方法论取向完全是实用主义的、几乎是基于习惯法的，因此不被主流学派视为严肃的学术研究。其三是世界秩序模式工程的高潮期在20世纪七八十年代，20世纪90中期以后几乎停止了活动。其四，还有一部分原因是，世界秩序模式工程的参与者多为国际法学者、非美英发达国家学者和第三世界学者，较少受到主流国际关系学界关注。

---

① 工程的其他重要参与者还包括德国物理学家、哲学家魏茨泽克（Carl-Friedrich von Weizsäcker）、华裔加拿大学者和社会活动家林达光（Paul T. K. Lin）、美国圣母大学克拉克研究所创始人之一、曾担任世界秩序研究所（Institute for World Order）所长的约翰森（Robert C. Johansen）、德国建构主义学者克拉托赫维尔（Friedrich Kratochwil）、美国女性主义代表人物、和平文化之母博尔丁（Elise Boulding）、美国胡佛研究所资深研究员阿加米（Fouad A. Ajami）、美国女性主义学者西尔维斯特（Christine Sylvester）、伦敦政治经济学院教授赫尔德（David Held）、卡尔多（Mary Kaldor）、菲律宾学者鲁伊斯（Lester Edwin J. Ruiz）等。另外，一些著名政治家，如麦克纳马拉（Robert S. McNamara）（曾任美国国防部长、世界银行行长）、德卢尔德斯（Maria de Lourdes）（曾担任葡萄牙总理、外交部长）、索马维亚（Juan Somavia）（曾担任国际劳工组织总干事、智利驻联合国大使）也都曾是工程成员。由于工程持续时间长达半个世纪，他们大多只是在一个时期参与。工程参与者众多，以上列举到的仅是一部分。

② 如国内世界秩序研究方面最具代表性的著作之一——潘忠岐的《世界秩序：机构、机制与模式》就只是简单介绍了世界秩序模式工程和福尔克的"世界秩序主义"，甚至未将其视为一种独立的世界秩序模式。参见潘忠岐：《世界秩序：机构、机制与模式》，上海：上海人民出版社，2004年版，第一章。

绪 论

世界秩序模式工程的长期活动在其高潮期以及以后是否真的没有产生什么社会影响？世界秩序模式工程大量的研究成果（仅著作就多达数10部）真的没有产生任何理论影响，只值得被一笔带过吗？世界秩序模式工程是否是国际关系学科史上一段"被遗忘"的历史？它是否能够被称作一个学派（世界秩序学派），在国际关系和世界秩序学科史上处于什么样的地位？它对国际关系和世界秩序研究产生了怎样的影响？它对规范国际关系研究、全球治理研究产生了怎样的影响？它的理论取向究竟该如何定位，与其他相关理论有何异同？它在21世纪是否依然对解决人类面临的众多全球问题有所启发，该被怎样批判继承和革新？关于世界秩序模式工程有太多问题等待解答。

本研究的主题是对以世界秩序模式工程为平台、福尔克为主要理论旗手的世界秩序学派进行系统梳理、深入解读，并进行理论比较及评价，发掘其在21世纪的现实意义，可以说是一项结合了历史、理论与实践，但以理论研究为主的综合性、跨学科探索。世界秩序模式工程、世界秩序学派和建设性后现代主义是本研究的三个关键词。世界秩序模式工程是在教育、思想和社会活动领域存在的一个研究工程，或者说它其实已经成为一个非政府组织。世界秩序学派则是以世界秩序模式工程为平台的国际关系理论学派，偏重其理论内涵方面。①建设性后现代主义则是世界秩序学派在20世纪90年代之后进行理论定位时，多次明确提出的一个概念。本书将其作为研究的一个内在主线，把它明确作为世界秩序学派的理论取向。

（二）本选题的理论价值

1. 思想史研究。本书全面梳理了世界秩序模式工程起源、产

---

① 基于这样的原因，本书将交替使用世界秩序模式工程和世界秩序学派两个名词，并更多地使用了后者。另外，为行文方便，书中也较多使用了"工程"（指世界秩序模式工程）和"学派"（指世界秩序学派）两个简称。

生、兴盛、深化、分裂、衰落与重启的整个过程,"重新发现"了国际关系和世界秩序学科史上一段无法忽略的思想历史。特别是深入挖掘了世界秩序模式工程在 20 世纪 60 年代末正式启动之前的渊源和准备工作,明确其发展的三个阶段,并对工程最新的重启活动进行了追踪。

2. 国际关系理论研究。本书在详尽文献梳理和深入理论概括的基础上,凝炼了世界秩序模式工程的理论内容,明确树立起"世界秩序学派"的理论旗帜。世界秩序学派以和平、经济福利、社会正义和生态平衡四项价值为分析框架,以国家、特别是非国家行为体(non-state actors)[主要指全球公民社会(global civil society)]为行为主体,以全球法治、体系变革和以人为本理念为理论内涵,力图通过改革联合国和跨国社会运动实现世界秩序的转型。该学派坚守传统研究方法,秉持世界主义规范取向,具有鲜明的后现代特征。

3. 理论定位与比较。本书将世界秩序学派置于国际关系理论家族之中,对其与现实主义、自由主义、后现代主义、(新)马克思主义等国际关系理论的关系和异同进行了深入比较和分析。特别是针对世界秩序学派与国际社会理论这两大有明显相似之处的国际关系规范理论,从组织形式、规范关注、研究方法、分析单元、理论取向和学者定位方面进行了深入比较。明确了世界秩序学派"建设性后现代主义"的理论取向。

4. 思想评价。本书对世界秩序学派的贡献与不足进行了全面评价,认为世界秩序学派是世界秩序研究之中坚、规范国际关系学科之先驱,是国际关系学科史上不可忽略的一支理论流派。不仅如此,世界秩序模式工程还是一场声势浩大的教育、思想和社会运动。但同时,世界秩序学派也存在一些不足和缺陷:如学派内部存在的观点分歧,该学派研究缺乏历史分析、系统理论化和社会科学方法论,该学派理论上的超前性和学术、政治影响的有限性等。

更为重要的是,本研究将世界秩序研究的视野从过于保守的"国际秩序"路径更多地转向"世界秩序"路径,对于丰富现有的世界秩序研究内容、甚至是挑战主流的以国家为中心的国际秩序研究具有重要的理论意义。本研究将规范关注置于世界秩序变革研究的核心,与现有过份着力当下的思路颇为不同。我们固然活在当下,但如若没有理想和美好的目标,缺乏仰望星空的追思,恐怕难以取得突破性的进步。尤为重要的是,在全球治理成为多个学科前沿重点甚至政府研究的重要课题时,本研究对于我们厘清全球治理的发展脉络、主要流派、特别是充分发掘全球治理研究的广阔空间,有着无法替代的意义。而与此密切相关的是,本研究对于全球公民社会研究有着特殊的意义,除了丰富全球公民社会研究的议题之外,更是树立了理论与实践完美结合的典范,这对于全球公民社会研究无疑是一种极大的激励。

(三) 本选题的现实意义

世界秩序变革无疑是国际关系最为重要的主题之一,特别是进入21世纪以来,世界秩序变革受到前所未有的关注,国际体系进入转型的临界点成为很多有识之士的共同看法,引发了大量的讨论和研究。然而现有观点似乎基本上仍然局限于以主权国家为核心的现代性的范畴之内。讨论最多的依然是主权国家间的权力更迭问题,比如认为以金砖国家、特别是中国为代表的新兴国家的不断上升趋势,与传统欧美发达国家的相对衰落形成了鲜明对比。国际格局正在处于转换之中。

这当然是巨大的变化,非常值得关注和思考。事实上,世界秩序学派在世界秩序变革问题上早有丰富的研究,其看法与主流观点颇为不同。特别是,该学派极为看重的非国家行为体在国际事务中参与力度和重要性的上升,同样是无法忽视的现实。虽然这在目前还未能撼动主权国家的主导地位,但它们对于世界秩序变革的意义却是非常巨大的。本研究的前沿意义正体现于此,世界秩序学派对于建设性后现代世界秩序变革有着一套完整的设计,也许它在当下还有些超前,但它对于世界秩序的未来发展无疑是有启发和指导作用的。

特别是,在笔者看来,世界秩序学派对于解决 21 世纪世界秩序变革中最为紧迫、最受关注的关键问题——人类面临的严峻全球问题,诸如环境问题、恐怖主义、核扩散、难民问题等,有着巨大的现实意义。解决这些问题,根本出路在于从世界观开始的彻底改变。世界秩序学派的建设性后现代方案无疑提供了很好的指导。为此,笔者提出,世界秩序学派仍须完善自我,在提供具体政策建议、展开理论比较和实证研究等方面实现突破。但同时,人类也需要突破自我、展开联合、勇于实践,为一个公正世界秩序的实现而努力。

二、国内外研究现状

(一) 世界秩序理论与模式研究

世界秩序可以说是国际关系的基本要义。国际关系学科的产生就是源于人类追求安全、自由、秩序、正义和福利的愿望,这些莫不是世界秩序的基本元素。国际关系理论界公认的三大主要理论流派现实主义、自由主义和建构主义都有着自己的世界秩序观,虽然他们几乎没有直接使用过"世界秩序"一语,但是其基本理论模式都是围绕着世界秩序展开的,对此也有着众多研究。主流理论之外的一些其他理论则对世界秩序进行了较为直接的考察,如国际社会理论、新马克思主义理论和一些反思主义理论。除此之外,学者们还对众多其他世界秩序模式进行了大量研究。

1. 现实主义的世界秩序观

现实主义理论相信权力与利益冲突难以避免,强调主权国家是世界秩序的主要行为体，世界政治、军事和安全等高级政治事务是世界秩序需要处理的主要内容。为实现世界的和平与稳定这一总体目标，国际社会就必须以权力为中心来安排世界秩序的基本结构。[①]而根据国际体系中主导大国之间权力对比状况的不同，现实主义理论的世界秩序模式主要关注权力关系或结构，表现为单极霸权模式、多极均势模式和两极均势模式等。

最具代表性的单极霸权模式是"单极稳定论"或曰"霸权稳定论"。20世纪70年代，美国经济受到西欧和日本挑战，为了从新的角度论证美国霸权继续存在的必要性，不仅是现实主义者，一些更擅长经济研究、带有自由主义倾向的学者也在霸权稳定论的发展过程中扮演了重要角色。20世纪70年代初，金德尔伯格（Charles Kindleberger）首先提出了单极稳定论，不过他讨论的主要是如何在世界经济领域实现可以预期的稳定。他认为需要一个霸权国来提供能够保障市场成熟、货币稳定和贸易体系自由开放的各种公共物品。霸权的存在对于世界经济的稳定是有利的。[②]随后，克拉斯纳（Stephen Krasner）、基欧汉（Robert Keohane）、吉尔平（Robert Gilpin）发展了金德尔伯格的单极霸权思想，将其扩展到世界政治、军事、安全等领域，并提出了新的"霸权稳定论"概念。基欧汉认为，单个国家主宰性的霸权结构最有利于一种强有力的国际机制的发展。吉尔平则进一步指出一个霸权国家的存在是"实现一个开放自由的社会经济与和平稳定的国际社会

---

① 参见潘忠岐：《世界秩序：机构、机制与模式》，上海：上海人民出版社，2004年版，第214页。

② Charles Kindleberger, *The World in Depression: 1929 - 1939*, Berkeley, CA.: University of California Press, 1973; Charles Kindleberger, *The International Economic Order: Essays on Financial Crisis and International Public Goods*, Cambridge, Mass.: The MIT Press, 1998.

的必要条件"。①另一位学者莫德尔斯基（George Modelski）则提出了世界政治的"长周期理论"，对霸权转移的周期逻辑进行了考察，也被认为是霸权稳定论的一种补充。②

多极均势是近代欧洲国际关系的主要表现形式，它最为成功的时期是在维也纳会议之后，大国协调和俾斯麦的结盟体系维持了19世纪大部分时间的欧洲和平。为此，多极均势模式受到众多极富盛名的国际关系学者的推崇。经典现实主义的奠基人摩根索（Hans J. Morgenthau）就是多极均势的支持者。他认为，若干国家为了追求权力优势与和平在国际领域展开斗争与角逐，最终导致的结果将是一种被称为"均势"的格局。③对这种欧洲古典均势最为经典的考察则是古利克（Edward Gulick）的专著《欧洲古典均势》。④卡普兰在研究各种国际体系的基础上，对多极均势体系进行了归纳、概括和提升，颇为有力地指出了均势格局的有益之处。⑤而基辛格（Henry Kissinger）则既是多极均势模式的研究和提倡者，又是实践者。通读其洋洋洒洒近千页的经典之作《大外交》，如果做最简单的提炼，那就是——均势——基辛格对国

---

① See Stephen D. Krasner, "State Power and the Structure of International Trade", *World Politics*, Vol. 28, No. 3. (Apr., 1976), pp. 317 – 347; Robert Keohane, "The Theory of Hegemonic Stability and Changes in International Economic Regimes, 1967 – 1977", in Ole Holsti ed., *Changes in the International System*, Boulder, CO: Westview Press, 1986; Robert Gilpin, *War and Change in World Politcs*, Cambridge: Cambridge University Press, 1981; Robert Gilpin, *The Political Economy of International Relations*, Princeton: Princeton University Press, 1987.

② George Modelski, *Long Cycles in World Politics*, Washington, D. C.: University of Washington Press, 1987.

③ ［美］汉斯·摩根索：《国家间政治——寻求权力与和平的斗争》，徐昕等译，北京：中国人民公安大学出版社，1990年版，第229页。

④ Edward Gulick, *Europe's Classical Balance of Power*, New York: W. W. Norton, 1967.

⑤ 参见［美］莫顿·卡普兰：《国际政治的系统和过程》，薄智跃译，北京：中国人民公安大学出版社，1989年版。

际关系历史精髓的概括。①

两极均势模式最知名的论述者是结构现实主义的代表者沃尔兹（Kenneth Waltz）。沃尔兹认为影响国家行为的核心因素是国际体系结构，而结构则是由大国之间的实力分配状况形成的。他认为两极结构最有利于维持世界和平，因此是最稳定的，而多极世界则太容易爆发战争。②而在冷战史学家加迪斯（John Gaddis）看来，两极结构是确保战后"长和平"最重要的稳定因素，没有爆发第三次世界大战就是稳定最有力的说明。③

2. 自由主义的世界秩序观

自由主义理论的特点是相信和平、合作与进步，强调政府间国际组织（intergovernmental organizations, IGOs）、非政府国际组织（international nongovernmental organizations, NGOs）和跨国公司（multinational corporations, MNCs）等非国家行为体在维护世界秩序中的作用，世界经济、文化、社会和环境等低级政治事务是世界秩序的主要内容，强调要以国际制度、国际机制和国际法为中心安排世界秩序的基本结构。④由于具体理论倾向的差异，自由主义理论内部存在集体安全模式、世界政府模式、相互依赖模式和国际制度模式等众多世界秩序观点。

美国总统威尔逊（Woodrow Wilson）是集体安全理论的主要代表人物，他对现实主义的权力均势模式提出了尖锐批评，认为正是欧洲大国间你争我夺的多极均势导致了第一次世界大战。威

---

① Henry Kissinger, "The Congress of Vienna: A Reappraisal", *World Politics*, Vol. 8, No. 2, Jan. 1965, pp. 264-280；[美] 亨利·基辛格：《大外交》，顾淑馨、林添贵译，海口：海南出版社，1997年版。

② 参见 [美] 肯尼斯·华尔兹（沃尔兹）：《国际政治理论》，信强译，上海：上海人民出版社，2003年版。

③ John Lewis Gaddis, *The Long Peace: Inquires into the History of the Cold War*, New York: Oxford University Press, 1987.

④ 参见潘忠岐：《世界秩序：机构、机制与模式》，上海：上海人民出版社，2004年版，第215页。

尔逊的集体安全构想集中体现在他所提出的"十四点计划"中，其核心是建立国际联盟，实现"人人为我，我为人人"的集体安全，以实现永久和平的世界秩序。①克劳德（Inis Claude）对集体安全进行了深入探讨，认为集体安全体系不仅能够以压倒优势的权力对付任何可能出现的侵略者，而且能够把弱小国家从在均势体系下所处的不稳定处境中解放出来。②

世界政府模式本质上是人们希望将国内政府治理模式推广到世界范围。③关于成立世界政府的主张由来已久，几乎与人类的发展同步。在东方，从孔子到康有为，都把天下大同视为最高层次的理想。在西方，更有但丁（Dante Alighieri）、圣皮埃尔（Saint Pierre）、卢梭（Jean-Jacques Rousseau）和康德（Immanuel Kant）等伟大的思想家为世界的永久和平献计献策。④在当代世界政府主张中，克拉克（Grenville Clark）和索恩（Louis B. Sohn）通过改革联合国建立有限世界政府的主张是比较有代表性的一种。⑤克劳德甚至将世界政府视为"一个唯一有希望的体系"，认为除非建立世界政府，否则无法消除战争。⑥甚至对人类文明有深刻理解的汤因比（Arnold Toynbee）也是世界政府主张的支持者，认为解

---

① Woodrow Wilson, "Fourteen Points Speech (1918)", in Arthur S. Link et al., eds., V The Papers of Woodrow Wilson, Vol. 45, 1984, p. 536.

② Inis L. Claude, *Power and International Relations*, New York: Random House, 1962; Inis L. Claude, *Swords into Plowshares: The Problems and Progress of International Organization*, New York: Random House, 1964.

③ E. G. Hidemi Suganami, *The Domestic Analogy and World Order Proposals*, Cambridge: Cambridge University Press, 1989.

④ 参见康有为：《大同书》，上海：上海古籍出版社，2009年版；［意］但丁：《帝制论》，载但丁：《但丁精选集》，吕同六译，北京：北京燕山出版社，2004年版；［法］卢梭：《卢梭全集（第1卷）》，李平沤译，北京：商务印书馆，2012年版；［德］伊曼纽尔·康德：《永久和平论》，何兆武译，上海：上海人民出版社，2005年版。

⑤ Grenville Clark and Louis B. Sohn, *World Peace Through World Law*, Cambridge, MA.: Harvard University Press, 1958.

⑥ ［美］英尼斯·克劳德："均势、集体安全和世界政府"，载倪世雄、金应忠选编：《当代美国国际关系理论流派文选》，上海：学林出版社，1987年版。

决国际社会各种矛盾和冲突的最根本措施就是建立一个超越于目前各个主权国家之上的、有足够权威的世界政府。①

相互依赖模式是20世纪六七十年代随着国家间经济交往的日益密切而广受重视的。这种模式认为，国家之间的频繁的经贸往来能够减少战争发生的可能性，从而有助于维护世界和平。相互依赖理论的奠基人库珀（Richard Cooper）在20世纪60年代末即指出，相互依赖已成为工业国家间的一种强劲趋势，为战后国际关系带来深刻变革。②而使相互依赖模式具有更广泛影响力的则是基欧汉和奈（Josephe S. Nye, Jr.），他们对相互依赖概念及其敏感性和脆弱性的诠释被认为是理解相互依赖模式的关键。③而相互依赖理论的集大成者罗斯克兰斯（Richard Rosecrance）甚至认为，在高度相互依赖的现代国际体系内，发动战争的动力已经不存在了。④

20世纪80年代之后，国际制度模式逐渐发展成为几乎是最受欢迎、最具操作性的走向一个更为合作世界秩序的途径。如果说集体安全实践令人失望，世界政府仍属空想，二战后大量涌现的国际组织则是活生生的现实，它们在世界事务中发挥了越来越大的作用。在基欧汉看来，国际制度不仅可以通过提供服务和惩罚、降低交易成本促进合作，甚至还被视为维护和平的重要保

---

① 参见［日］池田大作、［英］阿·汤因比：《展望21世纪——汤因比与池田大作对话录》，荀春生等译，北京：国际文化出版公司，1997年版。
② See Richard Cooper, *The Economics of Interdependence: Economic Policy in the Atlantic Community*, New York: McGraw-Hill, 1968.
③ 参见［美］罗伯特·基欧汉、约瑟夫·奈：《权力与相互依赖》，门洪华译，北京：北京大学出版社，2012年版。
④ Richard Rosecrance, *The Rise of Trading States: Commerce and Conquest in the Modern World*, New York: Basic Books, 1986.

证。①扬（Oran Young）甚至认为，国际制度可以使世界秩序行为主体和整个国际社会处于一种可循的、有序的状态。②而鲁杰（John Ruggie）则指出，多边规范和制度有助于国际社会的稳定，在管理广泛的地区和全球变迁中起着重要作用。③

自由主义内部流派繁多，除以上四种模式之外，比较重要的还有跨国社会交往模式、民主和平模式两种世界秩序观。跨国社会交往模式强调分属不同国度的人、团体与组织之间的跨国联系有助于和平，甚至能走向一种安全共同体。④民主和平模式发展了康德的观点，它建立在自由民主制比其他政治制度更为和平、更守法律的观点之上，认为民主国家之间永远不会发生战争，因此只要推广自由民主制度，就可以实现世界和平。⑤除此之外，近年来普林斯顿大学教授伊肯伯里（John Ikenberry）在综合自由主义与现实主义等理论基础上所提出的世界秩序建构的制度路径也颇具影响。⑥

---

① 参见［美］罗伯特·基欧汉：《霸权之后：世界政治经济中的合作与纷争》，苏长和等译，上海：上海人民出版社，2006年版；Robert Keohane, *International Institutions and State Power: Essays in International Relations Theory*, Boulder, CO: Westview Press, 1989.

② Oran R. Young, *International Cooperation: Building Regimes for Natural Resources and the Environment*, Ithaca, N. Y.: Cornell University Press, 1989.

③ John Ruggie, *Constructing the World Policy: Essays on International Institution*, New York: Routledge, 1998.

④ Karl W. Deutsch et al., *Political Community and the North Atlantic Area*, Princeton: Princeton University Press, 1957; John Burton, *World Society*, Cambridge: Cambridge University Press, 1972; James N. Rosenau, *The Study of Global Interdependence: Essays on the Transnationalization of World Affairs*, New York: Nichols, 1980.

⑤ Michael Doyle, "Kant, Liberal Legacies and Foreign Affairs", parts 1 and 2, *Philosophy and Public Affairs*, Vol. 12, No. 3 and 4 (Summer and Fall, 1983), pp. 205 – 235, 323 – 354; Michael Doyle, "Liberalism and World Politics", *American Political Science Review*, Vol. 80, No. 4 (Dec., 1986), pp. 1151 – 1169.

⑥ 参见［美］约翰·伊肯伯里：《大战胜利之后：制度、战略约束与战后秩序重建》，门洪华译，北京：北京大学出版社，2008年版。

3. 建构主义的世界秩序观

建构主义虽然赞同现实主义把国家看作世界秩序最主要行为主体的观点，但是认为国际体系的无政府状态并非只有单一逻辑，而是由国家造就的。文化与观念是世界秩序的主要内容，国际体系结构不是取决于物质力量，而是取决于共有观念。因而，为了实现世界真正有序、稳定与和平，世界各国应该从培养共同的文化观念出发，建构国际集体认同，并在此基础上形成安全共同体，从而形成了最基本的建构主义世界秩序模式，即安全共同体模式。①

温特（Alexander Wendt）认为存在三种国际体系文化：霍布斯文化、洛克文化和康德文化，这其实就是三种世界秩序模式：冲突模式、竞争模式和安全共同体模式，温特认为通过国家间的观念互动，人类可以走向一个理想的未来。②建构主义的其他主要代表人物还分别从安全文化、战略文化、规范建构、规则建构等角度对世界秩序的核心要素进行了深入探讨，阐释理念和国家实践活动对于世界秩序建构的意义。③

---

① 参见潘忠岐：《世界秩序：机构、机制与模式》，上海：上海人民出版社，2004年版，第215页。

② 参见 Alexander Wendt, "Anarchy is What States Make of It: The Social Constructions of Power Politics", *International Organization*, Vol. 46, No. 2 (Spring, 1992), pp. 391-425；[美] 亚历山大·温特：《国际政治的社会理论》，秦亚青译，上海：上海人民出版社，2000年版。

③ Peter J. Katzenstein ed., *The Culture of National Security: Norms and Identity in World Politics*, New York: Columbia University Press, 1996; Alastair I. Johnston, *Cultural Realism: Strategic Culture and Grand Stategy in Chinese History*, Princeton: Princeton University Press, 1998; Friedrich V. Kratochwil, *Rules, Norms, and Decisions: On the Conditions of Practical and Legal Reasoning in the International Relations and Domestic Affairs*, New York: Cambridge University Press, 1991; Nicholas G. Onuf, *World of Our Making: Rules and Rule in Social Theory and International Relations*, Columbia: University of South Carolina Press, 1989.

4. 国际社会理论的世界秩序观

英国学派的国际社会理论对世界秩序进行了更为直接的研究，布尔（Hedley Bull）的《无政府社会：世界政治秩序研究》被认为是世界秩序研究的代表作之一。国际社会理论关注的核心是国际社会的秩序、正义以及政治责任，而维护这种世界秩序的主要途径则是国际法、国际制度和外交规则，大国在维护世界秩序中也有特殊责任。

国际社会理论的主要代表学者分别强调了世界秩序中的不同因素。怀特（Martin Wight）重视权力政治，并对国际体系的演进进行了深入考察。①布尔则较为关注国际社会中秩序的维持和正义的维护。②文森特（R. J. Vincent）则对主权与人权的关系以及人道主义干涉问题进行了专门研究。③而随着现实的发展，该学派新一代的主要代表人物布赞（Barry Buzan）则重塑了学派的"未来研究议程"，将关注重点从国际社会转向世界社会，体现了更多的世界主义色彩。④

5. 新马克思主义的世界秩序观

一些新马克思主义者对世界秩序进行了较为直接的考察。最为著名的新马克思主义世界秩序观要数沃勒斯坦（Immanuel Wallerstein）的世界体系论，以及与之类似的弗兰克（Andre

---

① 参见［英］马丁·怀特：《权力政治》，宋爱群译，北京：世界知识出版社，2004年版；Martin Wight, *International Theory: The Three Traditions*, New York: Holmes & Meier, 1992.

② 参见［英］赫德利·布尔：《无政府社会：世界政治秩序研究》，张小明译，北京：世界知识出版社，2003年版；Hedley Bull, *Justice in International Relations (The Hagey Lectures)*, Ontario: University of Waterloo Press, 1985.

③ R. J. Vincent, *Nonintervention and International Order*, Princeton: Princeton University Press, 1974; R. J. Vincent, *Human Rights and International Relations*, Cambridge: Cambridge University Press, 1986.

④ Barry Buzan, *From International to World Society? English School Theory and the Social Structure of Globalization*, Cambridge: Cambridge University Press, 2004.

Frank)等人的依附论，另外还有考克斯（Robert Cox）的历史结构论。

沃勒斯坦从世界经济体系角度提出了他对世界秩序的看法。他认为，资本主义世界经济体系建立在一个有着核心区、外围区和半外围区的等级结构之上，它的一个基本运作机制就是不平等交换，利润从外围区转到核心区，而半外围区的存在是一种政治稳定因素，可以在外围区与核心区间发挥缓冲作用。世界经济体系并非静态的，从外围到半外围、半外围到核心区的转换都是可能发生的。①观点与之相近的依附论则是从中心和边缘两个概念入手，对国际关系中南北国家间的差距和不平等、第三世界国家贫困的原因及其出路进行分析和探索。②

考克斯有大量专门论述世界秩序的著作。他用历史实践观批判了维护现存世界秩序的西方主流国际关系理论，特别是现实主义和自由主义的世界秩序观。考克斯提出了历史结构概念，并将其定义为"一种特殊的力量格局"。这些历史结构由三个相互作用的力量范畴组成：物质能力、观念和制度，考克斯从社会力量、国家形态和世界秩序三个层次上对它们进行了阐释。考克斯更多地强调了跨国社会力量的重要意义和世界秩序中的变化性因素，认为长远的趋势是美国的全球性支配地位会被取代，但未来

---

① 参见［美］伊曼纽尔·沃勒斯坦：《现代世界体系（第一卷）》，尤来寅等译，北京：高等教育出版社，1997年版；［美］伊曼纽尔·沃勒斯坦：《现代世界体系（第二卷）》，吕丹等译，北京：高等教育出版社，1997年版；［美］伊曼纽尔·沃勒斯坦：《现代世界体系（第三卷）》，孙立田等译，北京：高等教育出版社，2000年版。

② 参见［德］安德烈·弗兰克：《依附性积累与不发达》，高銛等译，南京：译林出版社，1999年版；［埃及］萨米尔·阿明：《不平等的发展》，高銛译，北京：商务印书馆，2000年版；［巴西］多斯桑托斯：《帝国主义与依附》，杨衍永等译，北京：社科文献出版社，1999年版；Fernando Cardoso and Enzo Faletto, *Dependency and Development in Latin America*, Berkeley: University of Berkeley Press, 1979.

世界秩序的前景是不确定的。①

6. 其他世界秩序观

冷战之后，由于旧的两极秩序解体，世界秩序面临转型，再加上全球化的深入发展对主权国家带来的冲击，众多学者对于冷战后世界秩序新模式提出了自己的见解，也有一些学者从世界历史中汲取养料，导致各色各样的世界秩序新模式大量涌现。其中较有影响的包括：文明冲突论、历史终结论、"单极主导下的多极合作"模式、"地球村"模式、和谐世界观、"天下"秩序、女性主义世界秩序观等。

冷战甫一结束，亨廷顿（Samuel Huntington）便提出，在即将到来的时代里，文明的冲突是对世界和平的最大威胁，而以文明为基础的世界秩序才是防止世界战争的最可靠保障。亨廷顿指出，伊斯兰和儒家文明的联合，将会是21世纪西方文明的首要挑战者。②文明冲突论其实是冷战思维新的延续，但它引发了人们对文明范式的关注。众多学者在对其批判的基础上，提出了"文明交往论""文明融合"等有意义的世界秩序模式。③

美籍日裔学者福山（Francis Fukuyama）在1989年提出了"历史终结论"，似乎很快被随后的东欧剧变、苏联解体验证，因此福山在随后进一步发展了自己的观点，认为历史的演变过程已

---

① Robert W. Cox, "Social Forces, States and World Orders: Beyond International Relations Theory", *Millennium: Journal of International Studies*, Vol. 10, No. 2 (Summer, 1981), pp. 126 – 155; Robert W. Cox, *Production, Power, and World Order*, New York: Columbia University Press, 1987; Robert W. Cox and Timothy J. Sinclair, *Approaches to World Order*, Cambridge: Cambridge University Press, 1996.

② Samuel P. Huntington, "The Clash of Civilizations?", *Foreign Affairs*, Vol. 72, No. 3 (Summer 1993), pp. 22 – 49;［美］塞缪尔·亨廷顿：《文明的冲突与世界秩序的重建》，周琪等译，北京：新华出版社，2010年版。

③ 参见彭树智：《文明交往论》，西安：陕西人民出版社，2002年版；Micháli S. Michael and Fabio Petito eds., *Civilization Dialogue and World Order: The Other Politics of Cultures, Religions, and Civilizations in International Relations*, New York: Palgrave Macmillan, 2009.

走向完成，西方自由民主制是"人类政治的最佳选择"，并即将成为"全人类的制度"。世界将统一于资本主义和市场经济的旗帜之下，各国也将在全球化过程中获得"和平红利"。①然而，后来资本主义的种种弊端愈益显现，福山的预言不仅没有真正应验，以致引起其本人的反思。

冷战后的世界秩序模式是什么？"一超多强"可能是最为广泛的一种看法。冷战结束后，尽管美国是世界上唯一真正的超级大国，在各个权力层次上都占据主导地位，但这并不意味着一个单极世界已经取代了冷战时的两极世界，仍然有许多重要的安全、经济和政治目标仅仅靠美国自身的实力是无法实现的，即使在美国实力表现最为突出的军事领域也是如此。正因为如此，奈认为，在全球信息时代，力量非常分散，根本无法用单极、多极或霸权加以描述，未来的世界新秩序将不以美国的一极独霸为特征，而是以单极主导下的多极合作为内容。②

20世纪90代以来，全球化的新浪潮再一次唤起了人类"地球村"的梦想。巴尼特（Richard Barnet）和卡瓦纳夫（John Cavanagh）指出，高新技术的日新月异，传真机、国际互联网、信息高速公路、电子信箱和通讯卫星等信息传播技术的飞速发展，把全世界各地区、各国家紧紧地联在了一起，使地球变得愈来愈小。国际贸易、经济投资的相互依赖，文化、政治的相互交流、相互渗透，使国家与国家之间、人民与人民之间的接触与了解日益加深。全球性问题的出现，如人口爆炸、环境污染、水源短缺、温室效应、难民流动以及包括核武器在

---

① Francis Fukuyama, "The End of History?", *The National Interest*, No. 16 (Summer 1989), pp. 3–18；[美] 弗朗西斯·福山：《历史的终结及最后之人》，黄胜强等译，北京：中国社会科学出版社，2008年版。

② 参见 Joseph S. Nye Jr., "What New World Order?" *Foreign Affairs*, Vol. 71, No. 2 (Spring 1992), pp. 83–96；[美] 小约瑟夫·奈：《理解国际冲突：理论与历史》，张小明译，上海：上海人民出版社，2002年版。

内的大规模杀伤性武器的扩散等等,需要全世界各国共同努力才能解决。所有这些全球化的特征都在加速地球村的形成。[①]如今,地球村已成为我们日常生活中的一个常用语,然而,这可能更多只是在交通、通讯和文化上,作为一种世界秩序构想,它依然只是一种梦想。

2005年9月15日,胡锦涛主席在联合国成立60周年首脑会议上,正式提出了"和谐世界"的重要理念。这一理念是在世界局势变化的大背景下中国提出的世界秩序构想,它基于中国传统"和合"文化之上,符合时代潮流,是世界秩序理论发展中的一次重要理论创新。它由安全、发展、和谐三个关键概念组成,通过共同安全实现持久和平稳定;通过共同发展和共同繁荣既满足世界各国的发展利益需求,又促进全球安全威胁根源的消除;通过开放包容实现不同文明和谐相处、共同进步,实现公正与合理的世界秩序。[②]

"天下"这个概念引起关注,既因为它是中国两千多年来治理国家和理解自己的关键,也是因为对天下作为中国的世界秩序模式的讨论在21世纪正再次流行起来。中国文化一个突出的特点,就是对于稳定与秩序的追求,把建立秩序置于一个非常高的位置。中国历史上追求实现的虽然是一种等级间和谐的秩序,但这种秩序以"王道"而非"霸道"思想作为主导,促进了东亚各

[①] See Richard Barnet and John Cavanagh, *Global Dreams*, New York: Simon and Schuster, 1994.

[②] 关于"和谐世界"构想有着大量研究,此处仅举几例。吴建民等:"和谐世界与中国外交",《外交评论》2006年第1期;秦亚青:"和谐世界:中国外交新理念",《前线》2006年第12期;王公龙:"和谐世界:国际秩序的新构想和新范式",《现代国际关系》2007年第3期。

绪 论

国的贸易往来，维护了东亚长期和平的地区秩序。①在 21 世纪重新考察这种大异于西方主权秩序的模式，或许能为世界秩序的未来安排提供某些启发。

作为一支颇具特色的国际关系理论，女性主义对世界秩序的看法同主导的男性观点存在很大不同。一些女性主义学者从性别视角进行了较为深入的世界秩序研究，认为主流范式对世界秩序的研究是高度性别化的，这种偏见无助于建立和平、正义的世界秩序。女性主义世界秩序观力图还原世界秩序的真实图景，以性别正义为基础，构建一个和平、发展、正义、和谐的世界。②

上述众多世界秩序理论与模式无疑构成了一幅颇为蓬勃和丰富的世界秩序理论图景。然而，事实上，世界秩序理论研究并非三大主流理论的直接关注方面，而只是某种"副产品"，虽然它们的理论无疑与世界秩序密切相关，甚至涉及的是世界秩序的根本所在。还有其他众多世界秩序模式也从不同侧面进行了间接或直接的世界秩序探索。然而，在现有世界秩序研究中，却几乎是忽略了世界秩序研究的一个中坚力量和一种与所有上述世界秩序理论和模式都颇为不同的世界秩序模式——世界秩序学派的世界

---

① 这方面的讨论也很多，如［美］费正清编：《中国的世界秩序——传统中国的对外关系》，杜继东译，北京：中国社会科学出版社，2010 年版；赵汀阳：《天下体系：世界制度哲学导论》，南京：江苏教育出版社，2005 年版；［美］柯岚安："中国视野下的世界秩序：天下、帝国和世界"，《世界经济与政治》2008 年第 10 期；郑永年："中国国家间关系的构建：从'天下'到国际秩序"，《当代亚太》2009 年第 5 期。

② 苏云婷：《女性主义视角下的世界秩序研究》，北京：中国社会科学出版社，2010 年版；Jennifer Turpin and Lois Ann Lorentzen eds., *The Gendered New World Order: Militarism, Development and the Environment*, London: Routledge, 1996.

秩序观。①考虑到世界秩序学派在世界秩序学科中的开创地位和其独特的观点以及大量学术成果,这无疑是世界秩序研究中的一个重大缺失。

(二) 规范国际关系和全球伦理研究

1. 规范国际关系研究

早在1914年国际关系学科产生之前,美国就成立了以探究"伦理与国际事务"关系为宗旨的卡内基委员会(The Carnegie Council),以消除战争为核心目标,全面关心与讨论全球正义、人权与国际关系、伦理与世界政治、伦理与冲突、政治和解与和平的积极维持等问题。② 1917年底,美国哲学协会(the American Philosophical Association)还曾在普林斯顿大学组织召开伦理与国际关系会议,讨论两者的联系。③

第一次世界大战催生了国际关系学科的诞生,作为学科诞生的标志,理想主义致力于避免大战灾祸的重演。在理想主义学派代表人物威尔逊总统所发表的"十四点计划"之中,对公平、正义的追求置于核心地位,他呼吁公开外交、公海航行自由、取消贸易壁垒、裁减军备和民族自觉。④威尔逊思想的两个要点是:推广自由民主制、建立国际组织,以保证永久和平。另一位理想主义者安吉尔(Norman Angell)则抨击政治家们相信战争有利可图

---

① 虽然几乎所有的世界秩序研究中都提及了世界秩序学派,包括布尔和奈在内的众多学者都将其视为世界秩序的重要模式之一,他们却几乎都是一带而过,只是对其进行了简略的片面介绍,更遑论详细和深入研究。比如,可参见布尔:《无政府社会:世界政治秩序研究》;奈:《理解国际冲突:理论与历史》;潘忠岐:《世界秩序:机构、机制与模式》,上海人民出版社,2004年版。

② Carnegie Council for Ethics in International Affairs, "Carnegie Council History" http://www.carnegiecouncil.org/about/info/history.html;余潇枫:"伦理视域中的国际关系",《世界经济与政治》2005年第1期。

③ James H. Tufts, "Ethics and International Relations", *International Journal of Ethics*, Vol. 28, No. 3 (Apr., 1918), pp. 299–313.

④ Woodrow Wilson, "Fourteen Points Speech (1918)".

为"幻想",现代化的经济发展需求将使发动战争和使用武力变得越来越不合时宜。①可以说,国际关系学科就是作为一个规范学科诞生的。理想主义在20世纪20年代获得了一些成功,国际联盟建立起来,废除战争的国际公约《白里安—凯洛格公约》在1928年签署,几乎所有国家先后都签了字。

然而,第二次世界大战在仅仅20年之后就爆发的现实粉碎了理想主义者的努力,现实主义出现并主导了此后的国际关系研究和政策界。不过,现实主义者并非完全不重视道德。卡尔(Edward Carr)在1939年提出了现实主义,将理想主义斥为"乌托邦",然而他却在强调权力的同时不忘专门论述国际政治中的道德和法律。②事实上,绝大多数现实主义者并不信奉犬儒哲学,他们始终将伦理问题置于突出位置加以讨论,且本质上都不乏基本的道德关注。现实主义的道德倾向可以被称之为"情势伦理",他们认为政治伦理不同于个人道德,政治家为了维护国家利益,只能做出环境允许的最佳道德选择,将伤害降到最低。③特别是基督教现实主义者,对道德更是有着非常直接的强调和论述。尼布尔(Reinhold Niebuhr)等人从基督教伦理原则和对人性的独特理解出发,在重视权力政治与国家利益的同时,始终强调伦理道德因素的作用。他们致力于在权力与道义、秩序与正义之间寻求和

---

① Norman Angell, *The Great Illusion*, London: Weidenfeld & Nicolson, 1909.
② 参见[英]爱德华·卡尔:《20年危机(1919—1939):国际关系研究导论》,秦亚青译,北京:世界知识出版社,2005年版。
③ Hans Morgenthau, "The Twilight of International Morality", *Ethics*, Vol. 58, No. 2 (Jan. 1948), pp. 79-99; George Kennan, "Morality and Foreign Policy", *Foreign Affairs*, Vol. 64, No. 2 (Winter 1985-6), pp. 205-206; John H. Herz, "Technology, Ethics, and International Relations", *Social Research*, Vol. 43, No. 1 (Spring 1976), pp. 98-113; Greg Russell, *Hans J. Morgenthau and the Ethics of American Statecraft*, Baton Rouge: Louisiana University Press, 1990; 石斌:"'非道德'政治论的道德诉求——现实主义国际关系伦理思想浅析",《欧洲》2002年第1期。

谐与平衡，使其既符合政治利益，也符合伦理原则。①

20世纪六七十年代，国际关系学科受到行为主义的影响，引发学科史上的第二次论战：科学方法与传统方法之争。科学行为主义强调价值中立，受此影响，新现实主义确实表现为"弱道德主义"，然而几乎与其同时流行起来的新自由主义却相信国际道德的约束力量，强调"复合相互依赖"与国际制度对国际合作的促进作用，显示了较强的道德践行倾向。基欧汉对国际制度的定义是：制度是"一系列围绕行为体的预期所汇聚到一个既定国际关系领域而形成的隐含的、明确的原则、规范、规则和决策程序"。这表明，新自由主义者已经明确地将规范要素作为自己的核心变量予以阐述，只不过他们是从功利和实践角度出发的。②

更为重要的是，即使科学行为主义在美国盛行之时，有着强烈规范取向的国际社会理论却是大洋彼岸国际关系研究的重要力量。国际社会理论是一个具有丰富伦理内涵的传统学派，伦理思想最能体现其精神实质与当代意义。它试图以维持国际体系与国际秩序、保障生存与安全等基本人权为伦理底线，以非完美主义的形势伦理观来处理各种伦理困境，表现出一种相对客观、稳健并具有较强现实针对性的伦理取向，成为规范研究的一支中坚力量。国际社会理论关注的核心议题如秩序、正义、人权无不是规范国际关系的核心概念，该学派在这方面有着大量的学术成果。可以说，在很多人看来，国际社会理论几乎就是冷战时期国际关

---

① 参见[美]莱茵霍尔德·尼布尔：《道德的人与不道德的社会》，蒋庆等译，贵阳：贵州人民出版社，1998年版；许巧巧、石斌："基督教现实主义国际伦理思想浅析"，《外交评论》2010年第6期。

② 参见基欧汉：《霸权之后：世界政治经济中的合作与纷争》；余潇枫："伦理视域中的国际关系"；高尚涛："国际关系三大理论与规范研究简介"，《国际资料信息》2005年第11期。

系规范研究的代名词。①

事实上,国际社会理论并不孤单。在美国,规范研究在科学行为主义大行其道时同样在孕育着。就在沃尔兹《国际社会理论》出版的同时,沃尔泽(Michael Walzer)的《正义与非正义战争》、贝兹(Charles Beitz)的《政治理论与国际关系》和汤普森(Kenneth Thompson)的《国际政治中的伦理、功能主义与权力》三部著作先后出版,被视为美国国际关系伦理学领域的开拓性成果。②到20世纪80年代以后,纳丁(Terry Nardin)、弗罗斯特(Mervyn Frost)、布朗(Chris Brown)等人也纷纷加入这一行列,从而推动了国际关系规范理论作为一支独立学派的产生,与其他反思主义一道成为挑战主流理论的重要力量。③规范国际关系也引发主流国际关系学界的关注,包括霍夫曼(Stanley Hoffmann)、奈在内的学者也纷纷加入到规范国际关系的研究行列。④

反思主义的其他诸流派大多也有着较强的规范取向。女性主义和后现代主义也多少反映出道德自由主义的精神特征。特别是随着建构主义的兴起,对国际规范社会化的研究渐趋深入。建构主义重视文化本性、理念主导身份建构以及道德关怀,以共有观

---

① 参见布尔:《无政府社会:世界政治秩序研究》;Vincent, *Nonintervention and International Order*; Vincent, *Human Rights and International Relations*;石斌:"权力·秩序·正义——'英国学派'国际关系理论的伦理取向",《欧洲研究》2004年第5期。

② Michael Walzer, *Just and Unjust War: A Moral Argument with Historical Illustrations*, New York: Basic Books, 1977; Charles Beitz, *Political Theory and International Relations*, Princeton: Princeton University Press, 1979; Kenneth W. Thompson, *Ethics, Functionalism, and Power in International Politics*, Baton Rouge: Louisiana State University Press, 1979.

③ Terry Nardin, *Law, Morality and the Relations of States*, Princeton: Princeton University Press, 1983; Mervyn Frost, *Toward a Normative Theory of International Relations*, Cambridge: Cambridge University Press, 1986; Chris Brown, *International Relations Theory: New Normative Approaches*, Hemel Hemp stead: Harvester Wheatsheaf, 1992.

④ Stanley Hoffmann, *Duties Beyond Borders: On the Limits and Possibilities of Ethical International Politics*, New York: Syracuse University Press, 1981; Joseph S. Nye, Jr., *Nuclear Ethics*, New York: The Free Press, 1986.

念等核心范畴为基石，把"规范""认同""文化"置于国际关系理论的核心地位。建构主义和规范理论具有某种程度的互补性，可以为规范理论的价值和意义提供支持。①

可以说，规范国际关系引发全面关注，甚至古稀之年的罗尔斯（John Rawls）也开始从国际关系视角思考伦理问题。②的确，全球化时代面临的诸多问题如人道主义干涉、大规模杀伤性武器扩散、南北差距拉大和生态危机等，传统范式已难以应对，重视伦理思考、超越旧的思考方式的规范理论受到越来越多的重视就不难理解了。

2. 全球伦理研究

在全球化危机日益凸显的背景下，与我们这里讨论的规范国际关系所关注的主题密切相关，冷战之后还掀起了一股提倡和研究"全球伦理"之风，对它的讨论不仅仅局限于国际关系学科之内。德国基督教神学家孔汉思（Hans Küng，又译汉斯·昆）是全球伦理的首创者。他于1989年倡导在各宗教间建立所谓"新的伦理上的共识"，成为全球伦理的最早萌芽；1990年孔汉思又出版了《全球责任：寻求一种新的世界伦理》一书，进一步阐发自己相关论点，成为全球伦理正式问世的标志。③此后不久，美国费城天普大学宗教学教授、《普世研究杂志》主编列奥纳德·斯威德勒（Leonard Swidler）又于1991年发表了一份《全球伦理普世宣言》，征得宗教界许多知名人士签名，涵盖天主教、新教、犹

---

① 参见［美］玛莎·费丽莫：《国际社会中的国家利益》，袁正清译，杭州：浙江人民出版社，2001年版；Katzenstein ed., *The Culture of National Security: Norms and Identity in World Politics*; Kratochwil, *Rules, Norms, and Decisions: On the Conditions of Practical and Legal Reasoning in the International Relations and Domestic Affairs*; 张旺：《国际政治的道德基础：国际关系规范理论研究》，南京：南京大学出版社，2010年版。

② ［美］约翰·罗尔斯：《万民法》，张晓辉等译，长春：吉林人民出版社，2001年版。

③ See Hans Küng, *Global Responsibility: In Search of a New World Ethic*, New York: Crossroad, 1991.

太教、伊斯兰教及印度教等宗教。①全球伦理的正式文本是1993年8月24日至9月4日世界宗教议会第二届大会在美国芝加哥通过的《全球伦理宣言》。宣言由孔汉思起草，共有与会代表6500人参加讨论。②

全球伦理的核心思想可以概括如下：世界正处于苦难之中，因为人类存在着和平、生态、贫穷和不公正等问题。我们都是某种宗教的信徒，而在各种宗教中都存在着一种共同的核心价值观，这些价值构成了全球伦理的基础，它能够为一种更好的个人和全球秩序提供可能。全球伦理的基本内容可以简单地概括为：两项原则——"人其人"（每个人都应得到人道对待），"己所不欲，勿施于人"，以及四条规则——"不可杀人""不可盗窃""不可撒谎""不可奸淫"。③很明显，全球伦理具有浓厚的宗教色彩，而且与中华文化有着极大的共通之处。

全球伦理提出之后，在国际上引起广泛关注和回应。1995年，全球治理委员会（Commission on Global Governance）出版了《天涯成比邻》一书，提倡以"全球公民伦理"解决逐渐严重的全球问题。④同年，联合国前秘书长德奎利亚尔（Javier Perez de Cuellar）亲自主持"文化与发展的世界委员会"（World Commission on Culture and Development）并出版了《我们创造的差异性》

---

① See Leonard Swidler, ed., *For All Life: Toward Universal Declaration of a Global Ethic, An Interreligious Dialogue*, Ashland, Ore.: White Cloud, 1998.
② 参见［德］孔汉斯、库舍尔主编：《全球伦理——世界宗教议会宣言》，何光沪译，成都：四川人民出版社，1997年版。
③ 参见孔汉斯、库舍尔主编：《全球伦理——世界宗教议会宣言》；韦正翔：《国际政治的全球化与国际道德危机——全球伦理的圆桌模式构想》，北京：中国社会科学出版社，2006年版。
④ 参见［瑞典］英瓦尔·卡尔松、［圭］什里达特·兰法尔主编：《天涯成比邻——全球治理委员会的报告》，北京：中国对外翻译出版公司，1995年版。

一书，呼吁建立一种"全球伦理"。① 1996 年，由 30 位前任政府首脑组成的"互动委员会"也呼吁制定一套"全球伦理标准"来应对全球问题的挑战。在此基础上，联合国教科文组织于 1997 年提出"世界伦理计划"，并在世界各地组织多次会议讨论构建全球伦理的可能性和可行办法。

学界关于全球伦理也展开了众多研究，产生了包括"诺顿全球伦理书系"（Norton Global Ethics Series）在内的大量著作，从商业伦理、人权、干涉、环境以及国际关系理论等众多角度对全球伦理问题进行深入探讨。②特别是在具有丰富伦理传统的中国，更是有大量探讨全球伦理的研究成果问世，众多学者从儒学、道家、佛教、中西伦理传统比较等各个方面考察，提出构建"全球伦理"的主张，挖掘中华文明对于构建"全球伦理"的可能贡献。其成果来源的广度和数量甚至超过国际关系学科关于规范国际关系的探讨。③

然而，与国际社会理论大致处于同一时段、同样在规范国际关系研究中发挥中坚作用的世界秩序学派，却在众多考察规范国

---

① World Commission on Culture and Development, *Our Creative Diversity: Report of the World Commission on Culture and Development*, Paris: UNESCO Publications, 1998.

② John Ruggie, *Just Business: Multinational Corporations and Human Rights*, New York: W. W. Norton & Company, 2013; Jonathan Wolff, *The Human Right to Health*, New York: W. W. Norton & Company, 2012; Richard T. Ford, *Universal Rights Down to Earth*, New York: W. W. Norton & Company, 2012; Rory Stewart, *Can Intervention Work?* New York: W. W. Norton & Company, 2012; John Broome, *Climate Matters: Ethics in a Warming World*, New York: W. W. Norton & Company, 2012; Elaine Scarry, *Thinking in an Emergency*, New York: W. W. Norton & Company, 2012; Ken Booth, Tim Dunne, Michael Cox eds., *How Might We Live? Global Ethics in the New Century*, Cambridge: Cambridge University Press, 2001; Mervyn Frost, *Global Ethics: Anarchy, Freedom and International Relations*, New York: Taylor & Francis, 2009.

③ 比如，可参见"中华文明对于构建全球伦理可有之贡献"专题系列研究，《北京行政学院学报》2003 年第 1 期；刘述先：《全球伦理与宗教对话》，石家庄：河北人民出版社，2006 年版；韦正翔：《国际政治的全球化与国际道德危机——全球伦理的圆桌模式构想》。

际关系研究学科史的成果中"缺席",几乎少有被提及。世界秩序学派致力于建立一个和平、富足、公正、生态平衡的世界,可以说,规范关注是其研究的核心,其世界秩序研究本质就是一种规范研究。该学派核心成员福尔克更是早在20世纪80年代即出版过两部以规范国际关系为书名的专著,被视为规范国际关系学科的奠基人之一。①事实上,国际社会理论的多位重要学者都视福尔克及世界秩序学派为规范国际关系研究中世界主义的一支重要力量。②

而在全球伦理研究方面,虽然这一概念和相关研究出现在20世纪90年代之后,世界秩序学派几乎没有使用这一概念。然而,该学派在20世纪70年代即建立一种世界秩序研究的全球范式,可以说是在全球伦理概念出现之前就实际进行着大量的该领域研究,是全球伦理研究的先行者。然而,全球伦理研究的现有成果中却几乎没有意识到这一点。缺乏对世界秩序学派在规范国际关系学科和全球伦理研究中地位和影响的研究,无疑是相关领域的严重不足。

(三) 全球治理研究

学界一般认为全球治理研究出现的标志是1992年罗西瑙(James N. Rosenau)《没有政府的治理》一书的出版。罗西瑙指出,全球政治、经济乃至文化正在经历前所未有的一体化和碎片化同时并存的发展,在这种背景下,政治权威发生重大的迁移,对人类社会生活的治理也因此从国家为主体的政府治理转向多层

---

① Richard A. Falk, *The End of World Order: Essays on Normative International Relations*, New York: Holmes & Meier, 1983; Richard A. Falk, *The Promise of World Order: Essays in Normative International Relations*, Brighton: Wheatsheaf Books, 1987.
② 参见布尔:《无政府社会:世界政治秩序研究》;Robert Jackson, *The Global Covenant: Human Conduct in a World of States*, Oxford: Oxford University Press, 2000; Suganami, *The Domestic Analogy and World Order Proposals*.

次的治理，其中非常重要的就是在全球层面的治理。[①]事实上，1990年联邦德国前总理勃兰特（Willy Brandt）就在德国的柯尼希斯温特（Knigswinter）召集了一次会议，讨论了冷战结束后世界未来发展的前景。1991年，续会在瑞典召开并发表了《关于全球安全与管理的斯德哥尔摩倡议》，提出建立和发展多边规则和管理体系以促进全球相互依存和可持续发展。在这两次会议的基础上，1992年由28位国际知名人士发起、由联合国有关机构成立了"全球治理委员会"，并创办了一份名为《全球治理》（*Global Governance*）的杂志。这一年，世界银行也发布了一份《治理和发展》报告。[②]1992年可以被称作全球治理元年，而且很明显，全球治理从一开始就是在理论与实践领域同时展开的。

1995年可以说是全球治理研究的第一个高潮。1994年，另一位全球治理领域的重要学者扬出版了《国际治理》一书，专门探讨全球治理中的环境治理这一焦点问题。[③]全球治理委员会在1995年联合国成立50周年之际发表了他们的第一份报告《天涯成比邻》，较为系统地阐述了全球治理的概念、价值以及全球治理同全球安全、经济全球化、改革联合国和加强全世界法治的关系，受到极大关注。[④]《全球治理》杂志也出版了第一期，包括罗西瑙在内的众多学者刊文阐发他们对全球治理的看法。赫尔德、福尔克等全球治理领域的重要学者也在这一年出版了他们的专著，分别从全球民主和人道全球治理（humane global governance）

[①] [美]詹姆斯·N.罗西瑙主编：《没有政府的治理》，张胜军、刘小林译，南昌：江西人民出版社，2001年版。

[②] World Bank, *Governance and Development*, Washington, D. C.: World Bank, 1992.

[③] Oran R. Young, *International Governance: Protecting the Environment in a Stateless Society*, Ithaca, N. Y.: Cornell University Press, 1994.

[④] 参见卡尔松、兰法尔主编：《天涯成比邻——全球治理委员会的报告》。

绪 论

的视角进行研究,丰富了全球治理研究的内涵。①随后两年,扬、赫尔德、罗西瑙等领军学者又纷纷出版一大批著作,推动全球治理研究走向深化。②

进入21世纪之后,全球治理研究受到前所未有的重视,2000年联合国千年大会秘书长在所作报告中全面阐述了有关全球治理的问题。③克林顿(William J. Clinton)和布莱尔(Tony Blair)在提出"第三条道路"之后,很快就注意到其与"全球治理"的关联,将"全球治理"作为他们内外政策的指导思想之一,目标是"运用人权武器使得全球问题及与此相关联的国内问题得到治理和解决"。④全球治理研究也由此得到全面激发,进入到一个多元发展与繁荣时期,形成了全球主义、国家主义和跨国主义三大理论范式多元共存的局面。⑤

全球主义范式的全球治理理论强调全球契约关系,致力于全球层面的价值共识和公共舆论,推动建立自上而下的全球治理体制,并试图通过具有强制力的法律和有约束力的全球宪章、条约实现有效治理的目标。⑥前述《天涯成比邻》的报告,其实就是全

---

① 参见[英]戴维·赫尔德:《民主与全球秩序——从现代国家到世界主义治理》,胡伟等译,上海:上海人民出版社,2003年版;Richard A. Falk, *On Humane Governance: Toward a New Global Politics*, Oxford: Polity Press, 1995.

② Oran R. Young, George J. Demko and Kilapart Ramakrishna eds. , *Global Environmental Change and International Governance*, Hanover, N. H.: University Press of New England, 1996;赫尔德:《民主与全球秩序——从现代国家到世界主义治理》;James N. Rosenau, *Along the Domestic-Foreign Frontier: Exploring Governance in a Turbulent World*, Cambridge: Cambridge University Press, 1997; Oran R. Young ed. , *Global Governance: Drawing Insights from the Environmental Experience*, Cambridge: M. A.: MIT Press, 1997.

③ 参见[加纳]科菲·安南:"联合国秘书长千年报告(摘要)",《当代世界》2000年第9期。

④ 参见陈承新:"国内'全球治理'研究述评",《政治学研究》2009年第1期,第119页。

⑤ 参见张胜军:"全球治理的最新发展和理论动态",《国外理论动态》2012年第10期。

⑥ 张胜军:"全球治理的最新发展和理论动态",第25页。

球主义范式的全球治理理论早期的经典表达。全球主义范式的全球治理理论无疑是世界政府主张的延续，它主张通过改革联合国和建立其他更具权威的组织来实现有效的全球治理。欧洲联盟的成功也被视为未来全球政府可能实现在地区层面上的一个例证。①全球主义范式的全球治理实践在 21 世纪取得了空前进展，最重要的标志就是成立于 2002 年的国际刑事法院（International Criminal Court）和 2005 年开始生效的《京都议定书》。不过，2008 年金融危机之后的各国人人自危，以哥本哈根气候变化会议的失败和坎昆会议令人不满的成果为标志，全球主义范式有走向衰落的趋势。

相反，国家主义范式的全球治理理论受到更大重视。这种范式强调国家在全球治理中的主导性地位。在国家主义范式的全球治理主义者看来，国家和国家之间的合作仍是分别实现全球治理目标的终极单位和最有效途径。②进入新世纪之后，联合国的权威多次受到挑战，特别是 2003 年美国等西方国家绕开联合国发动伊拉克战争，极大地损害了联合国权威。而联合国改革又由于各国利益分歧而无法有实质性推进，令人失望。世界重大经济和政治事务先是在七国集团/八国集团（G7/8），2008 年世界金融危机之后又更多地在二十国集团（G20）的框架下得到解决。特别是走向崛起的新兴国家［以金砖五国（BRICS）为代表］在世界事务中发挥了越来越重要的作用，他们更加强

---

① Eric K. Leonard, *The Onset of Global Governance: Interntional Relations Theory and the International Criminal Court*, Burlington: Ashgate Publishing Company, 2005; Benjamin N. Schiff, *Building the International Criminal Court*, Cambridge: Cambridge University Press, 2008; Gary P. Sampson, *The Role of the World Trade Organization in Global Governance*, Tokyo: United Nations University Press, 2001; W. Andy Knight, *A Changing United Nations: Multilateral Evolution and the Quest for Global Governance*, New York: Palgrave Macmillan, 2000; Pascal Lamy, *Global Governance: Lessons from Europe: Gunnar Myrdal Lecture*, United Nations, 2011.

② 张胜军："全球治理的最新发展和理论动态"，第 26 页。

调主权国家在全球治理中的首要地位。从这一视角出发的全球治理研究因此也在全球治理文献中占据了相当大的比重,探究国家间合作治理全球问题的作用和前景,以及新兴国家在全球治理中的角色。[1]然而,国家主义范式全球治理的效果显然也是难以令人满意的。

在理论研究层面,全球治理的跨国主义范式有着最为强大的阵容,包括罗西瑙、扬、福尔克、赫尔德等人在内的众多全球治理领域著名学者都是这一范式的代表人物。活跃的国际非政府组织、公民社会团体以及它们发起的跨国社会运动(transnational social movements)已经在全球治理中发挥了重要的政策倡议和咨询作用,成为全球治理机制中不可分割的组成部分。实际上,从可持续发展到保护非物质文化遗产,从生物多样性到气候变化,从《禁止地雷公约》到国际刑事法院,当今全球治理的许多议题都是来自它们的主张和倡议。它们在议程设定与倡导、推动国家合作、提升公共参与以及促使国际公共政策变化等方面正在发挥、并将继续发挥着不可替代的作用。[2]这方面的研究成果非常丰富,既有理论探讨,更不乏各种深入的案例研究和实证分析,内

---

[1] John J. Kirton, Joseph P. Daniels and Andreas Freytag eds., *Guiding Global Order: G8 Governance in the Twenty-First Century*, Burlington: Ashgate Publishing Company, 2001; Michael Barnet and Raymond Duval eds., *Power in Global Governance*, New York: Cambridge University Press, 2005; Alan S. Alexandroff, Andrew Fenton Cooper eds., *Rising States, Rising Institutions: Challenges for Global Governance*, Washington, D. C.: Brookings Institution Press, 2010; Ashwani Kumar, Dirk Messner eds., *Power Shifts and Global Governance: Challenges from South and North*, London: Anthem Press, 2011; Jan Wouters, Tanguy De Wilde, Pierre Defraigne eds., *China, the European Union and the Restructuring of Global Governance*, Cheltenham: Edward Elgar Publishing Limited, 2012.

[2] 张胜军:"全球治理的最新发展和理论动态",第27页。

容涉及经济、社会、宗教、世界主义民主等各个方面。①然而在当前国家主导的局面下，这种范式的局限性也是显而易见的。

显然，以福尔克为代表的世界秩序学派是全球治理研究中的一支重要力量。事实上，该学派早期致力于研究改革联合国的世界秩序方案，并且在20世纪70年代就把全球作为分析单元，是全球治理的最早倡导者之一和全球主义范式全球治理理论的先驱。而学派后期又转向提倡人道全球治理、强调跨国社会运动对于世界秩序变革的作用，成为跨国主义全球治理范式中的重要一员。对于世界秩序学派的全面深入研究，无疑有助于对全球治理理论起源与发展的进一步了解。

（四）国际非政府组织与跨国社会运动研究

国际非政府组织与跨国社会运动研究和全球治理研究有着密切的关系，但它们并不能被视为完全相同的研究领域。另外，国际非政府组织和跨国社会运动研究虽然并非完全相同，但二者之间有着高度的重合性，因此我们将它们合并综述。西方学术界关于国际非政府组织与跨国社会运动的研究是从20世纪70年代开始兴起的。这一时期，学者们主要采用的是跨国关系的分析范式，有关国际非政府组织和跨国社会运动的研究主要是被放在跨国关系和非国家行为体的总体框架下。主要关注的是跨国公司、

---

① 参见［美］奥兰·杨：《世界事务中的治理》，陈玉刚、薄燕译，上海：上海人民出版社，2007年版；［美］约瑟夫·S. 奈、约翰·D. 唐纳胡主编：《全球化世界的治理》，王勇译，北京：世界知识出版社，2003年版；Robert O'Brien, Anne Marie Goetz, Jan Aart Scholte and Marc Williams, *Contesting Global Governance*: *Multilateral Economic Institutions and Global Social Movements*, Cambridge: Cambridge University Press, 2000; Richard A. Falk, *Religion and Humane Global Governance*, Basingstoke: Palgrave, 2001; David Held and Anthony McGrew eds., *Governing Globalization*: *Power, Authority and Global Governance*, Oxford: Polity Press, 2002; David Held and Mathias Koenig-Archibugi eds., *Taming Globalization*: *Frontiers of Governance*, Oxford: Polity Press, 2003; David Held, *Global Covenant*: *the Social Democratic Alternative to the Washington Conscious*, Oxford: Polity Press, 2004.

解放组织等市场力量或准国家组织在国际舞台上的活动。①总体上讲，这一时期的研究缺乏独立性，研究者主要将非政府组织看作是利益集团和压力集团的一部分，只有零星的关于个别、具体国际非政府组织和跨国社会运动的专门研究。②

1981年，罗伯特·考克斯在《千禧年》(*Millennium*)杂志发表了《社会力量、国家与世界秩序：超越国际关系理论》一文，进一步把国际关系研究转向对社会力量的关注，并使整个20世纪80年代国际关系领域对国际非政府组织和跨国社会社会运动的研究转向对各种跨国社会力量以及国际非政府组织为重要载体的文化因素在国际关系中意义的研究。③事实上，从这一时期起，真正意义上的国际非政府组织和跨国社会运动研究才大量展开。

进入20世纪90年代以后，国际非政府组织和跨国社会运动研究进一步深化，出现大量研究成果，进入繁荣时期，并开始在理论上从全球公民社会和全球治理视角解释国际非政府组织和跨

---

① Robert Keohane and Joseph Nye, *Transnational Relations and World Politics*, Cambridge, MA.：Harvard University Press, 1972; Richard W. Mansbach, Yale H. Ferguson and Donald E. Lampert, *The Web of World Politcs：Non-State Actors in the Global System*, Upper Saddle River, N. J.：Prentice Hall, 1976；基欧汉、奈：《权力与相互依赖》; James N. Rosenau, *The Study of Global Interdependence：Essays on the Transnationalization of World Affairs*.

② 参见刘贞晔：《国际政治领域中的非政府组织：一种互动关系的分析》，天津：天津人民出版社，2005年版，第12页。

③ Robert W. Cox, "Social Forces, States and World Orders：Beyond International Relations Theory"; Pei-Heng Chiang, *Non-Governmental Organizations at the United Nations：Identity, Role, and Function*, Oxford：Greenwood Publishing Group, Inc., 1981; Peter Willetts ed., *Pressure Group in the Global System：The Transnational Relations of Issue-Oriented Non-governmental Organizations*, London：Printer, 1982; Robert Cox, *Production, Power, and World Order*; Elise Boulding, *Building a Global Civic Culture：Educating for an Interdependent World*, Syracuse：Syracuse University Press, 1988, pp. 33 – 45.

国社会运动在国际关系中的影响和作用。①特别是伦敦政治经济学院"全球公民社会运动"研究项目,带来了一批该领域的标志性成果,产生了极大影响。②这一时期的研究已经深入到环境、人权、妇女、和平、人道援助等各个议题领域,实证性的个案研究也大量出现,如对大赦国际(Amnesty International)、绿色和平组织(Greenpeace)、国际禁雷运动(the Campaign to Ban Landmines)、帕格沃什运动(the Pugwash Movement)等一些重要国际非政府组织和跨国社会运动的深入探讨。③

总体上来看,在理论层面,全球治理、全球公民社会和新马克思主义三大派别是国际非政府组织和跨国社会运动的主要力量,他们的侧重点和分析路径有所不同。全球治理学者的研究既有实证考察,又有规范分析,聚焦于全球治理中国际非政府组织和跨国社会运动的角色、地位和作用的探讨。全球公民社会学者的研究中也不乏规范分析,但更多是探讨国际非政府组织和跨国社会运动的形成、在各议题领域的活动策略、政治影响等,案例

---

① 全球治理方面我们上文已有介绍。关于全球公民社会研究,参见 Ronnie D. Lipschutz and Judith Mayer, *Global Civil Society and Global Environmental Governance: The Politics of Nature from Place to Planet*, Albany: State University of New York Press, 1996; Paul K. Wapner, *Environmental Activism and World Civic Politics*, Albany: State University of New York Press, 1996; Richard A. Falk, *Predatory Globalization: A Critique*, Oxford: Polity Press, 1999; Jeremy Brecher, Tim Costello and Brendan Smith, *Globalization From Below: the Power of Solidarity*, Boston: South End Press, 2000. 当然,这两种视角是有重合的。

② Marlies Glasius, Mary Kaldor and Helmut Anheier eds., *Global Civil Society Yearbook* 2001, Oxford: Oxford University Press, 2001; Marlies Glasius, Mary Kaldor and Helmut Anheier eds., *Global Civil Society Yearbook* 2002, Oxford: Oxford University Press, 2002; Marlies Glasius, Mary Kaldor and Helmut Anheier eds., *Global Civil Society Yearbook* 2003, Oxford: Oxford University Press, 2003; Mary Kaldor, *Global Civil Society: An Answer to War*, Oxford: Polity Press, 2003.

③ E.G., William Korey, *NGOS and the Universal Dedaration of Human Rights*, New York: ST. Martins Press, 1998; Rex Weyler, *Greenpeace: How a Group of Ecologists, Journalists, and Visionaries Changed the World*, Vancouver: Raincoast Books, 2004; Ann M. Florini ed., *The Third Force: The Rise of Transnational Civil Society*, Washinton D. C.: Carnegie Endowment, 2000.

分析是他们研究的重点。①新马克思主义学者则主要采用阶级分析方法，从全球经济不平等的角度关注全球经济中受压迫的贫困阶级和社会力量在国际关系中的地位和作用，并将扭转全球不平等、不公正秩序的希望寄托在它们身上，并寻求一种对现存不公正世界秩序的替代方案，并建构一种替代主流国际关系力量的新模式。②除此之外，建构主义和后现代主义学者也在拓展着这一领域的研究，对国际非政府组织和跨国社会运动的分析视角越来越丰富多元。③

很明显，世界秩序学派中的多位学者及受其影响的一些学派外学者的研究，构成了国际非政府组织和跨国社会运动研究的重要组成部分。世界秩序学派极其重视跨国社会运动对于公正世界秩序建设的作用，而且这种倾向越来越明显。事实上，世界秩序模式工程本身就是一场声势浩大的跨国社会运动。鉴于世界秩序学派对于国际非政府组织和跨国社会运动研究的贡献和其示范作用，对其进行专门研究无疑将是必要、有益，而且是有趣的，特别是考虑到众多类似组织和运动已经得到系统研究。

---

① E. G., Jackie Smith, Charles Chatfield and Ron Pagnucco eds., *Transnational Social Movements and Global Politics: Solidarity beyond the State*, Syracuse: Syracuse University Press, 1997; Robin Cohen and Shirin M. Rai eds., *Gloal Social Movements*, London: Athlone Press, 2000.

② 除考克斯之外，阿明、吉尔（Stephen Gill）等人也是这一视角的重要代表。Samuel Amin et al., *Transforming the Revolution: Social Movements and the World System*, New York: Monthly Review Press, 1993; Stephen Gill ed., *Gramsi, Historical Materialism and International Politics*, Cambridge: Cambridge University Press, 1993.

③ 参见费丽莫：《国际社会中的国家利益》；[美]玛格丽特·E. 凯克、凯瑟琳·辛金克：《跨越国界的活动家：国际政治中的倡议网络》，韩昭颖译，北京大学出版社，2005年版。

(五) 关于世界秩序学派的研究

1. 对世界秩序学派的系统研究

对世界秩序学派的系统研究很少,根据笔者的检索,目前仅有一本专著和两篇学位论文。印度学者拉希里(Sujit Lahiry)在其博士论文的基础上出版了《世界秩序话语:寻求新选择》一书,[①]是笔者所见唯一对世界秩序学派进行系统介绍和研究的专著。该书对世界秩序学派的理论核心——和平、经济福利、社会正义和生态平衡四项价值进行了系统介绍,并梳理了世界秩序学派的发展过程。[②]拉希里著作的重点是系统梳理和介绍了世界秩序学派五位核心成员的思想——福尔克、科塔里、马兹锐、门德洛维兹、金淳基。[③]这应该是该书的一大贡献,特别是鉴于对于后几位学者思想的系统梳理是很少见到的。不过,这里显然缺少了对学派后期另一位代表人物沃克尔的介绍。该书总体上肯定了世界秩序学派,拉希里认为,该学派的设想显然未能实现,但这并不是说世界秩序学派的探索是没有意义的,因为从古至今所有的社会和政治哲学、特别是规范政治哲学都是以空想告终。因此,重要的是在当代世界秩序下重新考察世界秩序学派。鉴于当下的世界秩序构想都过于实证主义,如果我们坚持世界秩序学派的四项价值观,并进行与时俱进的革新,当代世界秩序将会变得更加人道和仁慈。[④]

耶勒(Elisabeth Gerle)在其博士论文中在对世界基督教联合会(the World Council of Churches)发起的"正义、和平与完整创造"[Justice, Peace, and Integrity of Creation(JPIC)]运动和世

---

① Sujit Lahiry, *World Order Discourses: Search for Alternatives*, New Delhi: Rawat Publications, 2011.
② Ibid., Chap. 2 and 3.
③ Ibid., Chap. 4, 5 and 6.
④ Ibid., Chap. 7 and 8.

绪 论

界秩序模式工程进行批判分析的基础上,从神学、政治学和女性主义视角出发,力图构建一种全球伦理的框架,以应对生态和核威胁、人口激增、经济全球化、贫富分化以及侵犯人权等各种全球问题。耶勒在论文第三章里详细介绍了世界秩序模式工程的发展及其五项基本价值[1],从伦理视角全面解读了世界秩序学派的分析模式、研究路径、与主要伦理传统的关系、关于人性的看法以及反抗压迫的方式,并对学派的全球范式进行了概括。在此基础上,耶勒对世界秩序学派进行了整体评述,认为学派几乎吸收了所有传统的元素——包括现实主义、自由主义、马克思主义和后现代主义元素。不过耶勒认为,考虑到世界秩序模式工程成员之多以及其持久性,该学派没有明确、固定的世界观是可以理解的。尽管存在缺点,耶勒还是总体上肯定了世界秩序学派。他指出,世界秩序模式工程是对变化环境的一个有趣而多彩的伦理回应过程。该学派的跨文化路径、致力于减少伤害、对未来以及走向未来的转型过程的强调令人印象深刻。该学派对批判不教条,并且试图以建设性方式对变化做出回应。世界秩序模式工程致力于创造一个跨文化研究团体的努力是走向一种世界主义的有益尝试。[2]应该说,耶勒从伦理角度对世界秩序学派的解读还是较为深入、客观的。

吉尔罗伊(John M. Gillroy)在其硕士论文中对罗马俱乐部(the Club of Rome)和世界秩序模式工程进行了比较分析,认为这两种世界体系模式都是包含了人、社会和自然三个层次的一种等级化和多层次体系,它们分别是未来研究定量路径和定性路径

---

[1] 世界秩序学派的前四项价值在最初就确定下来,第五项价值是后期加上的,用词也经历了一些变化,并不被人们熟知。因此,关于世界秩序学派提倡的价值,有四项和五项两种说法,前者更为流行。本书主要也采用了四项价值这种说法。

[2] Elisabeth Gerle, *In Search of a Global Ethics: Theological, Political, and Feminist Perspectives Based On a Critical Analysis of JPIC and WOMP*, Doctoral Dissertation, Lunds University, Sweden, 1995, Chap. III.

的代表。在比较分析的基础上,吉尔罗伊提出,一种基于这两种模式之综合并加上新变量的定量/定性世界体系分析模式是更为可取的,能够使人类获得一种研究当代发展和未来前景的更为可靠方法。[1]吉尔罗伊这种综合视角显然是十分有益的。不过,这篇文章对世界秩序学派更多的只是介绍,缺乏深入解读。

2. 对世界秩序学派的分散研究

在对世界秩序学派的少量系统研究之外,还有为数不少的对学派的分散研究成果。它们大致可以分为三类:国际关系学界对于世界秩序学派的评论,以及学派对此作出的回应,这占到了其中大部分;第二类是学派成员对自身的系统总结;最后一类则是关于学派中最富盛名的学者福尔克的评论性研究。

(1) 评论与回应

20世纪70年代世界秩序模式工程正式启动之后即开展了一系列工作,特别是由门德洛维兹作为总主编、包括福尔克、加尔通、马兹锐、科塔里等人著作的"20世纪90年代更理想世界"丛书的出版,[2]激发了国际关系学界对世界秩序学派的广泛关注和讨论。一些学者认为世界秩序学派的探索具有开创性意义,是世界秩序模式化运动的先锋阶段,是一项真正世界秩序"运动"的

---

[1] John Martin Gillroy, *Future Oriented Studies: An Analysis of the World Systems Models of the Club of Rome and the World Order Models Project*, Master Degree Thesis, Queen's University, Canada, August, 1978, esp. Chap. III.

[2] Saul H. Mendlovitz, ed., *Preferred Worlds for the 1990's*: Mendlovitz ed., *On the Creation of a Just World Order: Preferred Worlds for the 1990's s*, New York: The Free Press, 1975; Richard A. Falk, *A Study of Future Worlds*, New York: The Free Press, 1975; Rajni Kothari, *Footsteps into the Future: Diagnosis of the Present World and a Design for an Alternative*, New York: The Free Press, 1975; Ali A. Mazrui, *A World Federation of Cultures: An African Perspective*, New York: The Free Press, 1976; Gustavo Lagos and Horacio H. Godoy, *Revolution of Being: A Latin American View of the Future*, New York: The Free Press, 1977; Johan Galtung, *The True Worlds: A Transnational Perspective*, New York: The Free Press, 1980.

当代思想开端,具有"思想解放"的作用。①还有一些学者认为,作为世界秩序领域规模最宏大、最全面详尽的努力,该学派的努力不仅使世界秩序研究越来越受重视,推动了世界秩序学科的出现,成为该学科的"开创性范式",而且使"世界秩序"一词成为20世纪70年代的流行语。②

一些评论者指出,世界秩序学派坚持的是一种与当时主流的科学行为主义方法颇为不同的规范路径,它拒斥实证主义,反对现实主义、国家中心主义,是对传统国际关系路径的有力批评,被广泛视为对国际研究主导行为科学的有益矫正。世界秩序学派的探索不仅具有理论意义,在实践上,它提高了民族解放斗争的意识,动员了支持,并且教育了学生和公众,使更多人了解到核战争的危险和军备竞赛的非法性。③

当然,对世界秩序学派的批评和怀疑者也不在少数。其中最为集中、最具代表性的就是称其为"乌托邦",无法实现。④还有一些学者批评世界秩序学派的研究缺乏历史和哲学基础,理论性不强,

---

① Louis René Beres, "Purposeful Futurism", *The Review of Politics*, Vol. 38, No. 4 (Oct., 1976), pp. 619 – 623; Harold D. Lasswell, "The Promise of the World Order Modelling Movement", *World Politics*, Vol. 29, No. 3 (Apr., 1977), pp. 425 – 437; Barry Bozeman, "Epistemology and Future Studies: How Do We Know What We Can't Know?", *Public Administration Review*, Vol. 37, No. 5 (Sep. – Oct., 1977), pp. 544 – 549.

② Beres, "Purposeful Futurism"; Francis A. Beer, "World Order and World Futures", *The Journal of Conflict Resolution*, Vol. 23, No. 1 (Mar., 1979), pp. 174 – 192; Harry R. Targ, "World Order and Future Studies Reconsidered", *Alternatives*, 5:3 (1979:Oct.), pp. 371 – 383; Ronald J. Yalem, "Conflicting Approaches to World Order", *Alternatives*, 5:3 (Nov., 1979), pp. 384 – 393; James H. Mittelman, "World Order Studies and International Political Economy", *Alternatives*, 9:3 (1983/1984:Winter), pp. 325 – 349.

③ Targ, "World Order and Future Studies Reconsidered"; Mittelman, "World Order Studies and International Political Economy".

④ E. G., Tom J. Farer, "The Greening of the Globe: A Preliminary Appraisal of the World Order Models Project (WOMP)", *International Organization*, Vol. 31, No. 1 (Winter, 1977), pp. 129 – 147; Stanley J. Michalak, Jr., "Richard A. Falk's Future World: A Critique of WOMP: USA", *The Review of Politics*, Vol. 42, No. 1 (Jan., 1980), pp. 3 – 17.

内部也存在观点分歧,缺乏有意义的观众。除此之外,该学派还存在其他一些不足,比如对国际政治经济学关注不够,对马克思主义态度模糊,关注价值却忽视葛兰西关于意识形态的研究,等等。[①]这些批评大多是中肯和有道理的,但也有一些并不符合事实。

针对这些批评,该学派学者也进行了回应。针对"空想""天真"的批评,该学派学者指出,世界秩序学派与空想家的不同之处在于,后者描述的是"封闭体系",而学派关心的是"过程"和"开放体系"设计。该学派学者还以事实回应了对学派缺少有意义观众的指责:1981年国际研究协会(the International Studies Association)年会专门举办了一个晚场全体会议,会上福尔克和基欧汉谈论了国际关系研究的世界秩序与国际政治经济学路径各自的优点,基欧汉甚至把学派作为相互依赖的主要竞争范式;包括《国际组织》(*International Organization*)、《世界政治》(*World Politics*)在内的众多顶级期刊刊发的围绕世界秩序模式工程的学术讨论,《国际事务杂志》(*Journal of International Affairs*)等期刊还推出世界秩序研究甚至"世界秩序模式工程"专刊;一些学派外学者还发现学派的主要概念与他们的研究意气相投。[②]值

---

① Targ, "World Order and Future Studies Reconsidered"; David Wilkinson, "World Order Models Project: First Fruits", *Political Science Quarterly*, Vol. 91, No. 2 (Summer, 1976), pp. 329 – 335; Mittelman, "World Order Studies and International Political Economy"; Norman K. Swazo, *Crisis Theory and World Order: Heideggerian Reflections*, Albany: State University of New York Press, 2002; Guy Oakes and Kenneth Stunkel, "In Search of WOMP", *Journal of Political and Military Sociology*, 9: 1 (1981: Spring), pp. 83 – 99; 郭海儒:"福尔克'人道治理'世界秩序思想述评",《史学月刊》2003年第4期。

② Richard A. Falk, "The World Order Models Project and its Critics: A Reply", *International Organization*, Vol. 32, No. 2 (Spring, 1978), pp. 531 – 545; Richard A. Falk, "The Shaping of World Order Studies: A Response", *The Review of Politics*, Vol. 42, No. 1 (Jan., 1980), pp. 18 – 30; Christine Sylvester, "In Defense of the World Order Models Project: A Behavioralist's Response", *Journal of Political and Military Sociology*, 9: 1 (1981: Spring), pp. 101 – 108; Samuel S. Kim, "The World Order Models Project and Its Strange Critics", *Journal of Political and Military Sociology*, 9: 1 (1981: Spring), pp. 109 – 115.

得一提的是,该学派学者在回应中既坚持了自己的核心立场,同时还以非常开放包容心态接受了批评者的一些建议。

(2) 对学派的系统总结

几乎从一开始,该学派就注重对自身进行系统总结。门德洛维兹在20世纪70年代后期就提出,世界秩序学派是公正世界秩序研究和推进的一个分析性、整体性和伦理性框架,已经产生了一些影响,成为部分思虑之士的共同关注。该学派提倡的概念被更多地接受和借用,该学派工作已经在提高全球问题意识上发挥了很大作用。但这一时期的工作只是社会变革的第一阶段,下一阶段的工作是制定转型战略,动员支持;学派的主要工作还没做,因为学派真正关心的是变化,而不只是口头。门德洛维兹在20世纪80年代初还总结了学派的价值框架,并指出学派最早把全球作为分析单位。①金淳基也对学派发展进行了梳理,将其概括为三个阶段。他还提出将世界秩序学派与现实主义、复合相互依赖以及与中国古代"大同"思想、西方理想主义传统及现实进行比较将是十分有意义的。②

约翰森则在20世纪90年代初总结了学派的贡献:学派早期很多关于采用全球视角、关注安全的经济、环境和人权方面的观点在研究和教育中有广泛的传播,塑造了很多其他学者的著作,激发了和平与世界秩序研究中的新课程;学派对全球治理的强调现在可以在很多分析中找到;学派20世纪70年代的工作相当有创造性和开创性,影响一些美国基金会在它们的目标陈述中吸纳

---

① Saul H. Mendlovitz, "The Program of the Institute for World Order", *Journal of International Affairs*, 31: 2 (1977: Fall/Winter), pp. 259 – 265; Saul H. Mendlovitz, "On the Creation of a Just World Order: An Agenda for a Program of Inquiry and Praxis", *Alternatives*, 7: 3 (1981), pp. 355 – 373.

② Kim, "The World Order Models Project and Its Strange Critics". 西尔维斯特还专门比较了世界体系理论与世界秩序传统,参见 Christine Sylvester, "World Order and International Political Economy: Issues of World System Change", *Alternatives*, 9: 3 (1983/1984: Winter), pp. 373 – 392.

了学派的一些语言和观念。不过,他也指出,由于第一阶段的设想未能实现,学派也没能引起主流学界持续的关注和回应,学派成员普遍感到有些沮丧,看来,期待人们改变自己受益的秩序不太可能。不过,学派并未放弃努力,他还对学派需要加强的工作提出了建议。[1] 2011 年 1 月底,该学派再次召开会议讨论重启新的发展方向时,也对工程的成就与不足进行了总结,指出学派虽然曾被视为乌托邦,但其五项世界秩序价值已经在联合国及其他关于当代人类安全政策和实践中被普遍使用。[2] 而对学派历史和贡献最新、最全面的梳理则要数 2012 年世界政策研究所 (World Policy Institute)(世界秩序模式工程的组织者,不过学派在 20 世纪 90 年代从其中独立了出来)为庆祝其成立 50 周年刊发的系列文章及对其历史的介绍。[3]

福尔克等人还多次对世界秩序学派的理论取向进行阐述。福尔克在 20 世纪 70 年代后期就提出,"作为主流国际关系研究的一个规范性变体的世界秩序研究正在出现",提出存在三种世界秩序研究的不同路径:体系维持 (System-Maintaining Approaches)(现实主义)、体系变革 (System-Reform Approaches)(新现实主义)、体系革命 (System-Transforming Approaches)(规范路径)、

---

[1] Robert C. Johansen, "The Contribution of the World Order Models Project", *Alternatives*, 19: 2 (1994: Spring), pp. 155 – 162.

[2] Richard A. Falk, "The Second Coming of WOMP? Notes on Restoring Vision, Hope, Reason, and Faith". http://www.ceipaz.org/womp/discussion.html; "The Impact of World Order Values: A Workshop and Article Launch", January 28, 2011, New York. http://www.globalactionpw.org/index.php?s=womp

[3] Amanda Dugan, "World Peace through World Law: WPI History Part II", March 1, 2012. http://www.worldpolicy.org/blog/2012/03/01/world-peace-through-world-law-wpi-history-part-ii; Amanda Dugan, "The World Order Models Project", March 7, 2012. http://www.worldpolicy.org/blog/2012/03/07/world-order-models-project; Amanda Dugan, "Toward a New Global Platform", March 10, 2012. http://www.worldpolicy.org/blog/2012/03/10/toward-new-global-platform; World Policy Institute, "World Policy Institute History". http://www.worldpolicy.org/history.

绪 论

将学派的规范路径视为现实主义和新自由主义的主要挑战者。[①] 20 世纪 80 年代,福尔克和金淳基将学派的研究路径称之为国际关系研究的"一种公正世界秩序路径"——世界秩序平民主义(World Order Populism),并详细阐述了这种路径的关注重点和特征。[②] 几年后,福尔克进一步发展了这种观点,明确提出了挑战现实主义的"世界秩序主义"(World Orderism)范式,并将其与现实主义进行了系统比较,认为世界秩序主义比现实主义更能有效回应 20 世纪 90 年代国际社会面临的各种挑战。[③]

20 世纪 90 年代以后,由于与一些建设性后现代主义的密切联系,福尔克又进一步明确了世界秩序主义的后现代倾向,公开将重构性(建设性)后现代主义(Reconstructive Postmodernism)作为学派的理论标签,指出重构性(建设性)后现代主义是与现实主义、马克思主义、自由(理想)主义、批判理论、建构主义甚至解构性后现代主义都不同的理论取向。[④] 可见,虽然该学派吸

[①] Richard A. Falk, "Contending Approaches to World Order", *Journal of International Affairs*, Vol. 31, No. 2, 1977, pp. 171–198.

[②] Richard A. Falk, Samuel S. Kim and Saul H. Mendlovitz eds., *Toward a Just World Order*, Boulder, CO: Westview Press, 1982; Samuel S. Kim, *The Quest for a Just World Order*, Boulder, CO: Westview Press, 1984.

[③] Richard A. Falk, "Manifesting World Order: A Scholarly Manifesto", in Joseph Kruzel, James N Rosenau eds., *Journeys through World Politics: Autobiographical Reflections for Thirty-Four Academic Travelers*, Lexington, Mass.: Lexington Books, 1989, pp. 153–164; Richard A. Falk, "Theory, Realism, and World Security", in Michael Klare and Daniel Thomas eds., *World Security: Trends and Challenges at Century's End*, New York: St. Martin's Press, 1991, pp. 6–24.

[④] Richard A. Falk, "From Geopolitics to Geogovernance: WOMP and Contemporary Political Discourse", *Alternatives*, 19: 2 (Spring, 1994), pp. 145–154; Falk, *Predatory Globalization: A Critique*; Falk, *Religion and Humane Global Governance*. 重构性后现代主义的"重构"显然是相对于更为大家熟知的解构性后现代主义(Deconstructive Postmodernism)而言的,意在强调重新建构,它被建设性后现代主义视为自己的一种表现形态,与建设性后现代主义本质上没有区别,只是叫法不同而已。出于避免混乱和影响力方面的考虑,本书除尊重引文原文外,更多采用与其没有本质区别但更有影响的"建设性后现代主义"的叫法。

纳了众多理论传统的元素，但是它还是逐渐明确了自己鲜明的理论倾向。

(3) 对福尔克的评论

作为世界秩序学派最重要、最著名、成果最丰富的学者，福尔克同样得到了最多的关注和评论。凯瑞（Henry F. Carey）称福尔克为"对国际秩序最重要的批判者之一"，是"国际法与国际政治学科的良心"，开创了"福尔克学派"；并称福尔克不受关注的原因是他的思想太复杂，"如果福尔克的思想更简单些，他可能会如亨廷顿那样拥有更大的公共影响力。"[1]吉尔则在评论福尔克的贡献时称福尔克为"我们时代最杰出的学者和公共知识分子"，"他参与了时代至关重要的问题"，是"举足轻重的人物""黑暗时代的明灯"。[2]类似的评论还来自门德洛维兹。他将福尔克视为"一种追求公正世界秩序、致力于所有人生活质量的学者类型的指路灯"，称他为"参与型学者"、反核领袖和社会活动家，"一生为公正世界秩序奋斗"。[3]卡尔多则将福尔克的"人道治理"（humane governance）观与亨廷顿的"文明冲突论"、卡普兰（Robert Kaplan）的"无政府将至论"列为21世纪的三种治理方案，并认为与亨廷顿和卡普兰的保守路径相比，福尔克提供了一

---

[1] Henry F. Carey, "The Grotian Eclectic and Human Rights: Four Recent Books by Richard A. Falk", *Human Rights Quarterly*, 24 (2002), pp. 799 – 829.

[2] Stephen Gill, "Enlightenment and Engagement in 'Dark Times': Notes on the Intellectual and Practical Contribution of Richard A. Falk", Stephen Gill spoke on International Studies Association panel in honor of Richard A. Falk as that year's (2007) Outstanding Public Scholar in International Political Economy http://www.stephengill.com/Falk.pdf

[3] Saul Mendlovitz, "The Emergence of WOMP in the Normative Tradition: Biography and Theory", in Paul Wapner and Lester Edwin J. Ruiz, eds., *Principled World Politics: The Challenge of Normative International Relations*, New York: Rowman & Littlefield, 2000, pp. 311 – 321.

种积极的进取方案。①当然，也有学者对福尔克的观点提出批评，质疑他关于"另一个格老秀斯时刻"来临的观点，指出多元主义和社会连带主义、主权和人权是无法截然分开的。②

3. 介绍性和延伸性研究

除以上关于世界秩序学派的研究成果之外，还有一些对学派进行介绍的研究，以及受学派思想直接影响的研究成果，在此也加以综述。

基欧汉在担任《国际组织》主编时曾撰文指出，他所提出的相互依赖模式正面临危机，需要一种规范—经验研究的综合。他所说的规范范式指的就是世界秩序学派的国际主义和未来导向的研究，并称这种研究"对本文启发很大"。③布尔在《无政府社会：世界政治秩序研究》中也介绍了世界秩序学派两位主要成员福尔克和科塔里的思想，他将福尔克的世界秩序构想作为研究"起点"和争议对象，并把福尔克和科塔里的世界秩序方案（他分别称之为全球中央集权主义：激进救赎主义模式、地区主义：第三世界模式）与大国协调（基辛格模式）和革命（一种马克思主义模式）两种方案放在一起进行了比较分析。④奈也曾在著作中介绍了福尔克的思想，称其为"生态主义"，并把它看作与世界联邦主义、功能主义、地区主义和网络封建主义并列的新世界秩

---

① Mary Kaldor, "Governance, Legitimacy, and Security: Three Scenarios for the Twenty-First Century", in Wapner and Ruiz, eds., *Principled World Politics: The Challenge of Normative International Relations*, pp. 285 – 298.

② Robert Jackson, *Classical and Modern Thought on International Relations: from Anarchy to Cosmopolis*, New York: Palgrave Macmillan, 2005, Chap. 7: Jurisprudence for a Solidarist World: Richard A. Falk's Grotian Moment.

③ Robert O. Keohane, "International Organization and the Crisis of Interdependence", *International Organization*, Vol. 29, No. 2 (Spring, 1975), pp. 357 – 365.

④ See Hedley Bull, *The Anarchical Society: A Study of Order in World Politics* (Third Edition), Basingstoke: Palgrave, 2002, Chap. 13: The Reform of the States System?

序模式之一。①科斯勒（Bart R. Kessler）则把世界秩序学派视为与战争与和平研究、20世纪80年代工程（1980s Project）并列的三种世界新秩序模式之一。②

菅波英美（Hidemi Suganami）在其梳理世界秩序研究模式的名著中，以较大的篇幅介绍了世界秩序学派的思想，称其为一种"福利国际主义"的世界秩序模式。③布斯（Ken Booth）是为数不多的明确使用"世界秩序学派"的学者之一，将其视为一种世界秩序研究的激进路径。④格里菲斯（Martin Griffiths）持有类似观点，他在《国际关系中的五十位主要思想家》中将福尔克与考克斯、弗兰克、林克莱特（Andrew Linklater）等人一起列入"激进/批判理论"加以介绍。⑤

中国学界对世界秩序学派也有为数不多的介绍。时殷弘等人在一篇介绍国际关系三大思想传统和当代表现的文章中介绍了世界秩序学派的思想，将世界秩序学派视为"革命主义传统在当代的另一典型表现"，并认为"它比较接近理性主义"。⑥王治河等人把福尔克作为建设性后现代哲学的重要代表人物之一进行了介绍，并称著名后现代主义思想家斯普瑞特奈克（Charlene Spretnak）称福尔克发展了一种"非解构性的后现代主义"。⑦潘忠岐在其研究世界秩序模式的专著中对世界秩序主义进行了较大篇幅的

---

① 参见奈：《理解国际冲突：理论与历史》，第八章。
② Bart R. Kessler, *Bush's New World Order: the Meaning beyond the Words*, Biblioscholar, 2012, Chapter 3: New World Order Vision.
③ Suganami, *The Domestic Analogy and World Order Proposals*, Chap. 8 and 9.
④ Ken Booth, *Theory of World Security*, Cambridge: Cambridge University Press, 2007, pp. 59–64.
⑤ Martin Griffiths, *Fifty Key Thinkers in International Relations*, New York: Routledge, 1999, pp. 119–123.
⑥ 参见时殷弘、叶凤丽："现实主义·理性主义·革命主义——国际关系思想传统及其当代典型表现"，《欧洲》1995年第3期。
⑦ 参见王治河、汪小熙："法尔克和他的非结构性的后现代主义"，载王治河、薛晓源主编：《全球化与后现代性》，南宁：广西师范大学出版社，2003年版。

介绍,但他认为世界秩序主义只是自由主义的变体,因此未将其作为一种单独模式深入探究。①

另外,还有一些在学派思想和概念影响下展开的延伸性研究,主要都是受福尔克提出的"自下而上的全球化"(globalization-from-below)概念影响,将其作为一种理论基础展开研究。布雷彻(Jeremy Brecher)等人将"自下而上的全球化"作为理解和重塑世界秩序的一种新范式,在此概念框架下展开了自己的世界秩序和全球治理研究。②阿基奈姆(Obijiofor V. Aginam)则进一步以此概念为理论框架展开实证研究,探讨了国际机构的疟疾控制政策与公民社会倾向的传统疟疾疗法之间的互动。③普雷姆普(E. Osei Kwadwo Prempeh)则进一步发展了这一概念的理论内涵,强调必须将非洲及其他边缘地区内部的弱势群体包括在内,反映他们的呼声和利益,这关系到"整个反抗事业的合法性问题"。④

考虑到世界秩序学派参与成员的广泛性、活动的持久性(长达半个多世纪)、成果的丰富性以及其对包括世界秩序在内的众多学科和研究领域的开创性贡献,特别是其对解决当代紧迫全球问题的独特见解,关于世界秩序学派的研究成果的数量显得与此非常不相称,可以说是非常薄弱。仅有零星的系统研究,且基本

---

① 参见潘忠岐:《世界秩序:机构、机制与模式》,上海:上海人民出版社,2004年版,第一章。

② Jeremy Brecher, John Brown Childs and Jill Cutler eds. , *Global Visions*: *Beyond the New World Order*, Boston: South End Press, 1993; Jeremy Brecher, Tim Costello and Brendan Smith, *Globalization From Below*: *the Power of Solidarity*.

③ E. Osei Kwadwo Prempeh, "Anti-Globalization Forces, the Politics of Resistance, and Africa: Promises and Perils", *Journal of Black Studies*, Vol. 34, No. 4 (Mar. , 2004), pp. 580 – 598.

④ Obijiofor V. Aginam, "From the Core to the Peripheries: Multilateral Governance of Malaria in a Multi-Cultural World", *Chicago Journal of International Law*, Vol. 3, No. 1 (Spring 2002), pp. 87 – 103.

都是介绍性的。多数研究成果都只是零散研究,而且普遍只是对学派某一时期、某位成员的介绍或评论,深入、系统、全面的研究颇为缺乏。一些研究甚至存在严重的偏见或片面性。鉴于此,对世界秩序学派展开系统、全面、深入的研究和评论将非常有益,而且十分迫切。

三、主要观点与结构安排

基于以上对本书涉及的多个主题的全面文献梳理,以及对国内外学界关于世界秩序学派本身已有研究成果的介绍,在深入详尽分析和梳理学派及其主要成员的大量研究成果,并且将学派置于国际关系理论诸流派之中进行比较研究的基础上,本书提出以下主要观点:

1. 存在一个国际关系和世界秩序研究的世界秩序学派,它以世界秩序模式工程和《选择》(*Alternatives*)杂志为主要平台,有着众多来自世界各地的知名学者和社会活动家参与其中。世界秩序学派以和平、经济福利、社会正义和生态平衡四项价值为分析框架,以国家、特别是非国家行为体(全球公民社会)为行为主体,以全球法治、体系变革和以人为本为理论内涵,力图通过改革联合国和跨国社会运动实现世界秩序的转型。该学派坚守传统研究方法,秉持世界主义规范取向,具有鲜明的后现代特征。

2. 世界秩序学派不同于一般的国际关系理论,它既是一个有着建设性后现代主义理论取向的国际关系学派,又是以世界秩序模式工程为平台的一场声势浩大的跨国教育、思想和社会运动,在长达半个世纪的时间里展开了大量的理论和社会活动,是理论与实践结合的范例,在国际教育界、学术界和公共生活中产生了极大现实影响,引领了我们时代思想和实践的前沿方向。

3. 世界秩序学派与我们熟知的国际关系理论流派存在明显不同。该学派对现实主义理论持强烈的批判态度,指责它拒绝严肃对待生态挑战等全球公共问题，缺乏规范考虑。对于新自由主义，该学派认为它不过是现实主义的一种变体。强烈的规范倾向、共同的学派特点使得世界秩序学派与英国学派成为最具可比性的两支理论，然而它们在思想取向上存在明显差异，分别是革命主义和理性主义的代表。世界秩序学派与反思主义诸理论具有亲近性，特别是与后现代主义理论有着密切的关系。不过，世界秩序学派更重视建构，强调走向公正世界秩序的转型过程和依靠力量。

4. 世界秩序学派是对二战后和平研究的重要发展，它将和平与经济、正义和生态等问题联系在一起进行考察，在当代背景下进行了不断与时俱进的革新和发展，推动"世界秩序"一词成为教育、研究和政策界的流行语。该学派是世界秩序研究的中坚力量，同时也是规范国际关系学科的先驱。该学派对主流国家中心主义理论和科学行为主义方法的挑战、以《选择》杂志为代表的学派平台对众多非主流理论、包括第三世界国际关系研究的支持和推动，使得世界秩序学派成为国际关系学科史上不可忽略的一支理论。鲜明的跨国和跨学科性也是学派的重要特点。

5. 世界秩序学派存在着一定的缺陷和不足。来自发达国家与发展中国家成员间的观点分歧是学派受到诟病的一个重要原因。该学派缺乏历史意识、对科学方法强烈拒斥的研究路径也是其未能产生广泛影响、不被主流学界充分重视和接纳的原因之一。最为重要的是，世界秩序学派过于激进和超前的转型主张、并不具足够说服力的转型战略使得它始终无法摆脱"空想"的指责。

6. 世界秩序学派对于理解和应对当代全球问题有着重要的理论和实践启发意义。我们有必要对其展开深入研究，挖掘它的理论内涵和现实意义。同时也应客观看待其存在的不足和缺陷，弥补其哲学、历史、理论和方法论上存在的问题，对其进行与时俱进的革新，为构建21世纪世界新秩序和打造人类命运共同体做出贡献。

全书共分为九大部分。第一部分为绪论，主要介绍本选题意义、国内外已有相关研究的进展情况和主要观点、文章的主要观点和思路。本部分的作用是为研究奠定基础，拓展视野，厘清全书的结构和研究方向。

第二部分介绍世界秩序学派建设性后现代主义理论取向确立的学术背景——建设性后现代主义的兴起。可以说，建设性后现代主义是本研究内在的理论基调，世界秩序学派是建设性后现代主义的重要表现形态之一。本章主要介绍解构性后现代主义与建设性后现代主义的联系与区别，建设性后现代主义的哲学基础、发展历程、主要人物与核心观点，建设性后现代主义与世界秩序学派的联系以及二者之间的相互影响，为本研究的理论定位和评价奠定基础。

第三部分以历史研究为主，在国内首次系统阐述了世界秩序模式工程的发展，全面梳理了其起源与演变过程。对其出现背景、发展阶段和走向进行分析，并介绍在各阶段主要的参与人物、工程的主要工作、取得的成绩。概括学派内部的分歧与交流、与主流学界和政治、教育界的交锋与合作，以及其理论取向的逐渐变化和发展。

第四部分对世界秩序学派的价值基础进行详尽介绍。战争与经济、社会正义等其他价值是密不可分的。和平不仅仅是没有直接暴力，还包括消除结构性暴力。当前世界经济秩序的不平等结构的变革是追求更加公正世界秩序的一部分，基本需求的满足和稳态经济的实现是关键。社会正义问题的解决办法在于一方面通过地区和全球机构、另一方面通过公民运动，挑战主权国家在世界事务中的主导地位。我们需要一种基于地球是整体、有限的观念之上的全新的世界观。人类必须努力建立和维持人与自然、人与人的和谐。

绪 论

第五部分对世界秩序学派的理论体系进行概括。世界秩序行为主体包括领土行为体（主权国家）、国际组织、非政府国际组织（全球公民社会）等。对于世界秩序学派来说，国家和其他行为体的角色是开放的，但学派更为看重的是全球公民社会。世界秩序学派的理论内涵主要体现在全球法治、体系变革、以人为本三个方面。其中，全球法治是世界秩序学派的理论之基，注重体系变革是世界秩序学派的着眼点，而以人为本则是世界秩序学派的根本目的和落脚点所在。三个方面颇具特色，将世界秩序学派与其他国际关系和世界秩序理论区别开来。

第六部分介绍和分析世界秩序学派的转型战略。来自不同地区的学派学者提出了中央指导结构、基于地区主义重新组织世界政治、世界文化联邦、世界人民联邦、有非国家行为体参与的世界大会等转型方案。改革联合国和通过全球公民社会开展跨国社会运动是世界秩序学派最为倚重的转型战略。改革联合国是世界秩序学派一以贯之的主张，该学派认为需要对联合国进行非暴力的激进变革，实现集中化和非集中化的辩证统一。该学派展开跨国社会运动的典型实践体现在"追求公正世界和平委员会"和"全球文明"两个世界秩序模式工程专门项目上。福尔克提出的人道全球治理和自下而上的全球化概念则为跨国社会运动提供了理论支撑。

第七部分将世界秩序学派与国际关系领域的主要理论流派进行了比较。世界秩序学派对主流的现实主义和自由主义持强烈的批判态度。强烈的规范倾向、共同的异于主流理论的学派特点、包括理论取向上的某些共同点，使得世界秩序学派与英国学派国际社会理论成为最具可比性的两支理论。而对国家体系和主流理论的强烈批判态度无疑使世界秩序学派与众多反思主义理论更具有亲近性，特别是与其中的后现代主义理论有着密切的关系。此外，世界秩序学派与（新）马克思主义及其他相关理论的关系同样在本章得到探讨。

  第八部分对世界秩序学派的贡献与不足进行了评价。世界秩序学派长达半个世纪的学术活动对世界秩序研究的发展、规范国际关系学科的塑造起到了极大的推动作用，成为世界秩序研究的中坚和规范国际关系学科的先驱。与此同时，世界秩序学派对主流国家中心主义理论和科学行为主义方法的挑战，对全球为单位、全球公民社会为关注对象、未来主义导向、跨学科方法并带有强烈激进色彩的世界秩序主义研究范式的提倡和推广，以及以《选择》杂志为核心的学派平台对后现代主义、建构主义、女性主义等众多反思主义和非主流理论、包括第三世界国际关系研究的支持和推动，使得世界秩序学派成为国际关系学科史上不可忽略的一笔。不仅如此，世界秩序模式工程还是一场声势浩大的教育、思想和社会运动，在学术研究之外还积极投身社会实践，推动了大众世界秩序转型意识的提升和一个和平、富足、公正、生态平衡的世界秩序的建设进程。不过，世界秩序学派内部的分歧是受到诟病和限制其影响的一个重要因素。其缺乏历史意识、对科学方法的强烈拒斥的研究路径也是学派未能产生广泛影响、不被主流学界充分重视和接纳的原因之一。最为重要的是，世界秩序学派过于激进和超前的转型主张、并不具足够说服力的转型战略使得它始终无法摆脱"空想"的指责。

  最后一部分为全书的结语。笔者认为，世界秩序学派的学术和实践探索为解决当下面临的现代性危机和全球问题提供了极富启发的一种解答。循着世界秩序学派开创的建设性后现代世界秩序之路，我们找到了正确的方向。然而，世界秩序学派的努力虽然取得了相当成就，却依然存在很大的不足，更为重要的是，前路任重道远，理想似乎仍然遥不可及。因此，我们需要在世界秩序学派努力的基础上，弥补其不足，争取更大的发展。本章提出，世界秩序学派需要在提供具体政策建议、展开理论比较和实证研究等方面实现突破，同时，人类需要突破自我、展开联合、勇于实践，为建设一个和平、公正、富足和生态平衡的世界而努力。

四、研究方法

1. 历史分析。本书在梳理世界秩序模式工程的起源与演变时主要采用历史分析的研究方法，利用学派成员自己的介绍、学派外学者对学派的介绍与概括、直接对学派文献进行概括等办法，力争还原世界秩序模式工程起源、产生、兴盛、深化、分裂、衰落与重启的整个过程。在理论概括方面，也部分采用历史分析的方法，梳理福尔克与世界秩序学派的理论脉络。

2. 比较分析。本书在理论和实践阐释方面都将采取比较分析法。在理论归纳中主要通过与学界对国际社会理论的研究经验之比较，形成对世界秩序学派的一些研究思路。另外，在将世界秩序学派与众多国际关系理论进行比较时，更是集中使用了理论比较分析的方法，由此突出世界秩序学派的理论特色。

3. 定性和评估分析。定性分析是规范研究的主要方法。本研究将通过定性分析，确定世界秩序学派的主要价值以及这些价值在学派不同发展时期的变化。同时通过定性分析评估世界秩序学派在国际关系和世界秩序学科史上的地位，评估世界秩序学派的理论与现实意义，以及其在当下的适用性。

4. 归纳、演绎与文本解读。归纳的方法就是根据对个别事物和现实的分析推理得出该类事物和现象的普遍性规律。演绎的方法就是利用已知的一组事实作为前提，通过合理的逻辑推理，推导出未知的结论。[①] 作为相互联系和相互补充的研究方法，归纳

---

① 阎学通、孙学峰：《国际关系研究实用方法》，北京：人民出版社，2001年版，第107、111页。

和演绎是分析本文理论内涵的基本方法之一。本文将通过归纳与演绎分析以及深入的文本解读,概括世界秩序学派的价值基础、理论体系和转型战略。

5. 层次分析法。从本质上讲,层次分析的主要目的是使研究者更好地辨别和区分国际关系研究中的各种变量,从而使研究者能够在不同的变量间建立可供验证的关系假设。[1] 国际关系研究大致可以分为三个层次,即体系层次、国家层次和个人层次(宏观、中观和微观),研究者一般是从其中的某一个层次展开的。不过,事实上布赞很早就讨论了跨层次分析问题。[2] 体系层次是分析世界秩序学派研究路径的有效工具。事实上,世界秩序学派早期是从最为宏观的全球层次进行理论和实践探究的。但在其发展后期,该学派更多地转向了个人层次,强调世界秩序平民主义。当然,世界秩序学派也并未忽视国家层次,其对国家层次的态度以批评为主,但并非全然否定。本研究涉及了宏观、中观和微观三个层次,将对其进行综合运用,以此形成对世界秩序学派的全面解读。

五、本书的创新与不足

(一) 本书的创新之处

本书的创新之处是提出自己的学术观点,主要体现在以下几个方面:

一是在国内首次系统阐述了世界秩序模式工程的发展,全面梳理了它起源与演变的过程并深入概括了其阶段特点。世界秩序模式工程起源于二战后一场废除战争的教育运动,持续时间长达

---

[1] 秦亚青:"层次分析法与国际关系研究",《欧洲》1998年第3期,第4页。
[2] See Barry Buzan, "The Level of Analysis Problem in International Relations Reconsidered", in Ken Booth and Steve Smith eds., *International Relations Theory Today*, Cambridge: Dolity Press, 1995, pp. 198–216.

半个世纪之久，有着来自社会各界的众多知名人士参加，准确梳理其起源、演变、兴盛、衰落的各个发展阶段、概括各阶段的主要特点和贡献并非易事。本书的主要创新在于，明确将世界秩序模式工程的发展历程概括为起源与产生（20世纪60年代）、兴盛并催生世界秩序学科（20世纪60年代末到80年代初）、深化、分裂与沉寂（20世纪80年代初以后）以及重启（2011年以来）四个阶段，特别是追溯了1968年世界秩序模式工程正式产生之前的起源阶段，追踪了工程在新世纪的最新发展，形成对世界秩序模式工程最为全面系统的梳理。不仅如此，本书还深入概括了工程各个阶段的发展特点，特别是指出了工程在20世纪60年代末到80年代初高潮阶段受到国际关系学界的广泛关注，产生了一定的学术和政治影响，并催生了世界秩序学科、最早形成了全球变革的世界秩序范式。

二是凝炼了世界秩序学派的主要内容和学理特征，树立起"世界秩序学派"的理论旗帜，这在国内也是首创。世界秩序学派以和平、经济福利、社会正义和生态平衡四项价值为分析框架，四项价值并非各自孤立，而是相互交错关联，形成一套有机的世界秩序价值体系。该学派以国家、特别是非国家行为体（全球公民社会）为行为主体，以全球法治、体系变革和以人为本为理论内涵，其中，全球法治是世界秩序学派的理论之基，注重体系变革是世界秩序学派的着眼点，而以人为本则是世界秩序学派的根本目的和落脚点所在。该学派力图通过改革联合国和跨国社会运动实现世界秩序的转型。改革联合国是世界秩序学派一以贯之的主张，而世界秩序模式工程本身就是学派展开跨国社会运动的典型体现。

三是在我们较为熟知的国际关系理论流派视野下比较了世界秩序学派与其他主要理论的关系，树立起世界秩序学派国际关系理论重要流派之一的地位，凸显其不同于国际关系理论家族其他任何成员的独特理论特色，以及在国际关系理论思想史上不可忽视的地位。本书比较了世界秩序学派与现实主义、自由主义等主流理论流派的异同，与反思主义、（新）马克思主义等其他国际关系理论的关系，特别是将世界秩序学派与英国学派国际社会理论这两大以学派为特点、具有强烈规范取向的理论进行了深入比较，明确了二者的相似性与根本差异。

四是对世界秩序学派的贡献与不足进行了总体定性和评价。本书提出，世界秩序学派长达半个世纪的学术活动对世界秩序研究的发展、规范国际关系学科的塑造起到了极大的推动作用，成为世界秩序研究的中坚和规范国际关系学科的先驱。世界秩序学派对主流理论和方法的挑战，对全球为单位、全球公民社会为关注对象、未来主义导向、跨学科方法并带有强烈激进色彩的世界秩序主义研究范式的提倡和推广，以及对反思主义和非主流理论的支持和推动，使得世界秩序学派成为国际关系学科史上不可忽略的一笔。不仅如此，世界秩序模式工程还是一场声势浩大的教育、思想和社会运动，推动了大众世界秩序转型意识的提升和一个和平、富足、公正、生态平衡的世界秩序的建设进程。不过，世界秩序学派内部的分歧是受到诟病和限制其影响的一个重要因素。其缺乏历史意识、对科学方法的强烈拒斥的研究路径也是学派未能产生广泛影响、不被主流学界充分重视和接纳的原因之一。最为重要的是，世界秩序学派过于激进和超前的转型主张、并不具足够说服力的转型战略使得它始终无法摆脱"空想"的指责。

（二）本书的不足之处

由于关于世界秩序学派的现有系统研究成果非常之少，笔者展开本研究几乎没有任何前人基础，无异于开垦一块"处女地"，此外，该学派的成果非常丰富，全面阅读、梳理和分析学派巨量的研究成果，需要花费大量精力，做到不遗漏并抓出其中重点是

绪　论

相当困难的，凝炼其主要思想更需要较高的理论概况能力。因此，本研究还存在一些不足之处。

一是研究的某些方面仍待进一步深入。由于现有研究基础的匮乏、学派成果的数量庞杂、涉及范围之广以及资料限制等原因，本人深感研究的艰难，研究的深度仍需加强，例如在原有研究基础上对该学派的理论机理作进一步探究或拓展。

二是对世界秩序学派与其他国际关系理论的比较还有进一步深化的空间。由于这种比较需要对国际关系理论诸流派有深入把握，需要很高的国际关系理论素养，本书虽然做出了很大努力和尝试，但仍存在着不够全面、较难准确把握等问题。

第一章

建设性后现代主义的兴起

　　肇始于近代欧洲的现代性虽然在科技和工业上带来了令人瞩目的巨大成就，但也引发了新的社会问题。就像有学者所言："我们时代严重的全球问题，从核武器的威胁到有毒化学物质到饥饿、贫困和环境恶化，到对地球赖以生存的体系的破坏，凡此种种都是几个世纪以前才开始统治世界的西方工业思想体系所产生的直接后果。"[①]事实上，众多学者对此都深有同感，甚至从核武器发明之前的20世纪初开始，对现代性进行反思与超越的尝试就从未间断。后现代主义、特别是其中并不为我们熟知的建设性后现代主义，就是其中最为突出的代表。本章将详细梳理建设性后现代主义的兴起历程，全面介绍建设性后现代主义的理论体系，并分析建设性后现代主义与世界秩序学派之间的关系。

---

　　① 冯俊、[美]柯布："超越西式现代性，走生态文明之路——冯俊教授与著名建设性后现代思想家柯布教授对谈录"，《中国浦东干部学院学报》2012年第1期，第17页。

第一节　建设性后现代主义的发展历程

认为现代性的思维模式不再适合于当今时代的意识产生于20世纪早期。根据昆勒（Michael Köhler）在《后现代主义：一个概念史的考察》中以及其他一些学者的考证，"后现代主义"一词最早出现于1934年出版的奥尼斯（Federico De Onis）的《1882—1923年的西班牙、拉美诗选》中，用来描述现代主义内部发生的逆动。在1947年出版的英国著名历史学家汤因比所著的《历史研究》中，再次出现这个词。在汤因比那里，"后现代"标志西方文明史中的一个新的历史周期——西方统治告终，个人主义、资本主义和天主教教权衰落，非西方文化抬头、壮大。①

一般认为，后现代主义发轫于法国，是1968年"五月风暴"后法国思想界、文化界和哲学界反思的产物。后现代主义最初渗透于西方文学批评、艺术、建筑、绘画、广告等领域，20世纪70年代开始触及并延伸到社会科学和人文学科的诸多领域，如哲学、政治学、音乐、电影、社会学、地理学、发展研究等，20世纪80年代介入国际关系学科并开始向全世界蔓延，成为一种广泛的文化思潮。

根据哈贝马斯（Jürgen Habermas）的分析，"尼采（Friedrich W. Nietzsche）是从现代性到后现代主义转折点处的人物"。一般认为，后现代哲学的主要代表包括：作为先驱者的尼采、巴塔耶（G. Bataille）和海德格尔（M. Heidegger）；作为理论中坚的利奥塔（J. -F. Lyotard）、德勒兹（G. Deleuze）、拉康（J. Lacan）、

---

① 王治河：《扑朔迷离的游戏——后现代哲学思潮研究》，北京：社会科学文献出版社，1993年版，第2、3页。

鲍德里亚（J. Baudrillard）、列维那（E. Levinas）、福柯（M. Foucault）、费耶阿本德（P. Feyerabend）、德里达（J. Derrida）、罗蒂（R. Rorty）和瓦提莫（G. Vattimo）等。①

一般认为，"后现代主义"就是试图对启蒙主义、理性主义和超验思维形式发出挑战，是对现代主义进行批评和抵制的一种思潮。它的特征具体地表现在以下几个方面：（1）反基础主义；（2）批判传统的"主体性"；（3）批判理性至上主义；（4）批判崇尚超感性的、超验东西的传统形而上学；（5）批判以普遍性、同一性压制个体性、差异性的传统思维模式。②

很显然，上述关于后现代主义的传统认识仅仅局限于解构性后现代主义。事实上，早在1925年，怀特海在《科学与现代世界》中就认为，开始于16世纪的"现代世界"已经不再适用于理解他所处的那个时代的自然和人类。尽管怀特海并没有明确地提出或使用"后现代"概念，但他谈论现代的方式却有着一种明确的后现代语调。他暗示了自己的思想适用于现代之后的事物。怀特海在《科学与近代世界》中正确地评价了现代世界的成就，但他也清楚地认识到了其局限性，并指出要超越它。他把自己的时代看作和那些构成了从中世纪到现代世界转变的时代一样重要的一个新的开端。③早在1964年，科布就在《从危机神学到后现代世界》中使用了"后现代"一语来概括怀特海哲学。④很明显，

---

① 王治河：《扑朔迷离的游戏——后现代哲学思潮研究》，第7页。
② 参见刘永涛："后现代主义与后现代国际关系：一个基本考察"，《世界经济与政治》2005年第7期，第36页；张世英："'后现代主义'对'现代性'的批判与超越"，《北京大学学报（哲学社会科学版）》2007年第1期，第44页。
③ 参见欧阳康："建设性的后现代主义与全球化——访美国后现代思想家小约翰·科布"，《世界哲学》2002年第3期，第70页；[美] 小约翰·B.科布："阿尔弗雷德·诺思·怀特海"，载 [美] 大卫·雷·格里芬等著：《超越解构：建设性后现代哲学的奠基者》，鲍世斌等译，北京：中央编译出版社，2001年版，第227页。
④ John B. Cobb, Jr., "From Crisis Theology to the Post-Modern World," *Centennial Review*, 8 (Spring 1964), pp. 209–220.

后现代主义还存在着另外一支,即在怀特海过程哲学基础上发展起来的建设性后现代主义。

建设性后现代主义是相对于解构性后现代主义而言的。以否定和批判现代性为理论核心的后现代主义文化思潮盛行于欧洲,但它因重"破"不重"立"最终走向怀疑主义和虚无主义而趋于衰落。到了20世纪八九十年代,美国的本土哲学在批判解构性后现代主义的怀疑主义和虚无主义、对怀特海过程哲学进行发展的基础上产生了以格里芬和柯布等为代表的建设性后现代主义哲学。①如果说解构性后现代主义侧重于对西方几百年来占统治地位的思维方式进行摧毁的话,那么,建设性后现代主义则侧重于在解构性现代主义开辟的空间中从事建设性的耕耘。顾名思义,这种后现代主义最大的特征在于它的建设性。②

作为后现代主义者,建设性的后现代主义与解构性的后现代主义在拒斥"现代性"方面有许多相似与共通之处。例如,他们都解构在现代思维中作为中心的实体性自我;他们拒绝现代科学中的还原论的机械主义,都反对超越问题而为思维寻找某种出发点,即所谓"基础主义",认为这是一种无用和危险的努力;他们都拒绝为理由寻找一种先行的起点或基础;他们都反对欧洲中心主义、种族主义、等级制度、家长制、全球化的现行形式和各种形式的帝国主义,等等。可以说,否定性的后现代主义与建设性的后现代主义是一而二,二而一的事。二者的终极关怀是一致的,都对人类及其生存于其中的地球的命

---

① 何跃等:"走进人类中心主义还是走出人类中心主义",《自然辩证法研究》2011年第6期,第118页。

② 王治河:"论后现代主义的三种形态",《国外社会科学》1995年第1期,第43页。

运怀抱深深的关切。①

不过，建设性后现代主义者也指出了自己与解构性的后现代主义的若干重要区别。第一，解构性的后现代主义以康德的批判理论作为自己的理论前提，强调人类与自然的根本区别。怀特海则克服了这种二元主义，把人类社会看做与自然世界密切相关的。第二，解构性的后现代主义反对任何寻求某种世界观作为霸权的努力时，怀特海认为可以提供一种世界观，而这种世界观在建设性的后现代主义者看来不是霸权。第三，解构性的后现代主义认为，现代性是以对于理性的过度信任为特征的，因此认为后现代主义应当抛弃这种信任。建设性的后现代主义主张对于理性的深度使用，主张发展假设并且证实他们。第四，怀特海并不希望达到极端的相对主义的结论。假设在我们的行动中有一种与信仰相关的哲学比没有要好。第五，解构性的后现代主义倾向于从整体上否定现代性，建设性的后现代主义者不仅赞赏前现代思维中所包含的较多的整体性特点，而且也赞赏现代社会中鼓励个人权利的努力。他们相信，当今世界需要从各种思想资源中寻找对于现实的新视野和新思路，而不是对于历史的简单地重复和继续。他们强调在不同传统的成员之间，在现代主义者和后现代主义者之间开展对话，以便趋向一种新的、更具有涵盖性的世界观。②

根据科布的概括，建设性后现代主义指的是一种建立在有机联系概念基础之上的、推崇多元和谐的整合性思维方式，它是传统、现代、后现代的有机结合，是对现代世界观和现代思维方式

---

① 欧阳康："现代化的'围城'及其超越——兼谈建设性后现代主义的价值取向及其启示"，《求是学刊》2003年第1期，第41页；王治河："别一种后现代主义"，《求是学刊》1996年第4期，第19页。

② 欧阳康："现代化的'围城'及其超越——兼谈建设性后现代主义的价值取向及其启示"，第41—42页。

的超越。其主要思想特征可以概括为这样几个方面：一是反对二元论，主张整体有机论，认为宇宙是一个有生命的整体，处于一种流变的过程中，并且相互联系。世界的发展是一个开放的体系，是一个不断演化的过程；二是在人与人的关系上，摈弃激进的个人主义，主张通过倡导"主体间性"（intersubjectivity）和"共同体中的自我"（self in community）来消除人我之间的对立；三是在人与自然的关系上，主张人与自然之间是一种动态的平衡关系，人与自然应该和谐共处，因此主张生态主义；四是在方法论上推崇高远的整合精神；五是在不同文化和宗教之间鼓励对话和互补；六是对现代性的态度不是简单地否定，而是扬弃，既克服又保留；七是在经济上所诉诸的是共同体的发展和可持续的发展，所寻求的是一个"既是可持续的，又是可生活的社会"。①

建设性后现代主义的发展历程可以被概括为三个阶段：

第一阶段是理论准备时期。建设性后现代主义哲学源远流长，其源头可直接追溯到古希腊哲学家赫拉克利特（Heraclitus）的"一切皆流"的过程思想。虽然哲学史上占主流地位的观念一直是强调绝对、永恒、静止、不变的，甚至连黑格尔（Georg W. F. Hegel）也坚持绝对观念的无时间性，但总的来说，过程思想一直具有顽强的生命力。美国哲学家皮尔士（Charles S. Peirce）的经验主义、詹姆斯（William James）的经验一元论和法国哲学家柏格森（Henri Bergson）的"绵延"学说为其后的怀特海哲学提供了主要理论渊源。②

---

① ［美］柯布、樊美筠："现代经济理论的失败：建设性后现代思想家看全球金融危机——柯布博士访谈录"，《文史哲》2009 年第 2 期，第 11 页。
② 曲跃厚："译序"，载［美］小约翰·B. 科布、大卫·R. 格里芬：《过程神学——一个引导性的说明》，曲厚跃译，北京：中央编译出版社，1998 年版，第 I 页；格里芬等著：《超越解构：建设性后现代哲学的奠基者》，第 1—3 章；吴伟赋：《论第三种形而上学：建设性后现代主义哲学研究》，上海：学林出版社，2002 年版，第 20—21 页。

第二阶段是理论形成和初步发展时期。这一阶段的主要代表人物是怀特海和哈茨霍恩（Charles Hartshorne）。被视为建设性后现代主义哲学基础的过程哲学（也称过程神学、机体哲学、整体有机论），起源于20世纪20年代中期怀特海晚年在哈佛大学讲授哲学的时期。怀特海1861年生于英国肯特郡，1947年在美国马萨诸塞州剑桥逝世，美籍英裔人。1885—1911年任教于剑桥大学，1924—1937年任教于哈佛大学，是现代西方伟大的数学家、哲学家、教育家。他与学生罗素（Bertrand Russell）共同合作的《数学原理》对现代数学的发展贡献甚大。怀特海被认为是20世纪最伟大的哲学家之一，他的形而上学体系是20世纪产生的最伟大的形而上学理论。怀特海创立的过程哲学主张以一种动态的、过程的、生成的观点来看待宇宙，将事件看成是宇宙的本原，将过程看成宇宙的实在。[①]

哈茨霍恩生于1897年，逝于2000年，是美国当代著名哲学家和神学家，曾任美国哲学协会西部分会主席、形而上学学会主席。哈茨霍恩以"论万物的统一"为题的论文获哈佛大学哲学博士学位。1925年后怀特海在哈佛讲授哲学时期，哈茨霍恩担任其助手，从怀特海那里学到了许多东西。哈茨霍恩强烈认同怀特海哲学，他曾花费数十年时间把怀特海的洞见甚至词汇都综合到他自己的形而上学体系中，是怀特海哲学的精神传人。哈茨霍恩在过程神学的形成和发展中起着重要作用，特别是1928到1955年他担任芝加哥大学教授期间，对创立过程神学的芝加哥学派发挥了极为重要的作用。尽管怀特海的过程思想发轫于他在哈佛大学讲授哲学期间，但芝加哥大学神学院（芝加哥学派）则是怀特海和哈茨霍恩思想影响的主要神学中心，在20世纪30—50年代成为过程神学最主要的重镇。正如科布和格里芬所说："今天，所

---

① 参见格里芬等著：《超越解构：建设性后现代哲学的奠基者》，第4章。

谓的过程神学在很大程度上乃是怀特海的影响、哈茨霍恩的教学和这一学派成员修正的结果。"①

第三阶段是建设性后现代哲学时期，主要代表人物有科布、格里芬等人。这一阶段的最重要特征是学者们已经不限于继续完善和阐释怀特海、哈茨霍恩及芝加哥学派的思想，而是把这一理论视作批判和超越现代性的主要理论工具，并把这一理论和走向后现代的各种实践和运动结合起来，从而形成了从理论到实践各个环节的庞大的建设性后现代哲学体系。②科布生于1925年，是一位著名的美国神学家、哲学家和环保主义者。科布本人尽管也是芝加哥学派的重要成员，但考虑到他现在在过程思想研究领域仍很活跃，特别是考虑到他和格里芬的师生关系及其密切合作，亦可视其为过程神学运动的第三代代表人物。科布现任美国加利福尼亚克莱蒙特神学院（Claremont School of Theology）和克莱蒙特研究生院（Claremont Graduate University）教授，《过程研究》（*Process Studies*）杂志创办者之一，"过程研究中心"（the Center for Process Studies）主任。作为过程神学的主要思想家，科布深受怀特海过程哲学的影响，并试图根据怀特海的观点来讲授当代神学问题。根据怀特海的思想和生态学观点，科布提出了一种后现代的生态学世界观。他认为，现代的世界观是一种以忽视和牺牲自然为特征的世界观，换言之，这种世界观的基本特征是人类与自然的分离。过程神学寻求的是一种后现代的生态学态度，即一种承认人类与自然之间复杂的相互关系因而承认事物之间的相互依赖性的态度。③

格里芬生于1939年，1970年在克莱蒙特研究生院获得哲学博士学位，是科布的高足。格里芬是世界著名过程哲学家，建设

---

① 曲跃厚："译序"，第IV页。
② 吴伟赋：《论第三种形而上学：建设性后现代主义哲学研究》，第23页。
③ 曲跃厚："译序"，第V—VI页。

性后现代主义最主要的代表人物。他曾任美国加州克莱蒙特神学院和克莱蒙特研究生院宗教哲学教授,1973年和科布共同创办了过程研究中心,1983年在他的家乡加州圣巴巴拉创立了"后现代世界研究中心"(the Center for a Postmodern World)并一直担任中心主任。1987到2004年,格里芬还主编了由纽约州立大学出版社出版的建设性后现代哲学丛书(the SUNY Series in Constructive Postmodern Philosophy)。格里芬最主要的贡献不仅在于系统、详尽地解释和论证了以怀特海过程哲学、哈茨霍恩过程神学为基础的建设性后现代哲学,而且在各个方面都有所发展。更重要的是他对建设性后现代哲学向系统化、实践化、后现代化方面的发展有着不可忽视的影响,所以被视为建设性后现代主义目前最权威的代表人物。[1]值得一提的是,"9·11"事件之后,格里芬将关注重点转向国际政治领域,致力于揭露"9·11"事件的真相和美国的全球帝国图谋,倡导全球民主,出版了包括《新珍珠港:迷雾重重的"9·11"事件与布什政府》在内的十余部政治著作。[2]建设性后现代思想家追求真理的勇气和风骨,为他赢得了世界正义人士的广泛赞誉,格里芬因此获得诺贝尔和平奖提名。

除科布、格里芬之外,当代建设性后现代主义的代表人物还包括罗蒂、霍伊(David C. Hoy)等人。罗蒂1931年生于纽约,2007年去世,是当代美国最有影响力的后现代哲学家、思想家,"后现代文学"的提出者,也是美国新实用主义哲学的主要代表之一。霍伊是美国当代著名的后现代思想家,1972年在耶鲁大学获哲学博士学位,曾任美国加州大学圣克鲁兹分校(University of California Santa Cruz)哲学系主任、人文学院执行院长。霍伊的主要贡献是提出了"系谱学解释学"(genealogical hermeneutics),

---

[1] 吴伟赋:《论第三种形而上学:建设性后现代主义哲学研究》,第25页。
[2] [美]大卫·雷·格里芬:《新珍珠港:迷雾重重的"9·11"事件与布什政府》,艾彦等译,上海:东方出版社,2004年版。

将系谱学与解释学创造性地结合起来，开辟了后现代哲学研究的新领域。格里芬的建设性后现代主义更多关注的是人与世界、人与自然的关系问题，而且主要是从科学的层面出发讨论问题的。罗蒂和霍伊等建设性后现代思想家则主要是从哲学的层面讨论问题的，所探讨的问题域也宽广得多，不仅包括人与自然的关系问题，而且包括人与人、人与文化、人与哲学以及哲学与文学的关系问题。尽管存在着这些差别，但双方在"富有建设性"这一点上是一致的。也正是这一点，将它们与否定性的或激进的后现代主义区分开来。①

20世纪八九十年代以来，解构性后现代主义由于只破不立和其虚无性而走向衰落，建立在美国哲学土壤里的建设性后现代主义和怀特海过程哲学则以其整体性、共生性、多元性、创造性、开放性和现实关怀性等特质，日益成为世界哲学中的一门显学。作为当代哲学发展的一个新的生长点，方兴未艾的过程哲学是当今西方具有重大影响的哲学文化思潮之一。以推动中西文化交流闻名的安乐哲（Roger T. Ames）教授甚至断言过程哲学是"世界哲学的未来走向"。②美国过程研究中心在全世界已有数千名会员，受其影响，欧洲、亚洲等世界各地已陆续建立起数十个过程研究中心，仅在中国就有北京师范大学、苏州大学、天津师范大学、浙江大学、广西师范大学、黑龙江大学等近20家单位建立了各自的过程研究中心。建设性后现代主义和过程哲学在中国受到极大的欢迎，成为中国哲学研究中的新热点。另一方面，几乎所有后现代思想家都对中国和中国文化有一种天然的亲近，把希望的目光投向中国，认为中国是建设性后现代主义和我们这个星球的希望所在。2002年美国过程研究中心还和北京师范大学合

---

① 王治河："别一种后现代主义"，第15页。
② 王治河："过程哲学：一个有待发掘的思想宝库"，《求是学刊》2007年第4期，第5页。

作，举行了"过程哲学与价值哲学——怀特海与中国"大型国际研讨会，时任教育部副部长袁贵仁和格里芬共同主持大会并作了发言。

近年来，以王治河为代表的中国建设性后现代主义学者还努力发展一种"中国式的后现代主义"——一种建立在有机联系概念基础之上的推崇多元和谐的整合性的思维方式，是传统、现代、后现代和中国现实的有机结合，是对现代世界观和现代思维方式的超越，是建设性后现代主义的中国化。王治河等人力图从中国国情出发，有机整合建设性后现代主义与中国传统智慧，构建中国建设性后现代主义的理论体系，以建设性后现代主义的视角来审视中国在现代化进程中遇到的各种社会问题，探寻可能的应对之道，推动中国的后现代化和"第二次启蒙"。[①]

第二节 建设性后现代主义的理论体系

拥有悠久西方哲学渊源、孕育于美国本土哲学土壤里的过程哲学和建设性后现代主义，经过怀特海、哈茨霍恩、科布、格里芬等两代众多学者的不断努力，已经形成了以建设性后现代科学观、政治观、经济观、文化观、生态观为核心的完善理论体系，在东西方以及世界各地产生着越来越大的影响。在上一节详细梳理建设性后现代主义兴起和发展过程及介绍其主要代表人物的基础上，本节将全面介绍建设性后现代主义的理论体系和思想内容。

---

① 参见王治河："中国式建设性后现代主义与生态文明的建构"，《马克思主义与现实》2009年第1期，第26页；王治河、樊美筠：《第二次启蒙》，北京：北京大学出版社，2011年版。

一、整体有机论：建设性后现代科学观

格里芬在《后现代科学》中明确指出，后现代科学视科学家出身的哲学家怀特海的整体有机论为理论基础。①但怀特海整体有机论的本体论基础是泛经验论，整体有机论是怀特海泛经验论的逻辑延伸。因此，后现代科学观的最深层基础便是泛经验论。泛经验论是一种试图超越西方传统二元论、重新为人类世界确立某种非二元论的根据的学术尝试，其要点可以概括如下：其一，每一实际存在都是一个实际活动，亦可称为一个经验活动。其二，自为的经验是一个作为主体的事件。事件作为主体，它被涉入一个简短的生产过程中。作为主体的经验活动将感受（肉体性）与自决（精神性）结合在一起。其三，一个客体就是一个原本实质上的主体事件，主体与客体的不同仅表现在时间上。其四，"心"与"分子"是一系列先主体后客体的事件。它们之间的差异只是程度上的差异而不是是否具有经验这种绝对的差异。换言之，它们并不是本体论上两种不同的类型。其五，每一种永恒的事物都是一个由一系列迅速发生的事件所组成的时间上的"群集"。事件是最基本的个体。一个事件的"运动"不是移动，而是内部生成。其六，内部生成是第一性的，移动是派生的。其七，每一新的经验都是产生于许多经验之上的集合体。合众为一是经验的终极实质。实际上，它就是宇宙的终极原因。其八，实在是完完全全群集的，不存在只不保持其本来面目的永恒的实在，所存在的仅是事件和事件的群集。其九，每一层次的个体都是有机体的一个层次。心理学和生物学研究较高层次的有机体。人类是具有等

---

① ［美］大卫·雷·格里芬："引言：科学的返魅"，载［美］大卫·雷·格里芬主编：《后现代科学——科学魅力的再现》，马季方译，北京：中央编译出版社，1995年版，第1—65页。

级结构的有机体，是有机体的有机体。①

根据这种与现代哲学截然不同的本体论，建设性后现代主义合理地推出了后现代科学观的直接基础：有机论、整体论。后现代有机论认为，所有原初个体都是有机体，都具有哪怕是些许的目的因。原初的有机体可以被组织成两种形式：一个是复合的个体，它产生于一个无所不包的个体；另一个是非个体化客体（聚集体），它不存在统一的主体性。动物属第一类，石头属第二类。这就是说，不存在本体论上的二元论，但存在着一种"组织的二元性"。后现代整体论则认为，宇宙是一个"完整的整体"或"流动的整体"。整体包含于每一部分之中，部分被展开为整体。与现代科学将不连续的物体当作首要的实在，把有机体的包容与展开当作第二位的现象相反，后现代科学将包容与展开的连续运动（即整体运动）看作是第一位的，分离的物体理所当然地被看作是第二位的。②

二、和平与社会运动：建设性后现代政治观

对于现代性对政治的消极影响，格里芬从四个方面进行了批判，并提出了他的后现代政治观。第一，"现代范式"使得强制性的力量成了一切变化的基础，使社会达尔文主义的残酷无情变成了一种现代伦理。从国家角度来说，追求自我利益是天经地义，就像"自然界"所发生的那样。后现代主义则将模仿"神圣实在"，就是去给他人提供梦想，后现代意识就是去发现和感受合作性的、互助的、非强制性的关系。具有这种意识的伦理观将

---

① 参见何跃："泛经验论——一种超越二元论的尝试"，《探索》2004年第6期，第77—80页；吴伟赋：《论第三种形而上学：建设性后现代主义哲学研究》，第146页。

② 吴伟赋：《论第三种形而上学：建设性后现代主义哲学研究》，第146—147页。

不再把暴力视做达到目的的理想方式。第二，"现代范式"的唯物主义自然观过于物质化而缺乏"内在价值"，它催生了一种极端的人类中心主义伦理学，加剧了个人与个人、公司与公司、国家与国家之间的竞争，同时也导致了殖民主义、大规模奴役和战争，还加剧了把他者尤其是妇女和"未开化者"当做客体对待的倾向，把世界的其他部分仅仅看作是全然缺乏内在价值和神圣性的客体。所以，后现代主义主张"世界的返魅"（reenchantment）①，重建人类内在的神圣价值。第三，"现代范式"中的人性观片面强调性欲、物欲，强调人的接受性价值，而不是人的创造性价值。在处理同弱小国家之间的关系方面，大国也往往忽略了这些弱小国家的独立性和尊严。后现代主义则强调人类的创造性价值和彼此尊重。第四，"现代范式"中的非生态论、非关系性的存在观也对国际关系产生了不良影响。生态论的观点认为个人都彼此内在地联系和相互依存，为他者的利益工作，就是为自己的利益工作。后现代伦理学鼓励人们遵守《圣经》的训喻：像爱我们自己一样去爱他人。后现代思想并不鼓励天真的幻想，但鼓励我们从我们以前的敌人身上发现他们的优点，并通过我们的努力尽可能使这种优点得以表现出来。②很明显，贯穿于格里芬后现代政治观核心的就是"和平"二字。

福尔克从另外的角度阐释了后现代政治，并总结以各种社会运动为代表的后现代政治的一些初步形态。他认为，目前这个变革时期对政治行为提出了特殊要求：我们必须探索如何在减弱旧的、已被部分地取代的、但目前仍然处于支配地位的政治秩序

---

① "世界的祛魅"（disenchangment）与"返魅"均是哲学用语，前者源自马克斯·韦伯（Max Weber），是指在现代社会中削去神秘主义（魅惑力）的表面并把文化合理化，后者则指神秘主义的回归或被重新重视。
② ［美］大卫·雷·格里芬："和平与后现代范式"，载［美］大卫·雷·格里芬主编：《后现代精神》（王成兵译），北京：中央编译出版社，1997年版，第213—230页。

的破坏性特征的同时，培养新的政治秩序。福尔克认为，必须放弃暗藏在现实主义者和乌托邦主义者之间的持续不休争论背后那种非此即彼的选择。与此相反，我们对两者都同样强调，只要我们弄清在哪些领域中应该进行改革，在哪些领域中应该进行彻底的重建。福尔克还强调，对现代主义的取代将导致对前现代的恢复和对后现代未来的探求。在许多方面，前现代比现代更有助于我们去构想后现代，尤其是它暗含的生态学世界观。走向后现代世界的过程需要前现代主义、现代主义和后现代主义形式在我们的生活和关于无限未来的意识中彼此共存、相互渗透。①

福尔克指出，在现代政治之外，一种非暴力的、富于斗争性的、女性化的、跨越国界的、民间的、非正式的、受前现代智慧启迪的具有全新意义的政治正在兴起。后现代政治的组织基础与不同性质的社会运动相关。首先是新社会运动，如环境运动、妇女运动、保护土著人利益运动等等。新社会运动的意义在于，它们不仅放弃暴力并把更新和改革的期望从政治中心转移出来，更重要的是找到了一种切实可行的组织方法，保证不再滋生等级制度、父权制模式。其次是争取民众主权。尽管每一种斗争都有自己的特色，但民众主权却是它们共同的主张和要求。第三是挑战世俗至上性。由于宗教主张并且确实能够团结穷人，它能够动员广大群众去反对现代主义的政治取向。第四是重申法律。这种运动主张赋予国际法更高的权威，领导者和政策制定者们应为战争或和平时期内发生的违背国际法的行为负责。公民和个人拥有通过合法程序、甚至援引国际法来捍卫自身利益的权利。第五是跨国民间救济，倡导跨国民间救济作为国际社会官方救济的补充形式。最后是跨国民间信息。在官方信息无法取得公众充分信任的

---

① [美]理查·A. 福尔柯（福尔克）："追求后现代"，载格里芬主编：《后现代精神》，第141—142页。

情况下，拥有较高真实性的民间机构有助于澄清事实。比如，在党派偏见经常把信息弄得面目全非的情况下，人权领域内的大赦国际和斯德哥尔摩国际和平研究所（Stockholm International Peace Research Institute）是两个提供基本可靠信息的成功例证。①

三、稳态经济：建设性后现代经济观

现代经济国内生产总值（GDP）的高速增长并没有带来自由主义经济学家所许诺的自由与平等的美好愿景，相反却导致了贫富的鸿沟，带来了自然环境和社会共同体的毁灭以及虚无主义的弥漫。要破除人们对经济增长的崇拜，超越现代经济一味追求经济增长的"增长癖"（growthmania），实现从工业文明走向生态文明的转变，建设性后现代主义倡导一种新的解决方案——稳态经济（steady-state economy）。后现代稳态经济是一种为了共同体利益的经济，一种生态经济，也是一种可持续经济，一种幸福经济。后现代稳态经济有助于我们找回生命中久违的意义感、归属感和幸福感。②

那么何谓"稳态经济"呢？所谓稳态经济就是一种使人口和人工产品的总量保持恒定的经济。这两个总数（即人口和人工产品）是恒定的，但不是静止的，因为人会死亡，而人工产品会折旧，因而必须以生育来抗衡死亡，以生产来补偿折旧。另外，弄清在稳态经济中什么因素是非恒定的是很重要的。知识和技术是非恒定的，收入分配和资源配置也是非恒定的。稳态经济只能有质的发展而不能有量的增长，正像地球（经济就是它的一个子系

---

① 参见福尔柯（福尔克）："追求后现代"，第145—148页。
② 参见王治河："第二次启蒙呼唤一种后现代经济"，《武汉理工大学学报（社会科学版）》2011年第5期，第630页。

统）只能有发展而不能有增长一样。①

稳态经济背后的逻辑又是什么呢？有两个因素制约着我们的经济增长。生物物理条件制约着经济增长的可能性，即使这种增长是众望所归；而社会伦理条件则制约着人们追求增长的欲望，哪怕这种增长在某些场合仍然是可能的。三个相互联系着的生物物理条件——有限性、熵②和复杂生态系统的相互依赖性——构成了增长的限制因素。经济子系统的增长首先受到生态系统总体规模是有限的这一因素的制约；同时由于它依赖总生态系统这个低熵输入源和高熵废弃物输出站而受到制约；同时它还受到它同生态系统之间复杂的相互联系的制约，当经济子系统的物理规模相对于外部生态系统不断增大时，这种相互联系受到了全面的干扰。更重要的是，上述两个条件之间是相互制约的。③

退一步讲，即便增长在生物物理意义上是可能的，社会伦理因素也会限制着这一欲望的实现。首先，为了给未来几代人更多的机会，必须限制以地理和生态资源的消耗为代价的经济增长欲望。其次，人类经济活动侵吞了其他物种的生息繁衍地，从而造成物种数量的锐减甚至灭绝，因而，增长的欲望必须受到限制。第三，累积增长会自行抵消他人的福利，福利的增长只是人们相对地位变化的函数，在这种累积增长中，相对的提高只是一个总数为零的游戏。也就是说，在这种增长中，一些人福利的提高是以其他人福利的下降为代价的。最后，市场的增长仍是受着贪欲

---

① ［美］赫尔曼·E.达利："稳态经济：治疗增长癖的后现代良方"，载格里芬主编：《后现代精神》，第162—163页。

② 熵（entropy）指的是体系的混乱程度，它在控制论、概率论、数论、天体物理、生命科学等领域都有重要应用，在不同的学科中也有引申出的更为具体的定义，是各领域十分重要的参量。这里所谈的"熵"是从生态学意义上来讲的：生命体是一个开放的系统，时刻与外界进行着物质、能量、信息的交换，符合"耗散结构"，可以用熵来分析一个生命体从生长、衰老、病死的全过程。

③ 达利："稳态经济：治疗增长癖的后现代良方"，第172—173页。

的刺激，也没有对善的目的和恶的目的作出任何区分，它鼓吹自私自利和技术统治主义，本质上是缺乏道德的增长。因此，增长的欲望必须受到限制。①

四、多元互补：建设性后现代文化观

建设性后现代文化观的核心是对西方中心主义和排他主义的批判、倡导对话、欣赏差异、互补并茂。建设性后现代主义对现代文化意识中根深蒂固的西方中心主义和盘根错节的排他主义发起了挑战。在他们看来，西方中心主义所仰仗的是现代性之"势"，据此明显"漠视世界其他领域的存在"。西方中心主义在方法论上的一个致命缺陷是将某种有限的、特殊的东西夸大为无限的、普通的东西，进而排斥其他有限、特殊的东西，将"西方历史"理所当然地"等同于世界历史"。现在是"到了意识到我们的文化只是许多特殊文化的一种的时候了，我们过高地估计了自己文化的重要性……到了开始认真倾听他人的时候了"。②

在建设性后现代主义者看来，通过对话向他者开放，是克服西方中心主义和形形色色排他主义的有效途径。科布坚信，除了我们自己之外，在许多共同体中也有伟大的智慧、伟大的德性和伟大的担当，他因此特别欣赏向他者的对话和超越。以宗教为例，通过对话，一种宗教能够认识到它把自己的真理绝对化的倾向。正是通过对话，人们更好地相互理解，并学会更好地合作；正是通过对话，人们了解到彼此的观念和洞见。科布还特别强调，要通过对话走向"创造性的转化"，而非仅仅满足于口头上的对话。③

---

① 达利："稳态经济：治疗增长癖的后现代良方"，第174—175页。
② 参见王治河、樊美筠：《第二次启蒙》，第197—199页。
③ 参见上引书，第202—203页。

尽管建设性后现代主义强调对话和开放，但这并不意味着他们漠视不同文化、不同传统之间的差异；相反，他们以非常认真的态度看待这些差异，尊重乃至欣赏这种差异。从过程哲学的立场出发，建设性后现代主义反对任何一种大一统的单一文化和宗教的出现。在格里芬看来，文化传统之间存在着差异，并非什么坏事，因为它为每个传统提供了一个"对其他传统有所贡献并向它们学习"的机会。他因此鼓励人们把差异转化为"相互学习和成长"的机会。①

建设性后现代主义强调不同文明间的互补并茂，既非西方文明主导东方文明，也非用东方文明取代西方文明。在他们看来，如同没有一个人可以独霸真理一样，也没有一种文明可以穷尽真理。因此文明之间的互补就显得特别必要，特别是面对今日生态危机等现代化的困境，东西方文明之间的携手合作具有格外重要的意义。从这样一种互补意识出发，现代西方"对科学和科学方法的尊重和欣赏""对个体价值和个人尊严的肯定""对人们积极参与生活决策的鼓励"等优秀传统便凸显出其价值。与此同时，中国传统文化中许多宝贵的精华如"天人合一""民胞物与""尊天敬道"，以及"和谐""仁爱""尚清"等思想在疗治现代化病的过程中也可以重新焕发它们的光芒。②

五、物我同一：建设性后现代生态观

建设性后现代主义认为，生态危机的源头是现代性。以机械主义自然观、人类中心论和主客体二元论为核心的现代世界观，是以忽视和牺牲自然为特征的世界观。机械主义自然观认为，自然完全是由无生命的死物质构成的，只能是人类主宰、征服和改

---

① 参见王治河、樊美筠：《第二次启蒙》，第204—205页。
② 同上书，第214页。

造的对象。在建设性后现代主义看来，要摆脱生态危机，必须战胜现代世界观，要通过对现代前提和传统概念的修正来建构一种后现代世界观，即生态世界观。建设性后现代主义生态世界观以怀特海有机宇宙论为基础，正如科布所言："怀特海的思想本来就是生态的"。早在1969年，科布就写下了《是否太晚?》一书，就生态危机问题对世人提出了警告。他本人称这一年为自己学术生涯中的"生态转向年"。格里芬也说建设性后现代主义十分推崇"生态主义"和"绿色运动"，"也可称为生态后现代主义"。被评为"人类有史以来百名生态英雄"之一的建设性后现代主义者斯普瑞特奈克更是明确指出，真正的后现代主义一定是"生态的"。①

　　以怀特海哲学为根据的建设性后现代主义生态观的基本观点是：第一，宇宙是一个有生命的整体，处于一种流变的过程中，万事万物相互关联，世界的发展是一个开放的体系，是一个创造性进展的过程；第二，人与人的关系是主体间的内在关系，而非主客体的外在关系，不存在原子式的个体，个体总是处于社会关系之中；第三，自然是人类的生存环境，不仅仅是人类利用资源，除工具价值以外亦有内在价值，人与自然是一种动态平衡关系，人与自然应该和谐共处。在建设性后现代主义看来，在整个自然界生物系统中，我们也并不是格外重要的。人种不过是众多物种中的一种，既不比别的物种更好，也不比别的物种更坏。它在整个生态系统中有自己的位置，只有当它有助于这个生态系统时，才会有自己的价值。与人类中心论强调人与自然的对立相

---

① 参见孟根龙："建设性后现代主义生态危机理论管窥"，《武汉科技大学学报（社会科学版）》2012年第3期，第255—256页；王治河、吴兰丽："华山并非自古一条道——过程哲学和建设性后现代主义给我们的启迪"，《华中科技大学学报（社会科学版）》2008年第5期，第116页；王治河："中国式建设性后现代主义与生态文明的建构"，《马克思主义与现实》2009年第1期，第26页；John B. Cobb, Jr., *Is It Too Late?: A Theology of Ecology*, Beverly Hills, CA: Bruce, 1972.

反，建设性后现代主义强调人与自然的同一，并预言以倡导人性与自然的"同一性"为指归的后现代世界观将帮助人们走向"完美的人性"。①

第三节 建设性后现代主义与世界秩序学派

著名国际关系和国际法学者、世界秩序学派的理论旗手福尔克被广泛视为是建设性后现代主义的代表人物之一。斯普瑞特奈克曾称福尔克发展了一种"非解构性的后现代主义"。而福尔克本人则将自己的这种取向称之为"重构性后现代主义"，即"一种受道德价值和精神信念启示的后威斯特伐利亚视角"。②福尔克曾多次提及他在1990年代参与的在苏格兰召开的一系列讨论重构性后现代主义的"宝特莱克研讨会"（the Portrack Seminars）上与格里芬、斯普瑞特奈克、詹克斯（Charles Jencks）等后现代思想家的深入交流对他"极其重要"的影响，并指出他的"重构性后现代主义"与格里芬的"建设性后现代主义"毫无疑问有着"天然的亲近性"。③除此之外，福尔克还多次与格里芬、科布等建设性后现代思想家展开卓有成效的跨学科合作，其成果包括1993年的《后现代政治：拯救地球》④ 和2006年的《美帝国与上帝之

---

① 孟根龙："建设性后现代主义生态危机理论管窥"，第256页；王治河："别一种后现代主义"，第17—18页。
② Falk, *Religion and Humane Global Governance*, p. 11.
③ Falk, *Predatory Globalization: A Critique*, p. ix. Falk, *Religion and Humane Global Governance*, p. 178, note 2, note 12.
④ David Ray Griffin and Richard A. Falk, eds., *Postmodern Politics for a Planet in Crisis: Policy, Process, and Presidential Vision* (SUNY series in constructive postmodern thought), Albany: State University of New York Press, 1993.

邦：一种政治、经济、宗教声明》① 等。

早在1988年格里芬主编、汇聚众多著名后现代思想家贡献的《后现代精神》一书中，福尔克就撰写了"追求后现代"一文，介绍建设性后现代政治思想。②后来他又将该文作为首章放入他1992年的专著《时代边缘的探索：世界秩序之未来》③ 中。福尔克在《时代边缘的探索：世界秩序之未来》一书的导论里指出，现代主义作为一种政治框架的时代即将终结，他将新的后现代选择作为一种严肃的政治尝试，以突破过时的现代主义可行性概念的束缚。④在该书第一部分"国际关系的后现代前沿"里，福尔克再次指出，"政治生活中的现代主义正在被一系列后现代方向取代"，这种后现代主义与文学、文化领域的后现代思潮颇为不同，"它的精神是重构的、乐观的、规范的"，"它丝毫不拒斥理性和现代性的益处，而是试图取代其负面特点"。"一种后现代可能性意味着人类有能力超越现代世界的暴力、贫穷、生态退化、压制、不公和世俗主义"。现代世界的最大失败之处在于它对"想象力"和"人类共同体"（human community）施加的人为的、限制性的边界（最突出的是主权边界，还包括种族、阶级、宗教、意识形态、性别、语言、年龄、文明），成为冲突的发端，引发暴力和大规模灾难。与此相关的还有现代性造就的专业化分工、工具理性、二元对立。而后现代主义则试图以更整体、不那

---

① David Ray Griffin, John B. Cobb Jr., Richard A. Falk and Catherine Keller, *The American Empire and the Commonwealth of God: A Political, Economic, Religious Statement*, Louisville: Westminster John Knox Press, 2006.

② Richard A. Falk, "In Pursuit of Postmodern", in David Ray Griffin ed., *Spirituality and Society: Postmodern Visions* (SUNY series in constructive postmodern thought), Albany: State University of New York Press, 1988, pp. 81–98. 上文注释中提到的《后现代精神》即是该书的中译本。

③ Richard A. Falk, *Explorations at the Edge of Time: the Prospects for World Order*, Philadelphia: Temple University Press, 1992.

④ Ibid., p. 1.

么霸权的意象"重新发现"现实。但这还不够,更大的挑战在于拯救灵魂。后现代在此宽泛的意义上意味着规范和灵性基础的重新发现,在此基础上发现人存在的意义。①

福尔克认为他的后现代主义的思想来源是布伯(Martin Buber)、芒福德(Mumford)、甘地(Mahatma Gandhi)、托尔斯泰(Leo Tolstoy)、耶稣(Jesus Christ)、马丁·路德·金(Martin Luther King, Jr.)、图图(Archbishop Desmond Tutu)、梭罗(Henry D. Thoreau)等人。②他还特别批判了"迪斯尼乐园式后现代主义"(Disneyland postmodernism),认为只采取某种态度而不进行具体抵抗是不行的,要有牺牲、忠诚、冒险精神,积极参与斗争,进行结构变革。③福尔克接着勾勒了后现代伦理的一些特点:反抗无法忍受之物、拒绝说谎或进行忏悔、将人际关系当成社会关系的样板、承认良知的优先性、马上采取行动、准备好走向未来、接受女性觉醒带来的变动、实践公民朝圣者(citizen-pilgrim)的理想④、承认没有救世主。福尔克还非常客观地承认并详细列举了现代主义的一些成就,包括中国实现温饱和计划生育等,并且指出,积极的现代主义行动仍是可能的,并且可以深化,后现代主义的压力和视角可以扩展其领域。最后,也是最为重要的是,后现代探索的依赖力量在于全球公民社会,后现代政治至关重要的组织基础与各种特点的社会运动密切相关:新社会

---

① Richard A. Falk, *Explorations at the Edge of Time: the Prospects for World Order*, Philadelphia: Temple University Press, 1992, pp. 4 – 7.

② 基欧汉在他的评论中也认为,福尔克的后现代主义与植根于前现代文明的伟大的人类哲学和宗教有很多共同点。Robert O. Keohane Reviews on *Explorations at the Edge of Time*, *Political Science Quarterly*, Vol. 108, No. 2 (Summer, 1993), p. 335.

③ Ibid., pp. 9 – 12.

④ 公民朝圣者是福尔克所追求的一种理想化的、后现代的公民,有坚定的信仰、追求的权力、参与的责任,渴望一种"天府之国"。Richard A. Falk, *Achieving Human Rights*, New York: Routledge, 2009, Chap. 14 "The Ideal of the Citizen Pilgrim", pp. 202 – 207.

运动、日益受欢迎的大众主权、对世俗权威的挑战、法律回归、通过文化活动进行跨国救助、跨国信息联盟、以及由非政府组织提供可靠信息。[1]

福尔克关于宗教对后现代探索的意义在 2001 年《宗教与人道全球治理》中得到了全面深入的探讨。福尔克的后现代思想在这本书里有了进一步发展。福尔克在这里明确地将自己在该书中的理论取向定位为"重构性（建设性）后现代主义"，称其为世界政治研究和世界秩序研究的新起点，是不同于现实主义、自由主义、马克思主义、建构主义、理想主义的一种新的理论取向，是"一种受道德价值和精神信念启示的后威斯特伐利亚视角"。[2] 福尔克还指出，对现代主义进行挑战的后现代主义有两类，它们既有联系又有区别：一种是批判性后现代主义，它可以帮助我们认清"权力支配"的社会现实，但是这种思想只是停留于批判，久而久之会造成一种绝望、徒劳的无力感；而另一种则是重构性（建设性）后现代主义，它并不拒斥现代世界的成就，而是指出它们在当代挑战面前的根本不足。重构性（建设性）后现代主义深受生态有限性意识和深嵌在公民社会中的社会力量和民主能力作为历史行为体的实在和潜在角色的影响。福尔克将重构性（建设性）后现代主义与"全球公民社会"的出现联系起来。福尔克将"全球公民社会"看成一种政治表述，意味着公众感情和能力的重新定位，在被承认为一种概念之前并不完全存在。[3]福尔克指出，"一种重构性时刻"已经到来，重构性后现代方案的本质是科学、艺术和宗教的再结合，它意在取代现代主义，提供解构性后现代主义之外的一种选择。[4]

---

[1] Falk, *Explorations at the Edge of Time: the Prospects for World Order*, pp. 14 – 22.
[2] Falk, *Religion and Humane Global Governance*, pp. 10 – 11.
[3] Ibid., pp. 102 – 103.
[4] Ibid., p. 115.

不仅是福尔克本人,在20世纪90年代世界秩序学派对自身进行系统总结时,福尔克还明确指出,"世界秩序模式工程可以恰当地与大卫·格里芬所说的建设性后现代主义联系起来"。世界秩序学派对国家、国家体系持强烈批判态度,认为国家体系正处在重大危机的阵痛中,国家体系的逻辑不仅阻止它接受全球激进变革,反而让它成为问题本身的一部分,而非解决办法。[1]该学派将全球作为分析单位、以普通个人作为关注对象的倾向,对现有世界秩序进行根本变革走向一个和平、公正、富足、生态平衡的世界的目标,都使其具有强烈的后现代倾向。然而,世界秩序学派却不仅仅主张对现有国际关系进行"解构",更没有像后现代主义那样走向虚无。该学派具有强烈的建设态度,有着明确的变革目标并在不懈追求。

世界秩序模式工程宣称要将自己与现代主义的国家主义、理性主义、物质主义倾向区别开来。然而,世界秩序模式工程在风格和本质上并非教条式的"后现代"。实际上,它对现代性在政治秩序、理性和物质生活的提高方面的成就善加利用,尽可能保留它们;但另一方面,它又对现代性带来的人类精神的商品化(消费主义精神)以及对可持续性和生态健康的总体限制充满了关心。沃克尔也持有类似观点,他认为,"对现代性的抵抗可能继续从现代性中汲取资源。"[2]

从这个意义上讲,世界秩序模式工程具有以下显著的后现代特征:(1)他对把"现实主义"作为解读世界的基础进行激进批判;(2)它将空间、时间和知识的界限模糊化,同时拒绝明确限制;(3)致力于人类团结和文化多样性;(4)它对民主进程适用

---

[1] Mendlovitz, "The Program of the Institute for World Order", pp. 263–264.

[2] Falk, "From Geopolitics to Geogovernance: WOMP and Contemporary Political Discourse", pp. 146–147; R. B. J. Walker, "On the Possibilities of World Order Discourse", *Alternatives*, 19: 2 (Spring, 1994), p. 242.

性、以及民主与合法性在从家庭到联合国的所有社会互动领域中不可分割的联系的整合观点；（5）它占据一个具体斗争而不仅仅是理想主义幻想的政治空间；（6）它坚持将道德参与和政治行动主义作为学者身份和一种超然学术立场的有机组成部分；（7）它灵活地在精英以及社会运动中寻找同盟者；（8）它致力于一种既包括人性精神方面、又设立各种跨国制度化权威和责任机构的新的世界秩序；（9）它在意识形态上与女性主义者、生态世界观和生态女性主义世界观越来越有亲缘性。①

由此可见，福尔克建设性后现代主义的重要代表人物之一的身份和他与建设性后现代思想家们的密切联系，特别是世界秩序学派与建设性后现代主义在对待现代性的态度和后现代世界秩序未来设想上的一致性，使得世界秩序学派与建设性后现代主义有着某种惺惺相惜的亲缘关系。正如福尔克反复宣称的那样，"重构性（建设性）后现代主义"可以说是世界秩序学派最为恰当的理论标签。虽然在发展之初二者并没有直接的联系，但很明显，由于理念上的高度一致性，世界秩序学派可以说是从国际关系和世界秩序角度展开的建设性后现代主义理论和实践探索。建设性后现代主义甚至视世界秩序学派为自己的一个分支和表现形态。

建设性后现代主义的兴起成为世界秩序学派理论取向确立的学术背景。本章主要介绍了解构性后现代主义与建设性后现代主义的联系与区别，建设性后现代主义的哲学基础、发展历程、主要人物与核心观点，建设性后现代主义与世界秩序学派的联系以及二者之间的相互影响，为本研究的理论定位和评价奠定基础。可以说，建设性后现代主义为世界秩序学派提供了哲学基础和理

---

① Falk, "From Geopolitics to Geogovernance: WOMP and Contemporary Political Discourse", p. 147.

论铺垫,而世界秩序学派是建设性后现代主义在国际关系领域的具体体现。主要从国际关系学科视角出发,本书随后章节就将围绕世界秩序学派及其核心平台世界秩序模式工程展开研究。

第 二 章

世界秩序模式工程的起源与演变

世界秩序模式工程是在二战后世界和平运动的影响之下发展起来，创立于 1968 年，是由世界法律基金会（the World Law Fund）［后改名为世界秩序研究所（Institute for World Order）］组织领导的一项跨国思想、教育和社会运动，持续时间长达半个世纪，目的是追求一个消除战争、富足、社会公正和生态平衡的世界，在国际教育界、学术界和公共生活中产生了极大影响。美国罗格斯大学教授、对外关系委员会成员门德洛维兹担任该工程主任，核心参与者包括美国普林斯顿大学教授福尔克、挪威世界和平研究所创始人加尔通、名列世界 100 位顶尖公共知识分子的肯尼亚学者马兹锐、印度发展中社会研究中心、人民对话团创始人科塔里、日本东京大学教授坂本义和、加拿大维多利亚大学教授沃克尔、美国哥伦比亚大学美籍韩裔教授金淳基等人。

第一节　世界秩序模式工程产生的时代背景

世界秩序模式工程产生于二战后废除战争、追求和平与经济发展的现实背景之下，可以说是在战后世界和平运动的影响之下发展起来的，并且同时构成了和平运动、特别是作为其组成部分的和平研究和教育的一支生力军，在和平运动的发展中起到了先锋和引领作用。另一方面，世界秩序模式工程又是20世纪60年代后期开始的国际关系理论第二次大论战的参与者，它与自由主义一道对战后主导的现实主义国际关系理论发起了有力挑战，并成为时下流行的全球正义的主要开创者之一。

一、世界秩序模式工程产生的现实背景

两次世界大战的残酷现实使人类痛定思痛，反对战争、要求和平成为人们的普遍要求。战后两大军事集团严重对峙，军备竞赛疯狂进行，危机频频出现，核武器的发明更使人类面临核战争的危险，人们生活在甚至比战争还要可怕的"恐怖的和平"之中。[①]在此背景下，声势浩大的和平运动出现在世界各地，并且在冷战时期前后出现了多次高潮。

20世纪40年代末期到50年代中期，面对新的世界战争的危险，特别是朝鲜战争的爆发以及美国不断威胁再次使用核武器的现实，要求禁止原子弹和反对战争的呼声四起，促成了第一次和平运动高潮的到来。1948年在法国、德国、意大利、波兰四国作为创始国建立了国际性保卫和平的组织——世界和平理事会。1949年4月在巴黎和布拉格召开了第一届世界保卫和平大会，有72国的代表参加，选出了常设委员会，大大推动了世界和平运动的发展。随后几年，世界和平理事会连续召开了四届世界人民和平大会，出现了3次以反对战争、禁止核武器为内容的大规模的和平签名运动。

一方面，世界和平运动拥有广泛的的群众基础。和平运动的规模和广泛的群众性创造了几项"世界记录"。1955年在《维也

---

① 汪铮："和平运动：历史与现实"，《欧洲》1996年第1期，第69页。

第二章　世界秩序模式工程的起源与演变

纳和平呼吁书》上签名的人数达6.55亿，占当时世界人口的1/5，前后3次签名运动共征得18亿多人次的签名，其规模之大可想而知。①另一方面，世界和平运动同样得到了精英的大力支持。还是在1955年，世界上众多著名科学家联合发出反对核武器的呼吁，主要包括两个影响重大的和平宣言。首先，52位诺贝尔奖获得者联名发表了《麦瑙宣言》，号召"一切国家必须自愿地作出决定，废弃以武力作为对外政策的最后手段"；其次，《原子科学家公报》发表了"科学家要求废止战争的宣言"，即《罗素—爱因斯坦宣言》。②1955年可以说是世界和平运动史上颇为重要的一年。

第二次和平运动高潮发生在20世纪50年代末到60年代中期，斗争的主要目标是反对日益加剧的美苏军备竞赛，特别是次数骤增的核试验。其中，英国的行动最引人注目。1957年7月，20多位世界著名科学家在加拿大新斯科舍的帕格沃什村召开了国际科学家和平反战大会。参加会议的科学家分别来自10个国家，其中包括中国科学家周培源。在这次浪潮中，和平运动变成了稳定的、有组织的运动，各类和平运动组织如雨后春笋般在世界各地建立起来。③

到了越南战争时期，和平运动开始真正具有全球性特征。20世纪60年代中期到70年代中期，随着美国侵越战争的爆发和升级，一场大规模的、以反对美国侵越战争为中心内容的反战和平运动在世界范围内兴起。运动给美国政府的侵越政策造成极大的舆论压力。反战运动和当时的学生运动、妇女运动结合在一起，

---

① 汪铮："西方社会的和平运动"，《世界知识》1994年第7期，第21页。
② 邓超："论当代西方和平运动的主要发展趋势"，《当代世界与社会主义》2015年第4期，第89页。
③ 汪铮："和平运动：历史与现实"，第69页；邓超："论当代西方和平运动的主要发展趋势"，第89页。

本身已超出了单一和平运动的内涵，对美国社会、乃至欧洲社会产生的影响都是非常深远的。①

可以说，世界秩序模式工程正是在战后这场声势浩大的世界和平运动前期浪潮的影响和推动之下产生的，同时工程本身也是世界和平运动后期高潮的有机组成部分。也许更为重要的是，世界秩序模式工程虽然并非世界和平运动的早期代表，它却无疑引领了20世纪60年代以来世界和平运动的浪潮，成为其中重要的先锋力量，它比其他和平运动参与者更早开始将和平与其他社会价值联系起来，推动了和平运动与和平研究进入更加科学的发展阶段。②

另一方面，二战后，在科技革命推动下，各国之间尤其是发达国家间经济和社会联系急速增加、相互影响大大增强。从1913—1960年，不到半个世纪的时间，国际贸易扩大了近11倍，国际间资本流动增加近3倍，国际通讯增加了近4倍，留学生增加了大约15倍。被二战打断了的国际经济联系重新恢复生机，并超过了19世纪末到20世纪初资本主义发展的鼎盛时期。国际贸易、国际投资、技术交流、现代化通讯和航运等将发达国家密切地联系在一起，形成了你中有我、我中有你的境况。③

这种经济上的相互依赖产生了一系列后果：第一，国内政策与对外关系的相互影响变得越来越无法忽视。第二，经济问

---

① 邓超："论当代西方和平运动的主要发展趋势"，第89页；汪铮："和平运动：历史与现实"，第69页。
② 现有的多数研究成果认为，从20世纪70年代末至80年代中期和平运动第四次高潮开始，和平运动从最初单纯的反战、反核运动，开始积极与生态、人权、第三世界团结、妇女、青年、工会等社会运动相结合，拓展了和平运动的内容。世界秩序模式工程从20世纪60年代末就开始做这种努力，在这方面无疑发挥了先锋和引领作用。参见汪铮："和平运动：历史与现实"，第69—70页；汪铮："西方社会的和平运动"，第21—22页。
③ 刘颖："小约瑟夫·奈、罗伯特·基欧汉与跨国关系研究"，《扬州大学学报（人文社会科学版）》2006年第3期，第84页。

题的重要性上升,打破了传统"低级政治"和"高级政治"之分。第三,资源短缺、环境污染、饥荒疾病、信息集聚和扩散的加速等全球规模的问题逐渐成为国际交往的重要问题,处理这些全球性问题非一国所能及,必须依赖世界各国的通力合作。总之,传统的国际政治框架无法解决经济上的相互依赖及跨国交往所带来的新问题,人们对于现实主义国际关系理论也就越来越不满意了。①

无疑,到20世纪60年代后期,国际社会已经开始发生一些本质性变化,这些变化除了表现在上述跨国交往的急剧扩大、各国之间的相互联系、相互依赖加强之外,还包括非国家行为体作用的日益凸显,以及美国霸权的相对衰落。20世纪60年代末,国际政治行为体多元化日益明显,政府间国际组织、非政府间国际组织、跨国公司、革命运动组织、恐怖组织等非国家行为体在国际关系中的作用为世人所瞩目。美国霸权也开始呈相对衰落之势,在资本主义世界体系内,美国遭遇到经济上已恢复的日本和欧洲的挑战。在和苏联争霸世界的斗争中,美国逐渐丧失了对苏战略优势,尼克松政府上台后推行"战略调整",实行对苏缓和政策。东西方之间的紧张关系缓和,领导人频繁接触,经济贸易迅速发展,军备控制谈判有明显进展。②

二、世界秩序模式工程产生的理论背景

国际社会这些根本性变化对传统国际关系理论提出了挑战。传统现实主义忽视了这些变化,面临解释上的困境。一些学者开始从不同角度提出一些理论,以期能够解释这种变化,挑战传统现实主义的主导地位。其中最具代表性、影响最大的是属于自由

---

① 刘颖:"小约瑟夫·奈、罗伯特·基欧汉与跨国关系研究",第84页。
② 同上,第84、85页。

主义范畴的交流理论、新功能主义等欧洲一体化理论，特别是从跨国主义发展到全球主义的新自由主义理论。

在欧洲一体化领域，自由主义国际关系理论一直在发出与传统现实主义截然不同的声音。20世纪50年代后期，卡尔·多伊奇提出交流理论，认为对一体化的成功与否起到关键作用的是社会之间交流的加强和人们之间共同体意识的培养。在多伊奇看来，不同政治单位之间学习如何和平地相处才是实现和平的希望所在，而这个问题要放到范围更大的政治共同体内来看。政治共同体是"有一个政治沟通程序、一些执行机制、一些普遍的服从习惯的社会集团"。政治共同体并不足以消除战争，如美国就爆发了内战，但有些政治共同体确实消除了战争以及对在其边界内发生战争的预期，这就是政治共同体为什么值得研究的原因。因此，多伊奇把问题集中在安全共同体上。①

安全共同体是已经"一体化"了的一群人构成的团体。一体化是指在一定领土范围内，足够强大的和广泛传播的确保"长"时间内其居民之间能"和平变化"的"共同体意识"、机制和实践的实现。共同体意识是一个团体内个体所表现出来的一种信念，这种信念认为他们至少已就这样一点取得了共识：共同的社会问题必须而且能够通过"和平变化"的进程来解决。和平变化是指社会问题通常通过制度化的程序，而不诉诸大规模的物质武力来解决。这样，安全共同体就是能确保共同体成员相互间不通过武力斗争，而愿意用其他方式解决他们争端的共同体。②

自由主义一体化理论中影响最大、最具代表性的理论是新功能主义。20世纪60年代早期，由厄恩斯特·哈斯（Ernst Haas）发展的新功能主义继承了功能主义的核心思想，即一体化的道路

---

① 陈玉刚：《国家与超国家——欧洲一体化理论比较研究》，上海：上海人民出版社，2001年版，第40页。

② 同上，第40—41页。

可以从功能性领域入手，从一个领域外溢到另一个领域，最后实现全面的一体化。新功能主义显得比功能主义现实一点，功能主义认为一体化只要设定在纯技术的领域，合作就会是一种自发的需要和自然的结果，而当这种合作逐步扩大，最后必然会把政治挤压到一个非常有限的领域（就是国家主权的让渡）。①

新功能主义对此很不以为然，认为，首先真正纯技术领域的合作根本起不了一体化的作用；其次，利益上有分歧和冲突对于人类社会来说是非常正常的，合作就是要寻找到利益的共同点；最后，国际关系是由国际行为体和国际体系组成的。新功能主义指出，行为体有各自不同的利益，合作的任务就是把分裂的利益转化为体系共同的行动，使之成为体系的功能，而承担这种功能的就是国际组织。当一体化在一个功能性领域取得成功后，合作的要求和压力就会在其他相关领域产生，这就是外溢。②

到20世纪60年代末，对传统现实主义的挑战开始超越欧洲一体化理论领域，在更广阔的国际关系理论领域出现。其中最有名的是基欧汉和奈等学者，他们认为需要一种新的方法来实现这种改变。于是，基欧汉和奈从研究"跨国关系"入手，试图建立一种新的"世界政治范式"以代替传统现实主义的"国家中心"范式。

基欧汉和奈认为跨国关系是指"不受各国政府中央外交机构控制的那些跨越国家边界的联系、联盟和互动行为"。它基本包含了各种广泛的跨国现象，如国际组织、跨国公司、革命运动组织、贸易联合会、科技网络、宗教组织、种族集团等。他们对跨国关系方面的研究在西方的国际关系理论史上具有重要的转向意义。"国家中心"范式向世界政治研究的"多中心""多元化"

---

① 陈玉刚："欧洲一体化的历史与观念"，《史学月刊》2005年第6期，第22页。

② 同上，第22页。

转变，传统的有关"高级政治"和"低级政治"的看法受到质疑和挑战，并且促使人们更多地去关注全球层次上一系列跨国行为体在国际关系中的意义。①

勃兴于20世纪六七十年代的全球主义是一种区别于国家主义的世界整体论和人类中心论的文化意识、社会主张和行为规范。基欧汉和奈认为，全球主义是相互依赖的一种表现形式，他们将全球主义定义为世界的一种状态，"涉及各大洲之间存在的相互依赖网络，并通过资本、商品、信息、观念、人民、军队、与环境和生物相关的物质（如酸雨和病原体）的流动和影响联结在一起。"简单地说，超越世界上不同的民族、国家、文化、经济发展水平以及制度形式、地理分割，而认为世界属于一家和世界可以成为一家的观念，就是全球主义。全球主义既是一种思维方式，也是一种付之行动的主张和构建现实的规范。所以，全球主义包含着全球意识但并不止于全球意识，它指向社会实践，并积极介入社会现实的整合。②

世界秩序模式工程正是在这样的时代背景下产生的，而且它不仅是和平运动的重要组成部分，同时还是挑战传统现实主义的一支重要理论。与交流理论、新功能主义、新自由主义一样，它们都与传统现实主义有着极大不同。它们相信冲突是可以通过暴力之外的方式得到解决的，和平、合作、发展是完全有可能实现的。这无疑是与二战后新的并且不断发展的现实密切相关的，对现实主义认为战争无法避免的悲观宿命论带来了有力挑战，并且构成了20世纪60年代之后国际关系理论多元发展的大背景。不

---

① 刘颖：《小约瑟夫·奈、罗伯特·基欧汉与跨国关系研究》，第85、86页。
② 蔡拓：《全球主义与国家主义》，《中国社会科学》2000年第3期，第16—17页；[美]罗伯特·基欧汉、约瑟夫·奈：《权力、相互依赖与全球主义》，《战略与管理》2002年第4期，第63页；朱锋：《关于区域主义与全球主义》，《现代国际关系》1997年第9期，第42页。

仅如此，世界秩序模式工程与自由主义虽有一定契合之处，但又带有一定的激进和后现代色彩，是较早从全球层面展开跨学科研究的一种努力。工程比自由主义理论更早明确其全球主义身份，可以说是全球主义理论的开创者之一，是其中重要的一支理论流派。

第二节 世界秩序模式工程的起源与产生（20世纪60年代）

世界秩序模式工程源于二战后美国一些温和国际主义者开启的一场废除战争的教育运动（World Policy Institute History）。1960年，一些从私营部门退休的美国公民致力于将防止战争引入正规的学术环境，期望学术界给予它一个学科地位。他们将自己与18、19世纪倡导、参与全球废奴运动以及20世纪参与殖民主义、帝国主义解体的个人、团体联系起来。①其中特别重要的是世界联邦主义思想家克拉克、银行家霍林斯（Harry B. Hollins）以及政治家、银行家狄龙（C. Douglas Dillon）（曾在肯尼迪政府担任财政部长）。1961年，他们在纽约建立了"通过世界法实现世界和平"教育基金会（the Fund for Education Concerning World Peace through World Law）（1963年改称"世界法律基金会"），由霍林斯担任主席。

世界法律基金会的建立还得到了国际秩序研究所（the Institute for International Order）的资助。该机构建立于1948年，当时名为"世界政府教育协会"（the Association for Education in World

---

① Mendlovitz, ed. *On the Creation of a Just World Order: Preferred Worlds for the 1990's*, p. ix; Mendlovitz, "The Emergence of WOMP in the Normative Tradition: Biography and Theory", p. 314.

Government），目的是"搜集、研究和分析'与国际组织和国际法相关的信息和事实'，寻求通过联合国或其他方式实现世界政府"。① 1972年，两机构合并为世界秩序研究所。

"通过世界法实现世界和平"教育基金会看起来是一个有些奇怪的名字。不过，考虑到基金会创始人之一克拉克和哈佛大学教授索恩1958年合著的《通过世界法实现世界和平》一书的巨大影响，也就不奇怪了。二战后在东西方冲突和核时代到来的背景下，《联合国宪章》的修改受到极大关注，《通过世界法实现世界和平》就是其中最重要、最权威的版本。②两位作者建议对《联合国宪章》做大幅调整，建立一个有限的世界政府，呼吁全面裁军，建立世界警察。该书出版后短短几年内就迅速再版、三版，成为相关领域的经典。有学者认为，如果政治家们要签订一项全面裁军协定的话，克拉克和索恩方案将是极为有用的帮助。③

事实上，世界法律基金会最初的工作都是以推广《通过世界法实现世界和平》为目的或以其为范本。基金会最初工作的目的是为废除战争争取学科地位，因为人们普遍认为战争虽然不幸，却是不可避免的，这实质上是赋予战争永久存在的合法性。然而，社会科学中强烈的"价值中立"倾向对这一主题作为合适学术探索的正当性持怀疑态度，这就使出版符合最严格学术标准的教材显得特别必要。1962年，基金会出版了由门德洛维兹主编的《世界秩序的法律和政治问题》一书，为大学研讨会或普通讨论

---

① "World Policy Institute History".
② H. Lauterpacht Reviews on *World Peace Through World Law*, *International Affairs* (*Royal Institute of International Affairs* 1944 –), Vol. 34, No. 4 (Oct., 1958), p. 502.
③ Neville Linton Reviews on *World Peace Through World Law: Two Alternative Plans* (*Third Edition Enlarged*), *International Journal*, Vol. 22, No. 2 (Spring, 1967), p. 353.

团体提供配合《通过世界法实现世界和平》使用的教材。①

在《世界秩序的法律和政治问题》得到积极反馈的基础上,基金会委托门德洛维兹和福尔克编辑一套更系统的著作。这就是1966年出版的四卷本《世界秩序战略》,集合了众多著名学者对阻止战争理论、国际法、联合国、裁军和经济发展问题的不同看法。②这套著作依然把《通过世界法实现世界和平》当作范本,鼓励读者进行比较阅读。不同的是,这套著作开始把世界秩序的系统研究作为一个"独立学科","把世界秩序视为转向一种更符合人类价值的体系的战略",从多种不同角度进行了跨学科探讨,力图发展一套转型战略。③《世界秩序战略》被誉为"探讨由当前国际体系引起的世界秩序问题的最为系统读本"④,成为极为有用的教学参考书。

世界法律基金会在其早期工作中持续把《通过世界法实现世界和平》作为范本。然而,当他们将这一模式介绍给世界各地的教育者时,基金会遇到了"对使用由两位美国公民构想的单一模式的强烈抵抗"。⑤1966年夏,门德洛维兹与索恩、弗兰克(Thomas Frank)在达累斯萨拉姆主办了一场关于世界秩序和正义问题的会议,与会者来自东非八个国家。与会者对以《通过世界法实现世界和平》为范本充满了质疑甚至敌视。⑥尽管与会者普遍

---

① Saul H Mendlovitz ed., *Legal and Political Problems of World Order: Readings and a Discussion Guide for a Seminar*, New York: The Fund for Education Concerning World Peace through World Law, 1962.

② Richard A. Falk and Saul H. Mendlovitz eds., *The Strategy of World Order* (*Vol. I, Toward a Theory of War Prevention*; *Vol. II, International Law*; *Vol. III, The United Nations*; *Vol. IV, Disarmament and Economic Development*), New York: World Law Fund, 1966.

③ Hans A. Linde Reviews on *The Strategy of World Order*, *Stanford Law Review*, Vol. 19, No. 6 (Jun., 1967), pp. 1382–1394.

④ Stanley Hoffmann Reviews on *The Strategy of World Order*, *The American Journal of International Law*, Vol. 64, No. 2 (Apr., 1970), p. 464.

⑤ Dugan, "World Peace Through World Law: WPI History Part II".

⑥ Mendlovitz, "The Emergence of WOMP in the Normative Tradition: Biography and Theory", p. 315.

接受这一模式倡导的价值观,但他们未能发现该模式如何能"准确反映他们自己国家和地区的利益和优先考虑"。①

回到美国后,门德洛维兹专门与基金会主席霍林斯讨论此事。霍林斯并没有试图将国际学者的新观点纳入同一模式,而是建议参与者提出各自的世界秩序模式,"让他们提出自己的模式"。②这就成为世界秩序模式工程产生的背景,也使世界秩序基金会进入新的发展阶段。基金会决定组织来自世界不同地区的学者/社会活动家,分为不同的小组,邀请他们提出自己的世界秩序模式。参与者应该对人类面临的主要问题有一致看法,但有充分自由界定自己的重点,提出自己的政策建议。③

在得到卡内基国际和平基金会首批10万美元的资助后(随后还得到了洛克菲勒基金会的资助),门德洛维兹开始招募世界秩序模式工程学者,以建立一个国际学者网络。作为一项社会运动和学术实践,门德洛维兹为世界秩序模式工程定下了两条人员吸纳标准:学术声誉、致力于社会活动。④在此期间,门德洛维兹与福尔克一直保持着密切的联系,他们成功地从世界各地招募了一批卓越的学者型社会活动家(scholar activist)。最初参与者除了前面已经提到过的加尔通、魏茨泽克、科塔里、马兹锐、坂本义和、林达光以外,还包括格拉西莫夫(Gennadi Gerasimov)[后担任戈尔巴乔夫(Mikhail Gorbachev)对外事务发言人、苏联驻葡萄牙大使]、阿拉伯—奥格雷(Edward Arab-Ogly)(苏联)、斯捷潘诺夫(Lev Stepanov)(苏联)、拉戈斯(Gustavo Lagos)(智利)、戈多伊(Horacio H. Godoy)(阿根廷)。为了避免男性

---

① Dugan, "World Peace Through World Law: WPI History Part II".
② Ibid.; Mendlovitz, "The Emergence of WOMP in the Normative Tradition: Biography and Theory", p. 315.
③ Mendlovitz, "The Emergence of WOMP in the Normative Tradition: Biography and Theory", pp. 315–316.
④ Dugan, "The World Order Models Project".

主导局面，两三年后又有博尔丁、福斯伯格（Randy Forsberg）（美国著名反核运动领袖）等女性受邀加入。①

在选择参与者和开发该工程的过程中，有一点变得越来越清楚：仅仅关注废除战争是不够的——事实上是有偏见的——从第三世界国家的角度看。来自亚洲、非洲和拉丁美洲的参与者颇有说服力地指出，当时人类面临的压倒性问题是贫困、不良发展、压迫、殖民主义、帝国主义和社会不公正。他们坚持扩大工程的关注领域。在随后的讨论中，这些问题逐渐变得清楚，一个分析和规范框架建立了起来：使用一套相互影响的价值——和平、经济福利和社会正义（后来在福尔克的建议下，又加上了"生态平衡"），从参与者自身的区域和文化背景出发探究世界秩序问题。②将这些新的问题领域包括进来的原因主要有两个：很多人认为，如果不考虑贫困和社会不公正问题，阻止战争问题不可能得到很好处理，这些问题是密切相关的，它们应该被视为阻止战争问题定义的一部分；更为重要的是，虽然和平问题在发达国家公众那里享有极为优先的关注，经济福利和社会公正却是第三世界更为关注的问题。③

1968年2月，世界秩序模式工程第一次会议在印度新德里召开，标志着工程正式启动。会上决定成立五个地区小组，分别是西德、拉美、日本、印度和北美小组。代表非洲、苏联和一个非领土视角（a non-territorial perspective）的小组随后几年相继加入，后来还有中国、中东学者加入。④门德洛维兹担任工程主任，福尔克担任北美小组主任，西德、日本、印度、拉美、非洲和非领土小组主任分别由魏茨泽克、坂本义和、科塔里、拉戈斯、马兹锐和加尔通担任。

---

① Mendlovitz, "The Emergence of WOMP in the Normative Tradition: Biography and Theory", p. 316.
② Ibid.; Dugan, "Toward a New Global Platform".
③ Mendlovitz, *On the Creation of a Just World Order: Preferred Worlds for the 1990's*, p. x.
④ Ibid.

虽然世界秩序模式工程正式诞生于1968年，但它是世界法律基金会在20世纪60年代开展的一系列工作发展的自然结果。正是在基金会推广《通过世界法实现世界和平》和废除战争理念的过程中，由于发展需要、特别是在各地区学者的思想交流过程中，工程才得以诞生。工程主要参与者金淳基甚至指出，世界秩序模式工程是追求"更理想世界"（preferred worlds）的第二阶段，而第一阶段正是我们本节介绍的这一时期。①

第三节　世界秩序模式工程的兴盛与世界秩序学派的产生（20 世纪 60 年代末到 80 年代初）

世界秩序模式工程启动之后，就围绕"20 世纪 90 年代更理想世界"（Preferred Worlds for the 1990's）这一主题迅速开展一系列工作。第一部著作《经济与世界秩序：从 20 世纪 70 年代到 90 年代》②源自工程 1969 年召开的一次会议。这次会议是在工程安排下由麻省理工学院经济学家巴格瓦蒂（Jagdish N. Bhagwati）组织，与会者除了一批经济学家外，还包括加尔通、著名作家斯诺（Edgar Snow）、魏茨泽克等著名人士。会议从经济角度讨论了追求和平世界秩序问题，寻求到 20 世纪末缩小富国与穷国间的经济不平等的办法。第二部著作《世界事务中的非洲：未来三十年》③源自非洲小组 1969 年 12 月在乌干达马凯雷雷（Makerere）

---

① Kim, *The Quest for a Just World Order*, pp. 83 – 86; Kim, "The World Order Models Project and Its Strange Critics", p. 109.

② Jagdish N. Bhagwati, *Economics and World Order: from the 1970's to the 1990's*, New York: The Free Press, 1972.

③ Ali Mazrui and Hasu Patel eds., *Africa in World Affairs: the Next Thirty Years*, New York: The Third Press, 1973.

召开的会议，主题是"讨论非洲主要发展趋势"，关注未来30年可能影响"非洲生活质量"的政治、经济及社会因素。在很多方面，《世界事务中的非洲：未来三十年》打破了传统模式，为研究非洲政治的重要特点提供了新方法。①

自1968年第一次会议上世界秩序模式工程启动开始，到1974年底，短短几年内，工程在印度、日本、东非、西欧、美国和拉美先后召开九次会议。②工程从根本上影响了几乎所有参与者的个人和专业信仰。可以说，工程开始时对几乎所有参与者都只是短期、次要的兴趣，现在却已成了毕生的学术和政治事业。在1974年哥伦比亚波哥大召开的小组主任会议上，大家决定在一系列新计划上继续展开合作，以期持续推动研究、教育和真正的跨国社会运动，实现和平、经济福利、社会公正和生态平衡等世界秩序价值。③

这些尝试中的第一项是一个跨国期刊《选择》杂志的诞生，由科塔里和门德洛维兹担任主编（后期一直由沃克尔担任主编），同时邀请20多位来自世界各地的著名学者组成编辑委员会。杂志取名《选择》，意为表达"对现有事务状态和分析状态的不满——即对现有科学和政治范式的不满"，寻求解决全球问题的新方法，鼓励多元视角。④《选择》杂志力图从世界秩序模式工程四项价值的视角出发推动对世界未来的广泛讨论，⑤不仅对工程发展起到了极大宣传和推动作用，其鼓励多元视角的编辑主旨更是对非主流理论和第三世界观点的发展起到了极大的促进作用。无怪乎英国学派学者伦格尔（Nicholas J. Rengger）称"《选择》可

---

① M. Glenn Newkirk Reviews on *Africa in World Affairs: the Next Thirty Years*, *Africa Today*, Vol. 21, No. 4 (Autumn, 1974), p. 89.
② Mendlovitz, *On the Creation of a Just World Order: Preferred Worlds for the 1990's*, p. x.
③ Ibid., p. xi.
④ Rajni Kothari, "Editorial Note", *Alternatives*, 1 (1975), pp. 1–5.
⑤ "Aims and Scope of *Alternatives*", *Alternatives*, 8: 1 (1982: Summer), Unindexed Front Matter.

能是刊发批判国际关系理论和后结构主义国际关系理论的旗舰刊物",①在国际关系理论史和学科发展史中发挥了重要作用。

  第二项工作是从 1975 年起连续数年发布年度《全球状况报告》(State of the Globe Report)②,对地方、地区和全球趋势进行评价,评估上一年当中世界秩序价值是否下降或是得以实现,并对新一年的发展提出建议。这种由独立跨国学者团体发表的报告,可望对官方的类似消息做出补充,引起广泛关注和回应。第三项工作是"世界秩序价值指标研究计划"(world order value indicator research project),作为《全球状况报告》的补充,并为社会科学家提供思考、估量社会生活质量的新途径。③工程在20世纪70年代开展的其他工作还包括:建立了3个关于全球关切问题的工作组:安全、裁军和人权,科学技术,以及全球文化;组织一系列关于全球问题的公众教育活动;为学者、各领域公众人物举办的一系列研讨会,等等。④此外,从这一时期开始直到80年代初,工程陆续出版了20多份工作文件(WOMP working papers),就众多世界秩序具体问题给予深入研究,问题覆盖的全面

---

① Nicholas. J. Rengger, *International Relations, Political Theory and the Problem of Order: Beyond International Relations Theory*? London and New York: Routledge, 2000, p. 189.

② Richard A. Falk, Johan Galtung, Rajni Kothari and Saul H. Mendlovitz, "State of the Globe Report 1974", *Alternatives*, 1: 2-3 (1975), pp. 159-452; Mark Blasius, "State of the Globe Report 1975", *Alternatives*, 2: 3 (1976) pp. 223-364; Ali Mazrui et al., "State of the Globe Report 1976", *Alternatives*, 3: 2 (1977/1978), pp. 151-320.

③ Mendlovitz, *On the Creation of a Just World Order: Preferred Worlds for the 1990's*, p. xi.

④ "World Policy Institute History"; Ibid.

性、工作之持久性令人赞叹。[1]

---

[1] Richard A. Falk, *Nuclear Policy and World Order: Why Denuclearization*, WOMP Working Paper No. 2, New York: Institute for World Order, 1978; Yoshikazu Sakamoto, *Korea as a World Order Issue*, WOMP Working Paper No. 3, New York: Institute for World Order, 1978; Fouad Ajami, *Human Rights and World Order Politics*, WOMP Working Paper No. 4, New York: Institute for World Order, 1978; Ali A. Mazrui, *The Barrel of the Gun and the Barrel of Oil in North-South Equation*, WOMP Working Paper No. 5, New York: Institute for World Order, 1978; Cheryl Christensen, *The Right to Food: How to Guarantee*, WOMP Working Paper No. 6, New York: Institute for World Order, 1978; Gernot Kohler, *Global Apartheid*, WOMP Working Paper No. 7, New York: Institute for World Order, 1978; Robert C. Johansen, *Toward a Dependable Peace: A Proposal for an Appropriate Security System*, WOMP Working Paper No. 8, New York: Institute for World Order, 1978; Robert C. Johansen, *Salt II: Illusion and Reality*, WOMP Working Paper No. 9, New York: Institute for World Order, 1979; Richard A. Falk, *A World Order Perspective on Authoritarian Tendencies*, WOMP Working Paper No. 10, New York: Institute for World Order, 1980; Rajni Kothari, *Towards A Just World*, WOMP Working Paper No. 11, New York: Institute for World Order, 1980; Johan Galtung, *The North/South Debate: Technology, Basic Human Needs and the New International Order*, WOMP Working Paper No. 12, New York: Institute for World Order, 1980; Richard A. Falk, *Normative Initiatives and Demilitarization: A Third System Approach*, WOMP Working Paper No. 13, New York: Institute for World Order, 1980; Robert C. Johansen, *Jimmy Carter's National Security Policy: A World Order Critique*, WOMP Working Paper No. 14, New York: Institute for World Order, 1980; Rajni Kothari, *Environment and Alternative Development*, WOMP Working Paper No. 15, New York: Institute for World Order, 1981; Ward Morehouse, *Separate, Unequal, but More Autonomous: Technology, Equity and World Order in the Millennial Transition*, WOMP Working Paper No. 16, New York: Institute for World Order, 1981; David Holloway, *War, Militarism and the Soviet State*, WOMP Working Paper No. 17, New York: Institute for World Order, 1981; Ali A. Mazrui, *The Moving Cultural Frontier of World Order: From Monotheism to North-South Relations*, WOMP Working Paper No. 18, New York: World Policy Institute, 1982; R. B. J. Walker, *World Politics and Western Reason: Universalism, Pluralism, Hegemony*, WOMP Working Paper No. 19, New York: World Policy Institute, 1982; Saul H. Mendlovitz, *The Struggle for a Just World Order: An Agenda of Inquiry and Praxis for the 1980's*, WOMP Working Paper No. 20, New York: World Policy Institute, 1982; Graciela Chichilnisky, *Basic needs and the North/South Debate*, WOMP Working Paper No. 21, New York: World Policy Institute, 1982; Richard A. Falk and Samuel S. Kim, *An Approach to World Order Studies*, WOMP Working Paper No. 22, New York: World Policy Institute, 1982; Louis R. Beres, *Nuclear Strategy and World Order the U. S. Imperative*, WOMP Working Paper No. 23, New York: World Policy Institute, 1982; Robert C. Johansen, *Toward an Alternative Security System: Moving beyond the Balance of Power in the Search for World Security*, WOMP Working Paper No. 24, New York: World Policy Institute, 1983. This list is not complete.

世界秩序价值的教育和推广、促进世界秩序学科的发展一直是世界秩序模式工程最为基本的工作，为此，工程主要参与者一直注重学科教材的研发工作。作为1966年《世界秩序战略》的延续，1973年，福尔克和门德洛维兹主编了《地区政治与世界秩序》①一书，作为相关主题的教材。这本书与其他探讨地区主要著作的不同之处在于，它把区域主义作为一个世界秩序问题，把区域主义问题作为未来全球秩序的趋向和前景。在追求世界秩序价值过程中，存在全球权威和地区权力间的紧张，两位编者试图寻求两者间的兼容性以及不相容之处。两位编者最后认为，现在判断地区主义在多大程度上可以为一个更加安全、公正的世界做出贡献还为时尚早，但作为一种可能的选择，它值得深入研究。这一时期福尔克和金淳基还主编了另外一部教材《战争体系：跨学科视角》②，将和平研究置于相互关联的四项世界秩序价值框架之下进行跨学科研究，寻求"战争体系"的内在根源以便克服它。

但世界秩序研究所推出的最具影响力的教材，还要数《和平与世界秩序研究：课程导论》一书。这部教材从1973年出版以来，历经研究所发展的不同时期，书名、编者也多有变化，但却能不断与时俱进，更新再版，迄今已再版7次，成为世界秩序与

---

① Richard A. Falk and Saul H. Mendlovitz eds., *Regional Politics and World Order*, San Francisco: W. H. Freeman and Company, 1973.

② Richard A. Falk and Samuel S. Kim eds., *The War System: An Interdisciplinary Approach*, Boulder, Colorado: Westview Press, 1980.

第二章　世界秩序模式工程的起源与演变

和平研究领域最受欢迎的经典教材之一。[①]它们其实不是一般意义上的书，其最大的特色是，提供了来自不同学校、不同学科领域、分属众多主题的多达数百份和平与世界秩序类课程教案，从而极大地推动了世界各地世界秩序学科的教学与发展。1990年，世界秩序模式工程因其在推动和平与世界秩序教育上的杰出贡献，被联合国教科文组织授予"和平教育奖章"。

不过，世界秩序模式工程启动以来最大规模、最重要、也是最具影响力的，是1975到1980年间出版、门德洛维兹作为总主编的"20世纪90年代更理想世界"丛书。事实上，自工程启动开始，就确定了这一主题，工程的前两部著作即是围绕该主题展开。不过，最为系统、引起学术界极大关注的还是这套六卷本丛书，除了门德洛维兹主编的《创造一个公正的世界秩序：20世纪90年代更理想世界》之外，其他五部著作分别由工程各小组主任撰写，分别是——福尔克的《未来世界研究》，科塔里的《步入未来：诊断当下世界，设计一个新未来》，马兹锐的《一个世界文化联邦：非洲视角》，拉戈斯、戈多伊的《人类解放：拉丁美洲视野中的未来》，以及加尔通的《真实的世界：跨国视角》。

除了贯穿于丛书中共同的四项世界秩序价值"和平、经济福

[①] Charles R. Beitz, A. Michael Washburn and Thomas George Weiss eds., *Peace Studies: College Courses on Peace and World Order*, New York: Institute for World Order/University Program, 1973; Barbara J. Wien ed., *Peace and World Order Studies: A Curriculum Guide*, second edition, Boulder: Transaction Publishers, 1978; Gordon Feller, Sherle R. Schwenninger and Diane Singerman eds. *Peace and World Order Studies: A Curriculum Guide*, third edition, New York: Institute for World Order, 1981; Barbara J. Wien ed., *Peace and World Order Studies: A Curriculum Guide*, fourth edition, New York: World Policy Institute, 1984; Daniel C. Thomas, Michael T. Klare eds. *Peace and World Order Studies: A Curriculum Guide*, fifth edition, Boulder: Westview Press, 1989; Michael T. Klare ed. *Peace and World Security Studies: A Curriculum Guide*, sixth edition, Boulder: Lynne Rienner Publishers, 1994; Timothy A. McElwee, B. Welling Hall, Joseph Liechty, and Julie Garber eds., *Peace, Justice, and Security Studies: A Curriculum Guide*, seventh edition, Boulder: Lynne Rienner Publishers, 2009.

利、社会正义和生态平衡"之外，各位作者还需按照一套三步骤过程展开研究：首先，诊断、分析当下的世界问题；随后，从自身地区、文化视角出发勾勒20世纪90年代"更理想的未来世界秩序"；最后，也是最关键的，提供实现这一未来世界的转型设计。①无疑，这套丛书是未来主义倾向的，对于可能的"乌托邦"诟病，工程参与者们早有准备，他们认为世界秩序模式工程主要不是一项"乌托邦式的"工作，而他们思想中的那部分"乌托邦"成分，他们自称为"有意义的乌托邦"（relevant utopias），因为他们"不仅勾勒未来世界，而且强调走向这种未来的必要转型步骤"。②

与此同时，工程两位新加入成员则进行了更为深入的研究。约翰森是全球人道主义的主要倡导者，他的《国家利益与人类利益：美国对外政策分析》③是一项批判和行动导向的研究，以四项世界秩序价值为标准将当前美国对外政策与全球人道主义价值进行比较，对美国政治行为进行了尖锐批判，称其现实主义指导原则与全球人道主义价值大相径庭。约翰森认为应依赖平民主义，对激进变化和在全球层面建立一个更加人道的世界持积极看法。金淳基的《中国、联合国与世界秩序》④是中国恢复在联合国席位后首部研究中国在联合国行为及其世界秩序观的著作。作者以四项世界秩序价值检视中国在联合国大会、安理会中的行为以及它在建立一个新的国际经济秩序上的做法，指出中国世界秩

---

① Dugan, "World Peace Through World Law: WPI History Part II"; Werner Levi Reviews on *Footsteps into the Future: Diagnosis of the Present World and a Design for an Alternative*, The American Political Science Review, Vol. 71, No. 2 (Jun., 1977), p. 848.

② Mendlovitz, *On the Creation of a Just World Order: Preferred Worlds for the 1990's*, p. xii.

③ Robert Johansen, *The National Interest and the Human Interest: An Analysis of U.S. Foreign Policy*, Princeton: Princeton University Press, 1979.

④ Samuel S. Kim, *China, the United Nations, and World Order*, Princeton: Princeton University Press, 1979.

序观和实践与其他主要大国、特别是美苏相比，更正面、更具建设性，是一个讲原则的参与者。

这些著作、特别是"20世纪90年代更理想世界"丛书的出版，是20世纪70年代中期到80年代初国际关系学界的一项重大事件，使世界秩序模式工程受到学术界甚至政策界的广泛关注和讨论，进入其发展的高潮时期，同时也使世界秩序研究赢得学科地位。世界秩序研究所被公认为是"世界秩序"一语的核心推动和使用者之一；对国际关系学者来说，世界秩序至少部分是世界秩序研究所所说的那样。①

这一时期，一些国际著名国际关系期刊如《国际事务杂志》《国际交往》（*International Interactions*）推出世界秩序研究甚至"世界秩序模式工程"专刊，邀请工程学者以及其他著名学者撰文介绍世界秩序模式工程，推进世界秩序研究。②《国际事务杂志》在其编者前言中指出，一种与世界秩序分析的国家中心主义范式截然不同的新的科学范式——世界秩序研究的"太空船地球"范式（the spaceship earth paradigm）已经出现。这种范式追求一种满足基本人类需求（basic human needs）的全球结构，具有整体、系统、跨学科、规范和未来主义的特点。③由福尔克撰写的该期首篇文章则指出，"世界秩序研究"作为一个学科已经出现，"世界秩序"一词甚至正成为政治家们的流行语。他还梳理了世界秩序研究的三种不同路径：体系维持路径［以"三边委员会"（the Trilateral Commission）为代表］、体系改良路径（以美国对外关系委员会20世纪80年代工程为代表）和体系变革路径

---

① Beer, "World Order and World Futures", p. 175.
② *Journal of International Affairs*, Vol. 31, No. 2, 1977; *International Interactions: Empirical and Theoretical Research in International Relations*, Volume 8, Issue 1 – 2, 1981: Special Issue: World Order Models Project.
③ Alan D. Buckley, "Editor's Foreword", *Journal of International Affairs*, Vol. 31, No. 2, 1977, pp. 1 – 3.

（以世界秩序模式工程为代表）。①

如果说这些专刊讨论大大提升了世界秩序模式工程的影响力和世界秩序学派发展的话，那么众多国际顶级期刊刊发的围绕世界秩序模式工程的学术讨论，则使其成为当时国际关系学界关注的焦点之一，从而也树起了"世界秩序学派"的学术旗帜。除了学派自己主办的《选择》杂志外，《美国国际法杂志》（American Journal of International Law）、《世界政治》《国际组织》《冲突解决杂志》（Journal of Conflict Resolution）、《政治评论》（Review of Politics）、《政治学季刊》（Political Science Quarterly）、《政治与军事社会学杂志》（Journal of Political and Military Sociology）也都曾刊发对于世界秩序模式工程的评论文章，特别是工程学者与评论者之间的批评与回应文章。

比如拉斯韦尔（Harold D. Lasswell）就指出，世界秩序的模式化过程很有意义，世界秩序模式工程是世界秩序模式化运动的先锋阶段，值得在一些层面对其进行评估，对其意识形态、智识方法和操作战略进行审视是有益的。②基欧汉在1975开始担任《国际组织》主编时，特别提到世界秩序模式工程和福尔克，把其作为相互依赖理论未来的主要竞争范式。③1981年国际研究协会年会还专门举办了一场全体会议，听取福尔克和基欧汉讨论国际关系研究的世界秩序与国际政治经济学路径各自的优点。④

当然，由于世界秩序学派的研究取向带有强烈的规范性和未来导向性，对主导的现实主义范式持强烈批判态度，对其评论中从来不乏批评、怀疑者，最为集中的就是称其为"乌托邦"，无

---

① Falk, "Contending Approaches to World Order".
② Lasswell, "The Promise of the World Order Modelling Movement", p. 425.
③ Keohane, "International Organization and the Crisis of Interdependence".
④ Sylvester, "In Defense of the World Order Models Project: A Behavioralist's Response", p. 106.

法实现。①工程学者对此早有心理准备,因为他们已自称为"有意义的乌托邦"。但是什么才是真正的现实主义呢?"现实主义最真实的形式存在于理想主义者的想象中,有自我实现的种子。"②这种看法也许不无道理。

世界秩序模式工程在这一时期的工作相当有创造性和开拓性,一些美国基金会甚至在它们的目标陈述中吸纳了工程的一些语言和观念,"世界秩序"一词更是成为当时学术界、甚至政治家们的流行语。③在理论上,世界秩序模式工程已经构建起以和平、经济福利、社会正义和生态平衡四项世界秩序价值为分析框架,把全球作为分析单元的世界秩序研究范式,这是一种全球问题研究的整体、未来主义、跨学科、规范路径,对主流国际关系现实主义和行为主义传统构成了挑战,被广泛视为是对国际关系研究主导行为科学的有益矫正。世界秩序研究取得学科地位,赢得教育界和学术界的广泛支持。④这一时期的研究也使世界秩序模式工程成为国际关系学科史上无法忽略的一部分,它被视为世界秩序研究的蓝本,是该领域规模最为宏大、可能也是最全面详尽的努力,⑤规范国际关系研究的"世界秩序学派"由此诞生。

---

① Tom J. Farer, "The Greening of the Globe: A Preliminary Appraisal of the World Order Models Project: (WOMP)"; Michalak, "Richard A. Falk's Future World: A Critique of WOMP: USA".

② Louis Rene Beres Reviews on *Toward a Just World Order*, *The American Journal of International Law*, Vol. 78, No. 1 (Jan., 1984), p. 248.

③ Johansen, "The Contribution of the World Order Models Project", p. 155; Saul H. Mendlovitz, "The Program of the Institute for World Order", p. 259.

④ Mendlovitz, "On the Creation of a Just World Order: An Agenda for a Program of Inquiry and Praxis", p. 356; Dugan, "Toward a New Global Platform"; Harry R. Targ, "World Order and Future Studies Reconsidered", pp. 371, 372, 375.

⑤ Mittelman, "World Order Studies and International Political Economy", p. 325.

第四节　世界秩序模式工程的深化、分裂与沉寂（20世纪80年代初以后）

在经历了一段高潮期之后，工程有意识地对其前期工作进行了一些梳理，这最突出地体现在福尔克等人主编的《走向一个公正世界秩序》和金淳基的《追求一个公正世界秩序》中。[①]他们将学派的研究路径称之为国际关系研究的"一种公正世界秩序路径"——世界秩序现实主义（World Order Realism）。世界秩序路径关注过去、现在和未来的权力和权威安排能在多大程度上为世界上所有人实现一系列人类价值——和平、经济福利、社会正义和生态平衡？其目的是为理解主要国际挑战和问题提供更加现实的选择，同时也更清楚地说明对人类困境做出积极反应能获得的成就。世界秩序路径具有以下特征：强调体系变革、描述更理想世界秩序体系、强调特定价值、关注转型过程和策略、从全球视角出发的整体取向、为弱势者代言。[②]

金淳基还发展了福尔克对世界秩序研究路径的三分法，将贝尔（Daniel Bell）、布尔和霍夫曼归入体系维持路径，将（新）功能主义、复合相互依赖等机制理论归入体系改良路径，将沃勒斯坦等新马克思主义世界体系理论与世界秩序学派一道归入体系变革路径。金淳基进而还对马克思主义的社会变革理论、国际政治经济学、比较对外政策与世界秩序研究的结合进行了初步探究，称它们为世界秩序研究的"前沿领域"。[③]这对于开拓世界秩序研

[①] Falk, Kim and Mendlovitz eds., *Toward a Just World Order*; Kim, *The Quest for a Just World Order*.

[②] Falk, Kim and Mendlovitz eds., *Toward a Just World Order*, pp. 1, 7.

[③] Kim, *The Quest for a Just World Order*, pp. 63 – 67, 87 – 91.

究新领域，推动世界秩序研究融入主流学派具有极大的启发意义。

在理论总结之外，他们还梳理了学派的发展历史，将其概括为三个阶段：第一阶段从世界法律基金会创立到世界秩序模式工程开启（1961—1968年），这一阶段工作主要是围绕着克拉克和索恩《通过世界法实现世界和平》的教育推广而展开，采用一种法律导向和制度建设路径，这种路径由于过于美国化遭到抵制而宣告失败。但这促使学派学者转而采取一种跨国多元路径，这就进入了学派发展的第二个阶段，从世界秩序模式工程开启到1978年（1968—1978年）。①学派在这一阶段转向以四项世界秩序价值为核心的世界秩序路径，探究多种文化背景的"更理想的未来世界"。

虽然这一时期的研究在学术界产生了一定影响，但"它对思想和行动的影响却仍然相当有限"，未能为世界秩序社会活动家们提供系统的"转型政治"行为指导，主流学界依然倾向于指责学派思想为"乌托邦主义"。为此，该学派转向其发展的第三阶段，更加强调以弱势者为关键基础实现世界秩序价值，依赖跨国社会运动和草根阶层。这种新的路径被称作"世界秩序平民主义"，体现在"公正世界秩序研究"（Studies on a Just World Order）丛书和其他一些新计划中。②

---

① 金淳基等人并未解释第二阶段为何是到1978年结束，一个可能的解释是他们认为从1978年开始学派转向强调以弱势者（跨国社会运动）为关键基础实现世界秩序价值。笔者则倾向于认为二、三阶段的分界点是在20世纪80年代初，一个理由是"20世纪90年代更理想世界"丛书最后一本是在1980年出版，学术界围绕这套丛书展开的热烈讨论也一直持续到80年代初；另一个理由则是，从1982年开始，该学派陆续出版了五卷本《公正世界秩序研究》，该学派转向强调跨国社会运动也是在此这后才变得明显。当然，这两种阶段划分方法并没有内在矛盾，多数学派成员的研究重点从1978年起就开始转向，但外界看到他们这方面的成果出现要到80年代初以后了。

② Falk, Kim and Mendlovitz eds., *Toward a Just World Order*, pp. 5 – 8; Kim, *The Quest for a Just World Order*, pp. 83 – 86.

由福尔克和门德洛维兹作为总主编的五卷本"公正世界秩序研究"可以说是 1966 年《世界秩序战略》的再版,从新视角对国际法、联合国与世界秩序、核裁军和全球安全等领域的最新发展进行了重新探究。不过,与《世界秩序战略》相比,这套丛书最大的新意在于增加了由沃克尔主编,从文化、意识形态角度探究世界政治的第五卷《文化、意识形态与世界秩序》,可以说是准确把握了国际关系理论新的发展趋势。丛书的定位仍然是世界秩序、和平研究和全球问题等国际关系相关领域的教材。①

与上一阶段笼统地将四项世界秩序价值作为总体分析框架展开研究不同,包括"公正世界秩序研究"丛书和《追求一个公正世界秩序》在内的这一时期众多著作的一个共同点是,分别围绕和平、经济福利、社会正义和生态平衡中的每一项价值展开深入、具体的经验研究,可以说是在上一阶段基础上更进一步。《走向一个公正世界秩序》一书更是第一次在工程以往关注较为不足的生态平衡方面做出弥补,就生态政治、生态稀缺对国际政治的影响进行分析,还以未来主义视角向美国总统提交《2000 年全球报告》,展望进入 21 世纪之际的全球环境状况,为未来敲响警钟。②《联合国与一个公正世界秩序》一书则在冷战甫一结束之际,就对联合国在新的国际环境下能为每项具体世界秩序价值的

---

① Richard A. Falk and Saiul H. Mendlovitz eds., *Studies on a Just World Order* (Vol. 1: Falk, Kim and Mendlovitz eds., *Toward a Just World Order*; Vol. 2: Richard A. Falk, Friedrich Kratochwil and Saul H. Mendlovitz eds., *International Law: A Contemporary Perspective*, Boulder: Westview Press 1985; Vol. 3: Richard A. Falk, Samuel S. Kim and Saul H. Mendlovitz eds., *The United Nations and a Just World Order*, Boulder: Westview Press 1991; Vol. 4: Burns H. Weston, Thomas A. Hawbaker and Christopher R. Rossi eds. *Toward Nuclear Disarmament and Global Security: A Search for Alternatives*, Boulder: Westview Press 1984; Vol. 5: R. B. J. Walker ed. *Culture, Ideology, and World Order*, Boulder: Westview Press 1984.)

② Falk, Kim and Mendlovitz eds., *Toward a Just World Order*, Section 7: Ecological Balance, pp. 435 – 496.

实现所发挥的作用进行具体探讨,为联合国在后冷战时代世界秩序中的角色建言献策。

1984年以后,世界秩序模式工程工作重点全面转向"世界秩序平民主义",挖掘跨国社会运动在促进公正世界秩序实现上的巨大潜力。此后工程工作主要是围绕两项计划展开。1984年,工程组织了一个名叫"追求公正世界和平委员会"(The Committee for a Just World Peace, CJWP)的专门机构,汇聚了一批来自世界各地的学者和卓越的政治、宗教人士,他们或独立、或联合从事以促进公正世界和平为目标的研究、教育、对话和行动。委员会成员相信根本的变革过程正在当代人类社会发生。他们的首要目的就是激发各种草根、社会行动以及全球各地的公民运动的相互影响,以形成一场追求公正世界和平的全球社会运动。①

委员会由坂本义和担任研究主任,门德洛维兹担任执行秘书,沃克尔担任报告人。其他参与者除德卢尔德斯、索马维亚、福尔克、科塔里、博尔丁、卡尔多外,还包括诺贝尔和平奖得主、享有世界声誉的南非大主教图图、瑞典著名女演员安德森(Bibi Andersson)、南斯拉夫经济学家纳卡拉达(Radmila Nakarada)、匈牙利作家康拉德(Gyorgy Konrad)、国际发展战略基金会(the International Foundation for Development Alternatives)主席内尔芬(Marc Nerfin)、被誉为"非洲电影之父"的塞内加尔著名导演、作家塞姆班(Ousman Sembene)、印度著名环保主义者希瓦(Vandana Shiva)、埃及著名记者、专栏作家艾哈迈德(Mohamed Sid Ahmed)等。参与者职业、国籍来源的广泛性、特别是众多知名人士和众多女性的加盟使该委员会颇受瞩目。

委员会发布了很多关于主要全球问题的文件。1987年,委员

---

① "A Statement Issued to Mark Human Rights Week and Pearl Harbor Day", *Alternatives*, 12: 3 (1987: July), p. 397; Saul H. Mendlovitz, "Struggles for a Just World Peace: A Transition Strategy", *Alternatives*, 14: 3 (1989: July), p. 363.

会出版了由门德洛维兹和沃克尔主编的《走向公正的世界和平：社会运动的视角》①一书，对现有的国家及跨国决策机构进行了尖锐批判，指出它们不仅不能解决、反而是加剧、甚至造就了诸如国家暴力、贫困和环境退化等全球问题，因此需要全新的思维方式。为此，活跃于和平研究领域的社会学家、经济学家和政治学家讨论了一个问题：社会运动在促进战争和暴力的社会制度结构的变革中发挥了何种作用？

在前期文件和著作的基础上，1988年委员会发布了一份代表参与者看法一致、由沃克尔执笔的报告：《一个世界，多个世界：争取公正世界和平》②。报告解读了批判社会运动对全球变革的意义，试图为正在进行的委员会与批判社会运动之间的对话和行动提供基础。报告指出，现存的话语和政治结构将导致人类走向由核战争和生态灾难造就的世界毁灭（No World），或者是两极分化的世界（Two Worlds）；而通过社会运动实践，我们则可能形成新的一致性和全球身份，建成"一个世界"（One World），但另一方面，它们同时包含各地方具体的历史、经验和身份，即"多个世界"（Many Worlds）。当前人类正处于历史选择的紧要关头。

1986年秋天，戈尔巴乔夫总统特别助理、苏联政治学协会前主席沙赫纳扎罗夫（Georgi Shakhnazarov）访问了世界秩序模式工程，他认为需要"一种新的思维方式"来理解全球政体和推进人类价值。沙赫纳扎罗夫说，他和一批同事们仔细研究了世界秩序模式工程的"整体—有机"路径，认为"最近很多事件正在印证工程的政策目标"，它们为"科学的"研究和激进政治行动提供了坚实基础。接下来一年双方就这些问题进行了对话，一项叫做

---

① Saiul H. Mendlovitz and R. B. J. Walker eds., *Towards a Just World Peace: Perspectives from Social Movements*, Toronto: Butterworths, 1987.

② R. B. J. Walker, *One World, Many Worlds: Struggles for a Just World Peace*, Boulder, Colorado: Lynne Rienner, 1988.

"全球文明：民主、主权和安全面临的挑战"的项目（Global Civilization: Challenges for Democracy, Sovereignty and Security, GCP）由此启动。[①]

该项目还组织了一个代表世界主要地区学术、外交、大众传媒和宗教关切的指导委员会，由门德洛维兹担任主席，福尔克担任报告员，鲁伊斯担任协调员。成员包括沙赫纳扎罗夫、德卢尔德斯、索马维亚、坂本义和、沃克尔、博尔丁、赫尔德、纳卡拉达、内尔芬、希瓦、艾哈迈德、斯米尔诺夫（William Smirnov）（俄罗斯政治学协会副主席）、耶勒等。女性参与者在其中占到了30%以上。

从1988到1993年，"全球文明"项目组织了多次会议讨论相关主题：共同的全球文明：怎样的主权（莫斯科，1988年）；正在深化和全球化的民主（横滨，1990年）。全球政治经济：趋势和偏好（开罗，1990年）；塑造全球政体（南本德，1991年）；走向21世纪的公正世界秩序（哈拉雷，1993年）。值得一提的是，除指导委员会成员外，麦克纳马拉、普里马科夫（Evgeni Primakov）（后担任俄罗斯总理）和沙穆亚里拉（Nathan Shamuyarira）（津巴布韦外交部长）等政治家也参与了有关会议，津巴布韦外交部还资助了在哈拉雷召开的"走向21世纪的公正世界秩序"会议。

"全球文明"项目产生了众多成果。由门德洛维兹、沃克尔主编的《争论中的主权：重新界定政治共同体》[②] 来自莫斯科会议，它将主权辩论置于更广阔的历史和概念框架下，给出了在主

[①] Mendlovitz, "The Emergence of WOMP in the Normative Tradition: Biography and Theory", p. 318; Saul Mendlovitz, "Preface", in Falk, *On Humane Governance: Toward a New Global Politics*, p. vii.

[②] R. B. J. Walker and Saul H. Mendlovitz eds. *Contending Sovereignties: Redefining Political Community*, London: Lynne Reinner Publications, 1990.

权永久化和迅速消亡间的第三种选择，对这一极受关注主题的讨论有极大的启发意义。由纳卡拉达执笔的《后两极世界：南北自治》①则是基于项目参与者与津巴布韦社会科学家在哈拉雷会议上讨论的报告。从横滨会议上遴选的文章则在坂本义和的主编下以日文出版。除此之外，工程所属《选择》杂志还在1991年和1994年春季以两次专刊的形式刊发会议文章，还有两篇文章作为普林斯顿大学国际问题研究中心临时文件出版。②

"全球文明"项目的优先目标是挑战传统的国际关系概念，促进有助于实现和平、经济福利、社会主义、生态平衡和积极身份（positive identity）五项世界秩序价值的新政策。③在建立"全球文明"项目的早期讨论中，福尔克提出的"人道治理"一词最终被采纳为建立项目研究议程的主题概念。项目最重要、也是最终成果就是由福尔克执笔的《论人道治理：走向一种新的全球政治》，作为"世界秩序模式工程全球文明项目"报告出版。"人道治理"意味着把人的安全作为追求世界秩序价值的规范假设和参考框架。在此过程中，与外交官、学者展开对话是必要的，然而动员非国家行为体、非领土社会、经济力量、媒体和通讯全球网络等跨国社会力量更是有助于确保人权、民主、经济改革、非军事化和环境关怀。④

"全球文明"项目延续了"追求公正世界和平委员会"参与者的广泛性，在与政策界的联系上显得尤为突出，标志着世界秩

---

① Radmila Nakarada, *The Post-bipolar World: North-South Autonomies*, New York: World Order Models Project, 1995.

② Mendlovitz, "Preface", p. viii.

③ Ibid., p. vii. 第五项世界秩序价值是由门德洛维兹提出的，与前四项价值在最初就确定下来不同，第五项价值是后期加上的，其叫法也经历了从"全球公民身份"（global citizenship）到"物种身份"（species identity），最后确定为"积极身份"的变化。不过，一些工程学者也曾把"人道治理"作为第五项价值，《选择》杂志的副题也曾一度改为"社会变革与人道治理"。

④ Ibid., pp. viii – ix.

序模式工程在更大程度上实现了学术与实践的结合，产生了广泛的社会和政治影响。自 1961 年开始酝酿以来，世界秩序模式工程已经经历了 30 多年、三个发展阶段，经历了高潮并进一步向深入发展。然而，伴随着工程核心成员年事日高，该学派在 1995 年以后进入沉寂期，其工作主要体现在工程主办的《选择》杂志上。与此同时，工程所属机构的理念变化、特别是主体的变迁带来的分裂，可能也是其走向沉寂的原因之一。

1982 年，世界秩序研究所改名为世界政策研究所，将当代公共政策领域作为新的关注重点，并于次年创立《世界政策杂志》(*World Policy Journal*)，与《外交关系》(*Foreign Affairs*)、《外交政策》(*Foreign Policy*) 展开竞争并迅速取得成功，成为此后公共政策形成的贡献者之一。1985—1987 年，《世界政策杂志》还被翻译给戈尔巴乔夫，与俄国改革者的密切关系也使它能报道戈尔巴乔夫的上台、苏联解体、冷战结束等重大事件。20 世纪 80 年代研究所的"世界新时代美国优先选择项目"(American Priorities in a New World Era project) 产生了一系列民意调查和 1990 年的一部著作，其中的格林伯格民意调查 (Greenberg poll) 极大影响了克林顿"是经济，傻瓜"(It's the Economy, Stupid) 的竞选战略。《世界政策杂志》的影响力还帮助几位作者参与重建美国经济的科莫委员会报告 (the Cuomo Commission Reports)。在国会研究所 2001 年发布的报告中，《世界政策杂志》被认为发表了冷战后 43 篇最具影响力文章中的 9 篇，比其他任何杂志都多。①

无疑，世界秩序模式工程已不再是世界政策研究所主要的支持重点，两者在理念（世界秩序模式工程显然有更明显的理论色彩）、活动上已日渐分道扬镳。然而，更大的变化发生在 1991 年，世界政策研究所被并入纽约社会研究新学院（后更名为"新

---

① "World Policy Institute History".

学院",The New School),不再是一个独立机构。世界秩序模式工程和《选择》杂志在此时则从研究所脱离,随后在完成此前已开始的"全球文明"项目后,活动急剧减少甚至趋于停滞。而世界政策研究所在这段寄人篱下时期也无太多建树,直到2007年,研究所从新学院脱离,再次成为独立结构。2009年,世界政策研究所被《外交政策》杂志评为美国最有影响力智库第16名。[1]与此同时,世界秩序模式工程的重启也即将到来。

第五节 重启：尚未完成的世界秩序模式工程

2011年1月底,沉寂数年的世界秩序模式工程再次召开会议,讨论重启工程事宜。与会者除了工程的长期参与者门德洛维兹、福尔克、加尔通、马兹锐、坂本义和、沃克尔、金淳基、约翰森、赫尔德、鲁伊斯、纳卡拉达等人之外,还包括一批非政府组织的领导者在内的新参与者加入,如地球行动（Earth Action）创始人之一、执行主任巴伯（Lois J. Barber）、核时代和平基金会（Nuclear Age Peace Foundation）创始人、主席克雷格（David Krieger）、和平教育与研究中心（the Centre for Research and Education for Peace）主任梅萨（Manuela Mesa）、全球教育协会创始人之一米舍（Patricia Mische）、阻止战争与武装冲突全球行动（Global Action to Prevent War and Armed Conflict）主任朱伯（Robert Zuber）、多样化最好实践（Diversity Best Practices）主任韦尔奇（Susan Welch）以及纽约协和神学院（Union Theological Seminary in the City of New York）校长琼斯（Serene Jones）等。这在一定程度上表明了工程新的发展方向和特点,也表明工程支持者

---

[1] "World Policy Institute History".

第二章　世界秩序模式工程的起源与演变

和同路人的广泛性。

会议在总结世界秩序模式工程的成就与不足之外，重点是讨论工程的重启、特别是新的发展方向问题。会议认为，当前世界秩序是以含混复杂性为特点的威斯特伐利亚与后威斯特伐利亚的混合，其面临挑战的范围远远超过自身能力所及，不过现在人们对挑战的认识远比20世纪80年代清楚。在全球化深入发展和人类面临更多挑战的背景下，世界秩序模式工程或许迎来其发展的"凯洛时刻"（好时机）（*kairos* moment）。①

与会者普遍认为，世界秩序模式工程应该继续从自己的视角寻求解决21世纪人类面临的最紧迫挑战。大家一致同意，和平、经济福利、社会正义、生态平衡和积极身份五项世界秩序价值仍然具有根本重要性和迫切性。会议还特别指出，需要从世界秩序角度深入讨论新科技对社会生活的影响、充分治理和适当民主参与、超级资本主义（hypercapitalism）、宗教传统与暴力及宽容的关系、国家恐怖主义和非国家恐怖主义、帝国全球性和世界主义全球性、全球公民身份等七项具体问题。②会议还提出要与理念相近的组织如地球行动等展开合作，通过它们的网络使世界秩序模式工程的知识和具体政策建议传播到更多实践社团（community of practice）。世界秩序模式工程在历经半个世纪的风雨之后，期待迎接21世纪新的彩虹。

---

① Richard A. Falk, "The Second Coming of WOMP? Notes on Restoring Vision, Hope, Reason, and Faith". 福尔克在2013年出版的著作中再次表达了类似观点。See Richard A. Falk, (*Re*) *Imagining Humane Global Governance*, New York: Routledge, 2013, pp. 181–193.

② "WOMP debrief". http://www.ceipaz.org/womp/background.html

第 三 章

世界秩序学派的价值基础

　　作为世界秩序学派的价值基础、分析框架和奋斗目标，和平、经济福利、社会正义和生态平衡四项价值可以说是学派着墨最多、宣传力度最大的内容，也是学派影响最大、最被广为接受的理论标签。四项世界秩序价值的前三项在学派创始阶段即被明确提出，第四项价值生态平衡则是在后来随着新的形势而加入的，它们一经提出便成为学派所有成员共同的分析框架。特别值得注意的是，世界秩序学派提出的四项价值并非各自孤立，而是相互交错关联，形成一套有机的世界秩序价值体系。

第一节　和平

　　阻止战争、追求和平可以说是世界秩序学派创始的根本动机和核心目标，该学派在这方面的探究也是最为丰富的。"战争是无法避免的"可以说是当今时代的一种普遍观念，在核时代我们甚至"通过准备战争来追求和平"。战争体系已经普及世界各地，带来史无前例的地区军备竞赛和冲突。①世界秩序学派在战争研究上的独特之处在于，它们试图超越这种简单的战争无法避免的观点，寻求对战争体系的深层结构性解读和系统解释。

追求和平是人类千百年来孜孜不倦的诉求，在这个过程中志士仁人们提出了各色各样的和平理论。民主和平论是较早出现的一种和平理论，以康德、威尔逊为代表的学者们认为，自由、民主国家之间决不相互开战，在世界范围内传播和推行自由民主制意味着"永久和平"的到来，因而西方民主国家有义务将民主自由政体扩展到全世界。在均势和平理论看来，和平虽然不是均势的直接目的，但是在客观事实上，均势的形成与持久，的确间接导致了和平的实现。因此，在许多学者看来，和平的实现要依靠均势的维持，有均势才有和平。霸权稳定论认为，国际霸权体系与国际秩序稳定之间存在着一种因果关系，一个强大并且具有霸权实力的行为体有利于国际体系的稳定和公益的实现，相反，在不存在霸权国的情况下，国际秩序将会是混乱无序和不稳定的。②

共同体和平论认为，共同体能够帮助成员国培育出和平的性情，形成一种浓厚的共同体感，产生出不以战争手段解决彼此间争端的强烈互信，缔造一种基于认同与自愿的和平。三角和平论认为民主、经济相互依存和国际制度是实现国家间和平的"三驾马车"，这三种现象各自都减少了国家间冲突，结合在一起便能实现国家间的和平。非暴力思想是从佛教、印度教、基督教里的一些思想演化而来的，主要是要告诫人们不应以暴易暴。中国古代和平思想的主要来源之一就是"和合"文化。"和合"文化不仅强调"和为贵"，而且强调"和而不同"，承认不同文化的差异

---

① Falk, Kim and Mendlovitz eds. , *Toward a Just World Order*, pp. 219 – 220.
② 参见康德：《永久和平论》；Wilson, "Fourteen Points Speech (1918)"；华尔兹：《国际政治理论》；Keohane, "The Theory of Hegemonic Stability and Changes in International Economic Regimes, 1967 – 1977".

性。"和合"文化在强调"调和""相成""相济"的同时，也主张"求同存异""克己复礼"和"己所不欲，勿施于人"。①

然而，以上和平理论和思想其实都并非是对和平的直接研究，而是一些国际关系理论和政治理论研究的"副产品"，它们构成了和平研究或者说是和平学可资借鉴的重要思想渊源。在专门和系统的和平研究产生之后，和平学学科内部存在两种截然不同的和平观点："消极和平"观和"积极和平"观。

传统的观点认为，所谓和平就是没有战争，甚至认为战争和不公正现象是不可避免的，暴力被接受并成为合法的解决人类社会所有层面社会冲突的最终仲裁者。这种和平被称为"消极和平"。消极和平虽然可以实现短暂和表面的和平，但并没有消除威胁和平的根源，因此这样的和平不是持久的，结果是导致暴力的循环。

世界秩序学派理论旗手福尔克在战争阻止问题上颇有研究。福尔克对暴力的使用持非常审慎的态度，主张要以法律和道德约束战争。福尔克认为，暴力的使用，特别是核武器的使用，只有在合法且有正当理由时，比如自卫或者恢复现状需要，或者眼前情形有极大的恶化风险时，才可以被考虑以有限的方式、实现有限的目标。我们必须在决定是否、以及何时对外威胁使用、或实际使用暴力时鼓励"良心的裁决"，并在同时加强法律限制。②

世界秩序学派另一位学者金淳基甚至将暴力视为一种系统的疾病，将黩武主义（Militarism）作为其传播的中介，专门就全球暴力提出了一套理论假设。金淳基认为，暴力是一种可以避免的

---

① Deutsch et al., *Political Community and the North Atlantic Area*; Bruce Russett and John Oneal, *Triangulating Peace: Democracy, Interdependence, and International Organizations*, New York: W. W. Norton & Company, 2001。

② Richard A. Falk, *Law, Morality, and War in the Contemporary World* (Princeton Studies in World Politics, No. 5), New York and London: Frederick A. Praeger, 1963。

罪恶；暴力是一种人造问题，并非是人类无法控制的科技发展的副产品；暴力有着多方面的原因和结果：国内的、国际的、内在的、外在的；暴力有着从直接扼杀到间接扼杀的多种形式；暴力有着一种结构性的"渗漏"倾向，是一种社会控制和主导的工具；暴力对弱势群体伤害最大；暴力在一种武器文化中兴盛；根据社会规范和结构的军事化程度可以估量暴力水平；从长期看，暴力倾向于自我毁灭。①

金淳基指出，当今人类已经进入一种前所未有的、具有传染效应的全球军事化阶段，黩武主义已经成为一种全球意识形态，权威主义、集中化、等级化、管制化、专制主义、种族中心主义、沙文主义、秘密化和侵略主义都可能成为社会上层建筑的病态中介。在结构方面，社会中军事因素的相对规模、地位、角色和影响都是全球军事化的动力所在。特别是在冷战时期，超级大国主导的东西方冲突、结构性干涉是其中的关键。②

世界秩序学派代表人物、和平学创始人加尔通则提出了消除暴力的两种思维方式：分离性思维（dissociative thinking）和相联性思维（associative thinking）。根据分离性思维，可能会走向冲突的各方应被彼此分开，不管是通过地理还是社会手段。而相联性思维则认为，最好的方案刚好相反：让可能冲突的各方以合作关系在一起。后一种思维方式是更值得鼓励的，这方面的例子包括跨越国界的交往和合作（如二战后的法德合作）以及建立超国家组织。然而问题在于，如何在实践相联性思维解决直接暴力的同时避免陷入结构性暴力的陷阱？加尔通提出了相联性和平缔造的五个条件：共生（Symbiosis）（相互依赖）、对称（Symmetry）（平等主义）、同源（Homology）（结构上相似，易于合作）、多

---

① Kim, *The Quest for a Just World Order*, pp. 96–97.
② Ibid., pp. 97–116.

样性（Entropy）（所有的互动渠道都用上了）、超越（Transcendence）（走向一体化）。①

在此基础上，加尔通提出了与"消极和平"观截然不同的"积极和平"观。加尔通指出，积极和平不仅仅是直接暴力的缺失，还包括消除结构性暴力，后者内在于社会结构。结构性暴力是指贫穷、疾病、压制和社会歧视给人类带来的痛苦和灾难。金淳基也有类似的论述，他指出，暴力的实施对人类的伤害不仅仅体现在战争中，还包括对生命维持和提高过程的间接、无形影响（经济、社会和生态战争）。结构性暴力建立在剥削和分裂的基础上，经常使底层人民连最基本生存条件都无法保障，处于不利地位。与直接暴力相比，结构性暴力是一种无形的、看不见的暴力，对这种结构性暴力对人类危害的忽视是暴力增多的一个主要原因，它需要一个长期的过程才能被消除。②

在世界秩序学派看来，由于结构性暴力的存在，暴力和战争应当被理解为一个"社会体系"——战争体系。在学派看来，战争体系是"一个由环环相扣的组织和行为变量构成的包含一切的结构"。在这一体系中，战争和知识、战争和意识形态、战争和生存、战争和历史、战争和安全以及战争与世界秩序之间有着确定的联系，战争与经济、社会正义等其他价值以及主权国家体系的主导地位是密不可分的。③因此，真正的和平应该是消除了深层结构性问题的积极和平，而不是没有战争就意味着实现了的消极

---

① Johan Galtung, "Nonterritorial Actors and the Problem of Peace", in Mendlovitz, ed., *On the Creation of a Just World Order: Preferred Worlds for the 1990's*, pp. 153 – 155.

② Galtung, "Nonterritorial Actors and the Problem of Peace", pp. 151 – 152; 刘成："化解冲突 和谐共存——和平学研究简介",《中国社会科学报》第 163 期, 第 13 版; See Kim, *The Quest for a Just World Order*, pp. 97 – 116.

③ Richard A., Falk and Samuel S. Kim, "General Introduction", in Falk and Kim eds., *The War System: An Interdisciplinary Approach*, pp. 2, 7 – 12; Falk, Kim and Mendlovitz eds., *Toward a Just World Order*, pp. 219 – 220.

和平。

在加尔通看来,积极和平涵盖了至少四个方面内容:一是自然和平,物种间的合作而非斗争;二是直接的积极和平,由言辞和物质上的仁爱组成,强调身体、思想和心灵的交融;三是结构性积极和平,通过对话、整合、团结、参与的方式以自由取代压制,以平等取代剥削;四是文化的积极和平,以和平的合法性代替暴力的合法性,建立积极的和平文化。[①]

"积极和平"观超越了传统和平的定义。这种"积极和平"观认为,结束冲突并不是把冲突扫到地毯下面隐藏起来,你必须有所作为来解决它,要用非暴力,或者说以和平的方式实现和平。积极意味着消除了饥饿、暴力、践踏人权、难民、环境污染等问题,它意味着创建了一种社会环境,人们可以在其中富裕生活和体面生存。[②]只有这种"公正的和平"才是唯一可持续的和平形式。

然而,"公正的和平"如何才能实现呢?现实与之差距甚远。面对无所不在的战争体系和结构性暴力的影响,国际社会的反应却显得相当无力。国际安全机制创设的目的是通过跨国合作解决跨国问题。然而,国际安全机制的内在结构性规则使它不得不根据由国家主义逻辑界定的规范和程序进行管理。国际机制被视作国家权力的延伸。因此,世界秩序学派呼吁全新的思维方式,构建走向一种新的安全体系的转型战略,这就需要依赖诸如反核运动之类非政府草根组织的力量。[③]唯此,公正持久的真正的和平才

[①] Johan Galtung, *Peace by Peaceful Means*, Oslo: IPRI, 1996, pp. 31 – 32,转引自刘成:"和平学与全球化时代的和平建设",《南京社会科学》2015年第3期,第142页。

[②] [挪] 约翰·加尔通:"和谐致平之道——关于和平学的几点阐释",《南京大学学报(哲学社会科学版)》2005年第2期,第31页;刘成:"和平学与全球化时代的和平建设",第142页。

[③] Falk and Kim eds., *The War System: An Interdisciplinary Approach*, pp. 116 – 134.

可能实现。

第二节　经济福利

在世界秩序学派看来，追求经济福利是仅次于维持和平的价值，是世界秩序的基本要义所在。为了确保普遍的经济福利，对于广大发展中国家来说，关键是满足基本的人类需求，为此需要以发展中国家的独立自主为基础，在国际国内层面进行深层结构变革。对于更多国家而言，该学派认为追求持续的经济增长并非长久之计，要在经济思想上进行根本转型，发展一种维持人口和财富稳定状态的稳态经济模式。

在很多发展中国家，持续经济增长的同时，是一直存在的贫穷和不平等问题。经济增长对基本需求没有明显的积极影响，高增长没有带来相应更高程度的基本需求改善。[1]当今世界各国应该以经济增长还是最低标准的基本人类需求为目标呢？仅仅通过快速工业化促进增长，可能导致政府忽视财富和机会公平分配问题。

这种分配不平等状况无疑是非常严重的。世界秩序学派特别关注了全球经济不平等问题。该学派指出，这种全球经济不平等包括两个方面——人与人的差距和国家间的差距。人与人的差距指的是世界上的穷人在食物、住房、安全饮用水、基本医疗、基础教育和合理报酬等基本生活需求方面还没有得到满足；国家间的差距指的是国家间的过度发展—欠发达、主导—依附和中心—边缘关系，这种关系由于资本主义世界经济体系

---

[1] Loren A. King, "Economic Growth and Basic Human Needs", *International Studies Quarterly*, Vol. 42, No. 2 (Jun. 1998), pp. 387, 394.

第三章 世界秩序学派的价值基础

而永久化。①

世界财富分配存在严重悬殊问题，很多亚非拉地区面临低增长、高通胀、生活水平下降等不发达问题（underdevelopment）；与此相反，北美欧洲等发达工业化地区却面临过度发展（overdevelopment）带来的生态紧张等问题。这两种现象都是世界秩序研究关注的不良发展问题。对很多第三世界国家而言，发展远未实现，其深层原因是世界经济不平等的深层结构的反映。在北方发达工业国家和南方落后国家之间存在着一种等级制的劳动分工，南北方的差距仍然渗透在全球生产和分配过程中。经济增长并未带来可持续发展或者基本经济需求的满足。②

世界秩序学派的体系变革路径拒绝接受体系维持（自由放任）路径和体系改良（复合相互依赖）路径的技术、管理和精英式偏见，将关注焦点从效率转向平等，从国家福利转向人类福利，特别是那些受压迫和在当前世界经济秩序中得不到任何代表的群体的福利。这种体系变革路径对渐进改革持怀疑观点，它把当前世界经济秩序的不平等结构的变革视为追求一个更加公正、人道世界秩序的一部分，更为强调基本人类需求的满足和分配正义。

世界秩序学派对体系改良路径的国际经济新秩序主张持批判态度，主张一种基本人类需求路径。20 世纪 70 年代末世界银行、国际劳工组织相继开始使用"基本人类需求"一语，作为不发达国家的目标。基本人类需求是有益于最穷困阶层的，是物质的、人类存活的需求，比如最低层次的营养、居住和教育。不过这只是一方面。基本人类需求不仅是吃睡问题，更重要的是关怀和认可的需求。

---

① Kim, *The Quest for a Just World Order*, pp. 137 – 150, 191 – 193.
② Falk, Kim and Mendlovitz eds., *Toward a Just World Order*, pp. 289 – 290.

如果说经济增长路径是最大化增长发展战略，那么基本人类需求路径则是最小化贫困（以及基本需求满足）发展战略。如果说经济增长路径遵循的是国家间正义规范原则，试图在国际层面变革社会政治结构，基本人类需求路径则遵循人类正义规范原则，试图在国内层次变革社会政治结构。经济增长路径的主导精神和战略是发展中国家更深入融入世界经济以克服欠发达；基本人类需求路径的主导精神和战略则是内在自立的另一种发展，以打破外部依赖的禁锢。①独立自主、特别是集体独立自主应成为第三世界国家新的核心发展道路。这要求国家和国际层面上的大变革。②

简单地说，基本人类需求路径被认为是一种先发制人的策略，以推翻国际经济新秩序路径并实现第三世界基本需要的满足。没有最贫困国家在全球层面的全面参与，经济发展路径的分配正义原则就无法实现。只有让那些最穷的国家和最弱势的群体参与进国家和全球层面的决策过程中，问题才能得到最终解决。同样，没有最弱势群体在国内决策过程中的全面参与，基本人类需求路径的分配正义原则也无法实现。除非或直到穷人、特别是一无所有的农民和被剥夺权利的女性被允许全面参与决策，国家和全球政治经济的治理过程将继续由主导政治行为体以及宗主国利益的讨价还价、谈判、交易和妥协主导。③

针对广大发展中国家的经济福利问题，世界秩序学派提出了上述基本人类需求路径。在此基础上，该学派进一步提出了具有更大普遍意义的稳态经济理论。与主流观点非常不同的一点是，世界秩序学派认为持续的经济增长并非最理想的状态，也是不可

---

① Falk, Kim and Mendlovitz eds., *Toward a Just World Order*, p. 169.
② Ibid., pp. 291–292.
③ Ibid., pp. 169, 193–194.

能的。因此，该学派对新自由主义的经济全球化观持尖锐批判态度，称之为"掠夺性全球化"，无疑是对西方主流的现代性经济发展模式的强烈不满。该学派主张一种后现代的稳态经济观，这是一种可持续发展的生态经济，具有深刻的内在哲学基础和颇具前沿的时代性。①

基于新古典"永久经济增长"理论的政策一直以来令生态学家感到不满。现在许多国家所犯的错误恰恰就是企图用经济增长来解决由经济增长所带来的一切问题。美国经济学家戴利（Herman E. Daly）（又译"达利"）指出，各国首脑将增长视为首要任务，其主要目标都是促进经济增长，以为经济增长可以治愈贫穷、失业、债务、通货膨胀、赤字、污染、匮乏、人口爆炸、犯罪、离婚和吸毒，认为经济增长既是灵丹妙药，又是至高之善，这就是典型的经济增长癖。②

因此，我们需要经济思想在根本上重新转型，转向一种以物理平衡和道德改善的经济。戴利提出了稳态经济的概念与思路，并认为稳态经济是治疗经济增长癖的有效良方。稳态经济的概念，最早可以追溯至1857年。当时的古典经济学家密尔（John Stuart Mill）在"静态"的标题下讨论了这一思想。与大多数古典经济学家不同，密尔倡导的"静态经济"是指人口与物质资本存量零增长的状态，追求技术和伦理上的持续改进来促进社会进步。他说："资本和人口的停滞状态并不意味着人类发展的停滞，

---

① Falk, *On Humane Governance: Toward a New Global Politics*; Falk, *Predatory Globalization: A Critique*; Richard A. Falk, *This Endangered Planet: Prospects and Proposals for Human Survival*, New York: Random House, 1971. 也可见本书第一章第二节关于稳态经济的介绍。

② Thomas A. Okey et al., "The Dynamic Steady State Economy", *Frontiers in Ecology and the Environment*, Vol. 2, No. 8 (Oct., 2004), p.401；闫顺利、赵红伟、尹佳佳："从'增长经济'到'稳态经济'再到'低碳经济'"，《社会科学论坛》2010年第18期，第191、192页。

在这种情况下，智力教育、道义、社会进步各方面的目标仍然不比从前少"。①

戴利沿用并发展了密尔的思想，提出了稳态经济思想，试图化解增长经济模式的危机，但是他赋予这种经济形态一个新名字——稳态经济。稳态经济的主张最早产生于20世纪80年代的生态社会主义思想家。受到增长极限论的影响，这一时期的稳态经济模式的核心是"经济缩减"。进入90年代，生态社会主义的稳态经济模式更加现实与完善，逐步抛弃了一些不切实际的幻想，提出了更为可行的经济思想。

戴利给稳态经济下的定义是：通过最低可能的流量比率，即人口与财富维持稳态状态，使其固定存量足以维持在满足美好生活和长期持续的选定水平上。人口与财富是恒定的，但不是静止的，因为人会死亡，而人口产品也会折旧，因而必须以生育来抗衡死亡，以生产来补偿折旧。很明显，地球是一个稳态的开放系统，这种生态系统是有限的、不增长的、封闭的，经济是地球生态系统的次体系。②

具体来说，稳态经济需要满足三点要求：第一，持衡的人口数量；第二，持衡的人造资本数量，这需要生产率等于折旧率；第三，人口数量和物质资本的持衡水平足以保证人民的较好的生活可持续；稳态经济需要物质系统与人口系统的二者平衡，只有两个系统都保持较低的流量时，实现稳态才具备可能。此外，实现稳态经济还需要一些制度框架，包括稳定人口的制度、稳定物

---

① Herman E. Daly, "Steady-State Economics versus Growthmania: A Critique of the Orthodox of Growth, Wants, Scarcity, and Efficiency", *Policy Sciences*, Vol. 5, No. 2 (Jun. 1974), p. 161.

② 参见姜百臣："稳态经济述评"，《经济学情报》1995年第1期，第68页；Herman E. Daly, "The Economics of the Steady State", *The American Economic Review*, Vol. 64, No. 2 (May, 1974), p. 17; Herman E. Daly, "Steady-State Economics: A New Paradigm", *New Literary History*, Vol. 24, No. 4 (Autumn, 1993), p. 811.

理财富并且保持生产量在生态限制范围的制度、限制不平等程度的制度等。①

稳态经济观隐含的经济意义和社会意义都是颠覆性的。从稳态经济出发，生产和消费的物质流必须最小化而不是最大化，经济的核心概念是财富，而不是收入和消费。稳态经济开辟了第三条道路，稳态经济既立足于私有财产制，使用市场手段来配置资源，这倾向于资本主义；但是它又提倡对收入进行限制，消除资产阶级与无产阶级的对立，这又倾向于社会主义。作为第三条道路的稳态经济，融合了资本主义与社会主义各自的特色。②

当然，稳态经济也存在一些缺陷。首先是实现稳态经济要对人口数量进行限制，这在实际操作中有很大困难。其次，对人工产品数量的限制也很难实现。最后，关于收入分配不公平的限制，南北国家经济差距悬殊，这已成为一个世界性的难题。总体来说，稳态经济应成为我们努力的方向，但客观来说，当前仍然难以实现。

总之，在世界秩序学派看来，经济福利是人类的基本追求之一，但当下过于看重经济增长的路径存在一定问题，需要进行彻底的结构变革和模式转型，满足基本人类需求，发展稳态经济。虽然这在目前可能无法完全实现，但却是我们应有的正确方向。

第三节　社会正义

20世纪70年代以来，社会正义问题成为西方社会科学的一

---

① Brian Czech and Herman E. Daly, "The Steady State Economy: What It Is, Entails, and Connotes", *Wildlife Society Bulletin* (1973 – 2006), Vol. 32, No. 2 (Summer, 2004), pp. 7 – 8.

② 杨虎涛："两种不同的生态观——马克思生态经济思想与演化经济学稳态经济理论比较"，《武汉大学学报（哲学社会科学版）》2006年第6期，第737页。

个热门话题。在罗尔斯看来，正义才是社会的第一要义。西方正义理论发展源远流长，经历了从古代到近代再到现代的发展，其间每个时期由于历史条件的差异，其理论主题也各不相同。大致地说，西方正义论主题所发生的历史嬗变是：以伦理学、价值观为主题的古代正义论，以自由、平等、权利为主题的近代正义论和以社会政策体制为主题的现代正义论。[1]

正义是一个非常复杂的观念概念，它起码有四种涵义，即个人正义、共同体的正义、社会正义和全球正义。在这四种正义观念中，对我们最重要的是社会正义。社会正义是以制度的方式来确认公民的权利和义务，分配由国家支配的资源、机会和利益。因此我们可以把社会正义分为两个部分：一个是政治正义，它们被用来确定公民的权利和义务；一个是分配正义，它们被用来分配资源、机会和利益。政治正义由法治、权利和民主等因素组成，它们构成了国家的政治和法律制度；分配正义的原则是平等、需要和应得，而它们支配了国家的经济和社会制度。[2]

在罗尔斯之前，西方政治哲学正义理论的主导是功利主义，其核心是：一个社会的法律制度如果能够满足社会成员的最大幸福，它的组织就是正确的和正义的。功利主义的最大缺陷是它无法解决资源的公平分配问题，常常是社会福利总和增加了，成果和成本的分配却是不公平的。针对此缺陷，罗尔斯要发展一种道德哲学，它不仅符合人们的道德直觉而且在制度上具有可操作性。[3]

罗尔斯对正义论的发展被称作公平的正义理论或社会正义

---

[1] 江立成、赵敦化："当代美国的社会正义理论刍议"，《天津社会科学》1995年第6期，第30页；戴桂斌："西方正义论主题的历史嬗变"，《辽宁大学学报（哲学社会科学版）》2004年第6期，第91页。

[2] 姚大志："社会正义论纲"，《学术月刊》2013年第11期，第59页。

[3] 钟海燕："'正义论'对我国社会福利制度的启示"，《西南民族大学学报（人文社科版）》，2005年第1期，第54页；黄玉顺："荀子的社会正义理论"，《社会科学研究》2012年第3期。

论，他对古典自由主义做了三点主要的修正。首先，它拒绝功利主义，用一种修正了的洛克正义传统取代其在自由主义政治哲学中的主导地位；其次，它批评洛克正义传统默认自然的偶然性对人的生活起点的任性影响的缺陷，并努力使平等的自由获得实质的保障；第三，它以康德式的解释改造洛克式自由主义传统，使后者成为一种理性设计的程序性正义。[1]

罗尔斯非常重视公民平等的自由权，在他看来，每一个人都拥有一种基于正义的、即使以社会整体名义也不能践踏的不可侵犯性。因此，正义否认为了一些人分享更大利益而剥夺另一些人的自由是正当的，不承认为了大多数人享有更大利益而迫使少数人作出牺牲。罗尔斯认为，正义的社会结构可以为每个人提供最大限度的公平并最大限度地激发并合理分配社会资源，应按两条正义原则运行：一是平等自由的原则，每个人对所有人所拥有的最广泛的基本自由体系相容的类似自由体系都应有一种平等的权利。二是机会的公正平等原则和差别原则的结合。公正平等原则认为人首先处于原始状态，是有理性的，在社会生活中倾向于选择公平、正义原则进行交往；差异原则提出现实的社会生活中人与人之间有差异，不可能完全平等，正义的社会政治安排是构筑一个最有利于弱势群体的制度。[2]

罗尔斯的公平正义理论在西方正义理论中无疑是最有影响的，但是还存在一些与之不同的有影响的理论。与罗尔斯强调平等的优先性不同，诺齐克（Robert Nozick）的持有正义理论强调自由的优先性，他们代表了当代西方政治哲学关于正义理论的两大主要倾向。罗尔斯代表社会正义论，集中于社会分配制度的正

---

[1] 廖申白："《正义论》对古典自由主义的修正"，《中国社会科学》2003年第5期，第126页。
[2] 江立成、赵敦化："当代美国的社会正义理论刍议"，第30页；钟海燕："'正义论'对我国社会福利制度的启示"，第54页。

义问题，强调社会合作和较强的社会福利政策，偏重于经济平等，要求照顾境况较差者。而诺齐克是程序正义论的发言人，他继承了古典放任自由主义的传统，立足于个人权利，包括对持有物在历史上形成的拥有权，强调在社会经济领域彻底贯彻自由原则，反对推行人为的分配平等。[1]

罗尔斯更关注社会结构和权益分配的宏观机制的正义合理性，诺齐克则偏向于个人权利资格的获取与维护正义的合理性；罗尔斯更关注社会宏观结构的协调与稳定，诺齐克则更偏向于社会个体的活力与创造。罗尔斯的公平正义论为西方社会民主制度的正义性和福利经济的合理性提供了理论支持和辩护；而诺齐克的权利资格论则是为西方社会的自由竞争和自由主义经济政策提供理论支持和辩护。当然，这两种正义理论仍然分享了一些重要的基本前提，比如都强调公民的一些基本的自由平等权利，因为这些权利已成为当代西方社会根深蒂固的基本信念和共识。[2]

世界秩序学派对社会正义问题的探讨主要体现在对人权的关注上。福尔克认为，必须超出国家视野，寻找人权问题的结构性根源。他认为人权问题是世界秩序结构变革的一方面，其解决办法在于一方面通过地区和全球机构（中央规范指导）、另一方面通过公民运动（全球平民主义），挑战主权国家在世界事务中的主导地位。[3]毫无疑问，世界秩序学派在社会正义问题上的观点与罗尔斯的社会正义论具有很大的一致性，更为关注社会宏观结构的调整和公正平等问题，认为弱势者的权利应该受到更多关注甚至照顾。不过，应该说，世界秩序学派的社会正义观更为激进一

---

[1] 贾中海、温丽娟："当代西方公平正义理论及其元哲学问题",《学习与探索》2008年第3期，第41页。

[2] 戴桂斌："西方正义论主题的历史嬗变"，第95页；贾中海、温丽娟："当代西方公平正义理论及其元哲学问题"，第41页。

[3] See Richard A. Falk, *Human Rights and State Sovereignty*, New York: Holmes & Meier, 1981, pp. 1–7.

些，关注视角也更为宏观。该学派对社会正义的研究更多集中在全球正义上。

在世界秩序学派看来，追求人权与实现全球正义是相互交错、互相加强的目标，二者又被共同置于人道治理的框架下来实现。福尔克认为，在全球化背景下推进人权需要强化规范视野，这不仅意味着要保护个人不受各种形式的政府压制，还要将文化多元主义、集体权利、对共同体的责任、本地人的声音包括进来，并给予非西方文化以特别的重视。①

如何在全球化背景下追求正义？福尔克指出，对全球正义的追求一方面面临意识形态和结构上的障碍，最突出的就是持续存在的分散化的主权国家体系，以及对效率和竞争作为经济表现评估标准的广泛接受；另一方面，随着全球化的深入，也有一些积极的发展，其中最有希望的来自将世界视为一体的可信性和一个全球公民社会的出现。在当前世界秩序条件下，全球正义的实现可以被最好地理解为努力解决好一系列困境：民主化背景下和平与正义的关系；经济发展与社会平等的关系；当前几代人的权利与未来几代人权利的关系；传统、共识和政治秩序与边缘化群体权利的关系；传统地缘政治与对侵略的法律禁止的关系。②

推进世界秩序向人道治理方向的转型可以大大提升全球正义的实现。这一转型能否实现目前还不清楚，但福尔克认为存在以下一些可以观察到的积极趋势：（1）国际社会已逐渐认识到，战争已不再是大国以及技术发达国家间冲突解决的可取方式；（2）致力于人权、环保、人道外交、经济福利和文明对话的全球公民社会的兴起；（3）对民主作为人道治理道德基础的广泛接受；（4）领导人承担刑事责任向制度化方向发展；（5）区域一体

---

① Richard A. Falk, *Human Rights Horizons: the Pursuit of Justice in a Globalizing World*, New York: Routledge, 2000, pp. 1–2, 10.

② Ibid., pp. 13, 24–34.

化趋势的深入发展。①

福尔克指出，如果说 20 世纪的成就是提供了大部分所需要的规范结构，那么 21 世纪的任务则在于必须通过地方、国家、区域和全球行动去有效、合法地落实这些规范结构。其中最关键的是重构主权概念，实现从绝对主权到负责任主权的转变，从领土主权到规范主权的转变。②

在对四项世界秩序价值的阐述中，世界秩序学派对社会正义的论述不是最多的，甚至是把它当成一项常识性的基本要义而没有展开过多论述。但这并不意味着学派不重视社会正义问题。相反，在世界秩序学派看来，社会正义是其所认为的世界秩序行为主体——人类总体或个体，特别是弱势群体的基本需求之一，是非常值得大力实现的。世界秩序学派特别关注人权和全球正义的实现问题。在这方面，该学派的观点与最具影响的罗尔斯的社会主义论具有很大的一致性，并且将关注角度转向更广阔的全球视野，具有一定的批判性和前瞻性，但在当前情况下较难成为现实。

第四节　生态平衡

地球的承载能力是有限的，我们可能很快就接近这一极限，这已经是一个公认的事实。生态问题表现在众多方面，如人口压力、资源匮乏、环境超负荷等等。20 世纪 70 年代罗马俱乐部发表的《增长的极限》标志着生态问题开始成为广受关注的全球性问题。这是地球历史上第一场全球规模的危机。不仅生存面临危

---

① Richard A. Falk, *Human Rights Horizons: the Pursuit of Justice in a Globalizing World*, New York: Routledge, 2000, pp. 34 – 35.
② Ibid., pp. 10, 67 – 85.

机，崩溃的结果可能是不可逆转的。罗马俱乐部认为增长只有以生态的方式才能达到，人类必须调整现行社会结构及价值观念，主张全面改革现行生产方式。①

在此基础上，生态政治学家提出了系统的绿色政治理论，包括生态学、社会责任感、基层民主、非暴力和女权主义是绿色政治理论的"五个基本原则"或"五根支柱"。生态学强调世界统一于一个整体，但这并不意味着要对各组成部分划分主次，重要的是要弄清各组成部分是相互作用的。生态和社会共属于一个不可分割的领域，所谓的社会责任感就是要求维护人与自然、人与人之间的平等、和谐关系，以此来实现社会正义。基层民主主要包含以下几个方面：实行直接民主，让公民直接参与决策和公共事务管理；提倡政治权力分散化、基层化，反对权力高度集中；建立新型的政党结构，党内权力分散化；政治轮换原则。非暴力概念含有三层意思：一是通过和平的政治行动来完成和实现绿色革命；二是反对国家暴力；三是反对战争，维护世界和平。女权是绿色政治的重要内容，它强调女性解放，反对对妇女进行压迫、剥削和施暴等。②

更为激进的深生态学则反映了人类认识和把握人与自然关系的哲学范式的转换，形成了后现代生态世界观的重要前提。深生态学认为人与自然的价值是平等的，自然界中的每一个生命体或具有潜在生命的物体，都具有某种内在的价值。这种生态观主要揭示了人类得以生存的大自然是一个整体，人类生命的维持和发展依赖于整个生态系统的动态平衡，从而超越了传统人与自然对立的二元论，初步形成了以强调生态系统的整体主义来看待环境

---

① 蔡先凤："当代西方生态政治理论述评"，《武汉大学学报（社会科学版）》2003年第2期，第173页。

② 同上。

问题以及人与自然环境应和谐相处的基本观点。①

深生态学与后现代主义具有相当的一致性。后现代主义要解构的正是深层生态学致力于批判的；后现代主义要建构的恰恰也是深层生态学竭力倡导的，两者不谋而合。生态后现代主义倡导有机自然观、恢复女性的文化象征，标举后现代的生态世界观，提倡后现代的生活方式，从而消除现代性的危机，重建人与自然、人与自身、人与地方的关系。其目的是想探寻恢复生态、救赎人类的理想之路。生态后现代主义是一种本体论和崭新的生态世界观，是建设性后现代理论的重要组成部分。作为建设性的后现代的一支理论劲旅，生态后现代主义将现代性的思想基础即机械自然观、单一性的男性精神、经济主义意义观等视为现代性危机和生态危机的深层根源。②

世界秩序学派与建设性后现代主义包括生态后现代主义存在高度的一致性和亲缘性。该学派认为，生态问题是复杂、多面的，它是很多因素共同作用的结果，如人口扩张、工业化、城市化、过度消费以及不当经济实践。它们可以分为两大类：地球资源的耗尽，以及污染的累积。世界秩序学派认为，生态问题深深地植根于主导的现代工业世界观以及构成其基础的主导道德观，或者说就是人类中心主义和科学至上。这种世界观对自然有着一种高度破坏性的态度。科学带来了更多的生态问题而非答案。国家体系的性质则进一步加剧了生态问题。每一个国家都想将自己的短期经济收益最大化，却是以损害人类共同利益和降低全球共同体的生产能力为代价。国际体系的竞争性质也阻止了能够有效控制共同环境问题的国际机制的发展。可以说，生态危机是由国

---

① 薛勇民："深生态学与哲学范式的转换"，《山西大学学报（哲学社会科学版）》2004年第5期，第33页。

② 参见同上；于文秀："生态后现代主义：一种崭新的生态世界观"，《学术月刊》2007年第6期，第16页。

内和国际社会剥削式和不公正的社会结构造成的,战争体系是地球上最大的环境掠夺者和污染者。①

在世界秩序学派看来,生态思想和世界秩序思想在跨国和跨学科框架上是一致的,致力于价值、整体主义、未来主义、人道主义和社会变革。生态稳定和人类福利是互相关联的,生态问题日渐与其他世界秩序价值问题交叉。比如说,资源的日益稀缺造成世界经济的滞胀,增加社会满足基本需求的压力,可能增加国际冲突的发生。生态危机可能成为社会变革的强有力动力,适应性、非暴力变革的前景取决于现有社会价值、规范和制度能够及时转变为一种与基本生态法则相协调的发展模式的程度。追求一种良好环境是追求一个更公正、人道世界秩序的一部分。②

很明显,国际社会的当前结构完全无法应对这种困境。为解决生态危机,世界秩序学派建议发展生态政治,其本质是对自然之人的政治体现,作为一种适合世界秩序概念的基础。在学派看来,我们需要一种基于一种及时更新的、更基础的人与自然的概念,以及地球是整体、有限的观念之上的全新的世界观。而最为根本的是,人类需要理解他们对自然的极其依赖,必须努力建立和维持人与自然、人与人的和谐。③

具体来说,世界秩序学派认为采取这样一些步骤是必要的:首先,主权国家无法解决生态危机,必须对其进行变革;其次,需要一种能提供积极的未来视野并能解决这一危机的世界秩序模

---

① Falk, Kim and Mendlovitz eds. , *Toward a Just World Order*, pp. 435 – 436; Kim, *The Quest for a Just World Order*, pp. 250, 295; Falk, Kim and Mendlovitz eds. , *The United Nations and a Just World Order*, p. 421.

② Falk, *This Endangered Planet: Prospects and Proposals for Human Survival*, p. 9; Falk, Kim and Mendlovitz eds. , *Toward a Just World Order*, pp. 436 – 437; Kim, *The Quest for a Just World Order*, pp. 250, 292 – 297.

③ Falk, *This Endangered Planet: Prospects and Proposals for Human Survival*, pp. 21, 3.

式;第三,需要一种转变人类态度和制度以使一种新的世界秩序体系在政治上变得可能的战略;第四,需要具体的计划来启动这一过程。①

在此基础上,世界秩序学派还提出了一系列生态政治目标:(1)实现人口零增长;(2)走向打破战争体系,包括实施大规模裁军计划;(3)走向一个每个人都能享有身体、大脑和精神最低需求权的世界经济体系,在该体系中吃、穿、住、教育、医疗和工作被认为是集体同时也是个人责任;(4)走向一个整体有机的动态平衡的体系,考虑到人对生物圈的影响;(5)实现基于人类生存、地球居住性和物种多样性的最低生态伦理准则;(6)走向一种顾及未来几代人生存机会并且保护自然奇观和物种多样性的保护政策;(7)实现一个有效的技术革新副作用全球监督体系。②

可以说,世界秩序学派是较早将生态问题当成是威胁到人类根本生存的全球性问题进行讨论的理论,其观点与生态学领域的众多颇具影响的理论具有相当大的近似性甚至一致性,具有相当的前沿性和启发意义。世界秩序学派将生态平衡与和平、经济福利、社会正义四项价值看作一个相互联系的有机整体,作为价值基础和分析框架,进行了极富启发的理论探讨,提出了众多全新的、具有前沿性的系统观点。另一方面,世界秩序学派又把四项价值作为其奋斗目标,进行了大量经验探讨并做出不懈的教育、宣传努力,激发了大量回应和广泛影响,为走向一个和平、富足、公正、生态平衡的世界做出了卓越贡献。

---

① Falk, *This Endangered Planet: Prospects and Proposals for Human Survival*, p. 18.
② Falk, Kim and Mendlovitz eds., *Toward a Just World Order*, p. 539.

第 四 章

世界秩序学派的理论体系

何谓"世界秩序"？世界秩序的行为主体包括哪些？是主权国家为主，还是更依赖某种非国家行为体？最为核心的，世界秩序学派的理论内涵又包括哪些方面呢？这将是本章要回答的主要问题。在世界秩序学派看来，世界秩序就是一种人类孜孜不倦追求的和平、富足、公正、生态平衡的理想状态。世界秩序行为主体包括领土行为体（主权国家）、国际组织、非政府组织和跨国社会运动（全球公民社会）。全球法治、体系变革、以人为本三个方面构成了世界秩序学派最为核心的理论内涵。

第一节 何谓"世界秩序"？

秩序是人类从古至今孜孜不倦追求的一种良性状态。古罗马帝国时期的天主教思想家奥古斯丁（Aurelius Augustinus）就曾对秩序概念做出了界定，把秩序定义为"不同的组成部分处于自己的最佳位置上，共同构成一个很好的布局"。赫德利·布尔认为这个定义不够准确，但由于奥古斯丁"把秩序视为某种特定形式的格局，而非任何形式的格局，并且强调其所包含的目标或价值，因此它是我们界定秩序概念的第一步"。在此基础上，布尔提出秩序是由以下几个因素所维系的：在追求那些基本或主要目标的过程中所形成的共同利益观念；规定行为模式的规则；使这些规则发挥效力的制度。①

虽然秩序概念较早就得到了界定，但严格的世界秩序概念直到二战之后才被系统阐释。阿隆（Raymond Aron）和布尔首先为国际关系学界提出了他们的世界秩序观。1965年，世界各国学者聚会意大利，专门讨论世界秩序问题。会议由法国著名的国际关系学者阿隆主持，他总结学术界已有的研究成果，提出了五种候选的"世界秩序"定义供大家讨论和选择。前两种是纯描述性的：世界秩序是任何现实的有规则的安排；世界秩序是各个组成部分的有序关系。还有两种是分析性的——部分描述性，部分是规范性的：世界秩序是人类生存的最低条件；世界秩序是人类社会共存的最低条件。还有一种是纯规范性的：世界秩序是人类舒适生活的必要条件。经过多天的激烈研讨，大多数学者倾向于将世界秩序界定为："国际社会成员国相互和平共存的最低条件"。②

布尔则在《无政府秩序》一书中提出："我们所说的世界秩序，指的是支撑整个人类社会生活的基本或主要目标的人类活动的格局或布局。"布尔还对国际秩序与世界秩序两个概念进行了区分。他认为，世界秩序概念比国际秩序概念的含义更广，这是因为当我们考察世界秩序的时候，我们所要关注的对象不仅包括国家间秩序，而且还包括了国家内部的国内秩序以及涵盖了国家体系的世界政治体系的秩序。正因为如此，布尔把自己的研究重点放在世界秩序而不是国际秩序上，认为世界秩序比国际秩序更

---

① ［英］赫德利·布尔：《无政府社会：世界政治秩序研究》，张小明译，北京：世界知识出版社，第2—3，51页。

② Falk, Kim and Mendlovitz eds., *Toward a Just World Order*, pp. 150, 151；潘忠岐：《世界秩序：机构、机制与模式》，第24页。

重要、更基本，前者在道义上优先于后者。这是由于人类大社会的终极单位不是国家，也不是民族、部落、帝国、阶级或政党，而是个人，个人是永存的、不会消失的，而人类的这种或那种组合形式则并非如此。如果说国际秩序具有价值的话，那么这只可能是因为此种秩序有助于实现人类社会的秩序这个目标。[①]阿隆和布尔的上述观点在当时产生了极大的影响，在国际关系学领域享有"阿隆—布尔世界秩序观"的美称，成为西方学术和政府圈的主导路径。

霍夫曼在总结阿隆和布尔世界秩序观的基础上，做出了进一步的世界秩序概念界定。在霍夫曼看来，所谓的世界秩序主要由三个不可分割的定义要素组成：(1) 世界秩序是国家间建立和睦关系的一种理想化的模式；(2) 世界秩序是国家间友好共处的重要条件和规范行为的规章准则；(3) 世界秩序是合理解决争端与冲突，开展国际合作以求共同发展的有效手段和有序状态。因此，世界秩序"不过是使合乎伦理的对外政策行动成为可能的一系列过程、程序与全球体制"，是"用以延续整个人类社会生活的主要目的的人类活动的样式或安排"。[②]可以看出，与前述学者相比，霍夫曼更加强调世界秩序作为实施对外政策和实现和平的手段。

以上对世界秩序概念的界定可以说是最为常见和主流的，但它们有一个共同的特点，就是忽视世界秩序的规范维度，甚至对世界秩序的规范概念带有敌意。而这种规范性的世界秩序概念正是本书所要关注的对象。与阿隆—布尔世界秩序观不同，世界秩序学派无疑更倾向于阿隆提出的最后一种世界秩序界定。门德洛

---

① 参见赫德利·布尔：《无政府社会：世界政治秩序研究》，第15—17页。
② Stanley Hoffman, *Primacy or World Order: American Foreign Policy since the Cold War*, New York: McGraw-Hill, 1978, pp. 109, 188; Kim, *The Quest for a Just World Order*, p. 63.

维兹和魏斯（Thomas Weiss）最为明确地提出了世界秩序学派的世界秩序概念，将世界秩序界定为一个关注某种特定人类行为方式的国际关系和世界事务学科，通过这种方式"人类能够极大降低国际暴力的可能性，并且能创造最低可接受程度的、覆盖全世界范围的实现经济福利、社会正义、生态稳定和参与决策过程的条件"。①

可以看出，世界秩序学派明确地将世界秩序界定为一个研究领域，一个国际关系和世界事务领域的子学科。特别值得注意的是，在世界秩序学派看来，世界秩序是充满规范内涵的，是人类可以通过努力追求的理想状态。另外不得不加以说明的是，世界秩序学派学者似乎并不刻意去界定世界秩序概念，除了此处两位学者的界定外，该学派其他学者鲜有明确的、正式的世界秩序概念界定。这或许是与世界秩序学者的实用主义路径、更关注实质而非所谓科学研究方法的特点相关。但不得不说，作为世界秩序研究的中坚，这样一种缺失还是有些令人遗憾的。

在笔者看来，世界秩序学派实际上是有更为普遍接受的世界秩序概念界定的，只不过这种界定不是那么明确和规范。在世界秩序学派看来，世界秩序就是一种人类孜孜不倦追求的和平、富足、公正、生态平衡的理想状态。该学派并非忽略现实的世界秩序状态，只不过这种现状是无法令人满意的，是要破除的对象。而为了实现和平、富足、公正、生态平衡的理想世界秩序状态，不仅仅要依赖一些有效的规则、规范和制度，而需要发挥全球公民社会的巨大创造潜力。

---

① Falk, Kim and Mendlovitz eds., *Toward a Just World Order*, pp. 152, 154.

第二节 世界秩序行为体

在世界秩序学派看来,世界秩序探究"将不得不依赖一系列更为宽泛的潜在行为体",包括世界机构、跨国行为体、国际组织、功能行动、地区安排、民族国家、次国家运动、地区共同体以及个人。更简单的说,或者按照更为通俗的说法,世界秩序行为主体包括领土行为体(主权国家)、国际组织、非政府组织和跨国社会运动(全球公民社会)。对于世界秩序学派来说,国家和其他行为体的角色是开放的。[①]

一、主权国家

按照主流观点,主权国家无疑是最为重要的世界秩序行为体。但根据笔者的观察,作为一种世界秩序行为体,国家的角色在世界秩序学派眼里却有些模糊。在学派看来,在当代背景下,国家的角色有些矛盾。一方面,该学派对于国家和国家体系带来的战争、不公正、贫困、应对生态失衡的无力进行了尖锐的批判,甚至视国家体系为问题本身而非解决办法。但另一方面,该学派不主张完全放弃主权,整体上接受国家作为一种重要的世界秩序行为主体,并"试图为在国家体系内解读发展提供重要基础"。[②]

[①] Kim, *The Quest for a Just World Order*, p. 77.
[②] Falk, *On Humane Governance: Toward a New Global Politics*, p. 91; Richard A. Falk, Robert C. Johansen and Samuel S. Kim eds., *The Constitutional Foundations of World Peace*, Albany: State University of New York Press, 1993, p. 109; Richard A. Falk, *The Declining World Order: America's Imperial Geopolitics*, New York: Routledge, 2004, p. 14; Falk, Kim and Mendlovitz eds., *Toward a Just World Order*, pp. 142–143.

· 145 ·

尽管主权在国家实践中仍然有效，它的一些过时、退化特征变得更明显了。主权国家正面临重要的挑战，在安全问题上可能是唯一例外，甚至连这唯一都难以确保，如果考虑到非传统安全威胁的话。在世界秩序学派看来，首要的世界秩序危险是国家无力保护其公民，特别是那些最弱势的群体，免受全球市场力量的经济和社会负面影响。不仅如此，以国家为中心的世界秩序缺乏政治意愿应对全球变暖、核武器、赤贫等各种问题。因此，该学派质疑国家体系是否能应对战争、贫穷、社会正义和生态崩溃的挑战。他们甚至认为，在当下，国家体系使人类生存面临危机，无法实现世界秩序价值。①

然而无法否认的是，当下，以国家为中心的世界仍然控制着全球问题解决的动力。另一方面，主权在当代世界秩序思想中仍然极其重要，特别是由于与民族主义的工具性联系，主权仍然是地球上最有强劲的鼓舞性意识形态。国家对于可见未来积极的社会、经济和文化权利的争取仍然是不可或缺的，对于保护公民和政治权利不受国际社会力量侵犯也是必不可少的。更为重要的是，主权国家的弹性不应被低估，其灵活性和持久性或许超出我们的想象。②

确实，国家不一定要被视为障碍，其内部可能存在进步力量。在世界秩序学派看来，一些情况下，国家和市场力量也可以为人类尊严服务，特别是如果它们能够被重新赋予权力来实践负责任主权的话。另一方面，一些国家在某些时期某些舞台上能成

---

① Falk, *On Humane Governance: Toward a New Global Politics*, p. 91; Falk, *The Declining World Order: America's Imperial Geopolitics*, p. 88; Falk, *(Re) Imagining Humane Global Governance*, pp. 184 – 185; Falk, Kim and Mendlovitz eds., *Toward a Just World Order*, pp. 143 – 144

② Falk, *(Re) Imagining Humane Global Governance*, p. 186; Falk, *On Humane Governance: Toward a New Global Politics*, pp. 89, 109; Falk, *Predatory Globalization: A Critique*, p. 33.

为积极、进步的行为体。国家甚至可能"东山再起",成为一种强大的规范力量,为世界多数人提供最大的希望,削弱全球化的负面效应,成为积极的世界秩序角色。因此,该学派相信,国家和国家体系也是提升世界秩序价值的重要途径。①

世界秩序学派在后期对国家的角色变得更为积极,主张重新定位国家的角色,以使其在人民福利和市场成功之间实现新的平衡。该学派甚至指出,全球公民社会的一个近期目标是使国家重新国际化,使其重新定位自己的角色,在资本主义逻辑和公民优先性之间调解。事实上,在很多具体情况下,国家与社会运动的联盟正在出现,在环境、经济发展和人权很多相关问题上已很明显。而对于第三世界国家而言,甚至应该有一个强大、非集中化的福利国家,满足大多数没有特权、下层大众的需求和愿望。②

二、非国家行为体

不过,随着全球化和后现代性的发展,国家已不是唯一的认同。我们越来越依赖从国际组织到全球公民社会的非国家行为体,它们将在体系变革中发挥重要和积极作用。一般认为,非国家行为体包括政府间国际组织、非政府国际组织(全球公民社会)、跨国公司等。在世界秩序学派看来,政府间国际组织不是侵蚀主权的力量,相反,政府间国际组织是以国家体系为基础并加强了它。但正因为如此,政府间国际组织一般是领土行为体手里的工具。但是非政府国际组织(全球公民社会)不是这样,因

---

① Lahiry, *World Order Discourses: Search for Alternatives*, pp. 24 – 25; Falk, *Predatory Globalization: A Critique*, pp. 4, 33; Falk, *(Re) Imagining Humane Global Governance*, p. 27; Falk, Johansen and Kim eds., *The Constitutional Foundations of World Peace*, p. 17.

② Falk, *Predatory Globalization: A Critique*, p. 59; Falk, *The Declining World Order: America's Imperial Geopolitics*, pp. 95, 96; Lahiry, *World Order Discourses: Search for Alternatives*, p. 225.

为它们不是以国家为单位组织的，而是忠诚于世界层次和个人层次，而非国家。因此，在世界秩序学派看来，包括非政府国际组织（全球公民社会）在内的民主力量目前看来是世界秩序体系变革的最好工具。①当然，包括联合国、以欧盟为代表的地区组织在内的政府间国际组织也是世界秩序学派颇为依赖的力量。

（一）非政府国际组织（全球公民社会）

世界秩序学派所说的全球公民社会是指在国内和跨国层面，自愿、非营利性的个人和公民团体创造力的行动和思想领域，而其行动领域即我们通常所说的跨国社会运动。全球公民社会及其推动的跨国社会运动能作为世界秩序价值的载体，作为满意的全球治理形式的基础。具体来讲，这主要表现在三个方面：首先，跨国社会运动通常是由与更全面实现世界秩序价值一致的规范议程推动的，特别是反对作为国家体系特征的现代化的战争倾向、剥削、生态破坏方面；其次，这些运动起源于对庞大且牢固的官僚结构的僵硬性的回应，以及对维护现状的利益集团的反对；第三，这些运动倾向于将整个星球及其子民的利益视为处于危险中的全球公共产品，试图维护生态圈的美好和弹性。②

不过，目前全球公民社会的发展还不够成熟。虽然已经开展了一系列避免经济全球化负面影响的尝试，但这些尝试中最有效的一直是问题导向的，通常包括反对特定项目的地方运动。也就是说，目前全球公民社会推动的跨国社会运动还只是围绕具体地方的具体问题展开的。客观地说，全球公民社会仍然弱小和分裂，我们特别要避免容易出现的理想化全球公民社会的危险，这

---

① Lahiry, *World Order Discourses: Search for Alternatives*, pp. 24–25; Falk, Kim and Mendlovitz eds., *Toward a Just World Order*, pp. 104, 181; Falk, Kim and Mendlovitz eds., *The United Nations and a Just World Order*, p. 8.

② Falk, *Predatory Globalization: A Critique*, p. 138; Falk, Johansen and Kim eds., *The Constitutional Foundations of World Peace*, p. 19.

也是世界秩序学派清醒认识到和反复提醒的。①

全球公民社会的积极前景很大程度上有赖于两方面相关的发展：一是在将"规范民主"（normative democracy）作为连贯理论和实践基础上取得共识；二是在构建全球经济政策相关的治理机构的前景和方向上推动一场斗争。特别是前一方面，作为一种统一意识形态，规范民主能够动员和团结构成全球公民社会的分散的社会力量，克服其弱点，为推进一种更大的道德责任性提供必要的政治能量。②

（二）联合国

作为一种世界秩序行为体，联合国在不同阶段、不同领域发挥着积极或消极角色，使其作用看来有些模糊和矛盾。联合国首先是国家体系的工具和延伸，但它同时经常作为全球规则制定者、通讯网络、意识提升者、动员体系和合法性来源。联合国由此成为世界历史进程中相互矛盾和抵消趋势的中间力量——普世主义和多样性、全球主义和民族主义、一体化和分散化。这些力量不可避免地将联合国推向相反的方向。③

事实上，根据《联合国宪章》的规定，联合国是致力于和平、经济福利、社会正义等世界秩序价值的，而生态平衡则在最近也被纳入联合国的计划目标中。这说明联合国是致力于成为一个积极的世界秩序行为体的，问题在于如何对其进行改革和调整。一方面，一定程度的全球制度重构对于更全面实现联合国作为一个世界秩序行为体的潜力是关键的。另一方面，开展联合国和全球公民社会的合作也颇为必要，包括联合国能为非国家行为

---

① Falk, *Predatory Globalization: A Critique*, pp. 33, 143; Falk, *The Declining World Order: America's Imperial Geopolitics*, p. 83.

② Falk, *The Declining World Order: America's Imperial Geopolitics*, pp. 91, 96;

③ Falk, Kim and Mendlovitz eds., *The United Nations and a Just World Order*, pp. 9, 11.

体和运动提供政治空间的程度,以及联合国能否作为宽泛社会运动的一部分,确保一个更加和平、公正和生态合理的世界。[①]

(三) 地区组织

世界秩序学派在后期对全球层面的关注有所下降,更为重视地区组织作为世界秩序组成部分的作用。与联合国的角色有些类似,地区组织在一定程度上也发挥了平衡者的作用。一方面,地区组织可能在国家主义和全球主义之间提供一种世界秩序妥协。另一方面,地区组织还能平衡保护弱势群体和人类整体利益与各种形式全球主义的整合和技术动能。更为具体地来讲,地区组织可能的角色有四种:遏制负面全球主义、缓和病态无政府主义、推动积极全球主义、提升积极地区主义。[②]但地区组织作为一种世界秩序行为体还存在一些问题,尤其是还不够成熟。如欧盟无疑是地区组织中最为成功的范例,但它近年来也遇到了不小的问题,特别是它还没有得到足够充分的大众支持。

以上谈到的世界秩序行为体不仅可以单独发挥作用,或许更为值得期许的是它们之间的合作。世界秩序学派相信,当以上相关行为体采取联合行动时,更理想的世界是能实现的。世界秩序的未来有赖于保持和深化全球公民社会的影响,并且在可能时加强其与包括主权国家在内的其他政治行为体的合作。[③]

---

① Falk, Kim and Mendlovitz eds., *The United Nations and a Just World Order*, pp. 10, 11, 210;

② Falk, "From Geopolitics to Geogovernance: WOMP and Contemporary Political Discourse", p. 151; Falk, *Predatory Globalization: A Critique*, pp. 64, 80; Falk, *The Declining World Order: America's Imperial Geopolitics*, pp. 61–62.

③ Kim, *The Quest for a Just World Order*, p. 301; Falk, *Predatory Globalization: A Critique*, p. 183.

第三节　世界秩序学派的理论内涵

世界秩序学派的理论内涵主要体现在全球法治、体系变革、以人为本三个方面。其中，全球法治是世界秩序学派的理论之基，体系变革是世界秩序学派的着眼点和颇为重视的关键环节，而以人为本则是世界秩序学派的根本目的和落脚点所在。三个方面可以说都是颇具特色和独特性，将世界秩序学派与其他国际关系和世界秩序理论区别开来。

一、全球法治

国际法是全球治理的核心和基础，在国际法治基础上努力走向全球法治，是世界秩序学派颇为依赖和重视的手段、也是目标之一。事实上，良好的国际法治是营建全球法治的必要前提，而全球法治的发展亦有助于更好地实现国际法治的目标。国际法治和全球法治是国际社会同一法治进程不可分割的组成部分，全球法治是更为根本的终极目标。[①]

国际法治的直接目标就是构建一种"国际法律秩序"。国际法律秩序的成功运行，便形成一个"国际法律共同体"。20 世纪 70 年代以来，国际法治一词在国际社会中的使用频率越来越高，探讨国际法治问题日益成为全球化时代的重大课题。1992 年，联大甚至准备把国际法治作为一个议程。[②]

一般来说，国际法治的基本内涵包括以下方面：第一，国际

[①] 张胜军："当代国际社会的法治基础"，《中国社会科学》2007 年第 2 期，第 141 页。
[②] 那力、杨楠："'国际法治'：一个方兴未艾、需要探讨的主题"，载张文显、杜宴林主编：《法理学论丛（第六卷）》，北京：法律出版社，2012 年版，第 4 页。

社会生活的基本方面接受公正的国际法的治理；第二，国际法高于个别国家的意志；第三，各国在国际法面前一律平等；第四，各国的权利、自由和利益非经法定程序不得剥夺。国际法治认同威斯特法利亚体系的基本架构，重视国家利益、个人利益和全球共同利益的协调，强调国家和国际组织的重要性，但不排斥非政府组织和其他私有主体在一定的制度框架内为全球公共事务的治理作出相应贡献。①

良好的国际法律规范，是实现国际法治的基础。国际良法意味着对国际法律规范从内容到形式的一系列要求，其价值标准包括：正义、以人为本、可持续发展。国际法治的运作方式应当是"全球善治"，其运作标准具体表现在：民主而透明的国际立法进程、自觉而普遍的国际守法状态、严格而有效的国际法监督体制、权威而公正的国际司法机制。②

国际法治是以国家身份出面的，全球法治则是以人民的身份直接出面的。事实上，全球法治也愈益受到重视，一些学者甚至已经开始设计"世界法"的蓝图。全球法治是指在全球化深入发展的条件下，为实现共同利益和保障基本人权，力图以世界各国普遍接受的法律规范，在全球范围内更有效地实现其调节国际社会关系这一功能的过程。全球法治与国际法治的主要区别在于：第一，全球法治不以国家作为唯一重要的法律主体，而是倡导以个人为基本行为体的世界法。第二，国际法治强调维护国家的主权和平等，而全球法治则以全球共享的价值、观念和共同利益为

---

① 车丕照："国际法治初探"，载高鸿钧主编：《清华法治论衡（第1辑）》，北京：清华大学出版社，2000年版，第124页。
② 岳同珍：《当代国际法治研究》，第29—30页；何志鹏："国际法治：一个概念的界定"，《政法论坛》2009年第4期，第77—78页。

依归，以实现全球正义为导向。①

在现阶段，全球法治和国际法治的进展并不均衡。在少数领域，如在人权方面，全球法治已经表现出它的主要特征。全球法治无疑具有背离国际法治传统原则的建构内容，如普遍性的司法管辖制度、削弱国家主权和国际层面上法人资格和法律主体的多样化。但这并不意味二者必然走向对立。②

作为一个在国际法和国际关系领域颇有影响的理论流派，世界秩序学派是以国际法研究为根基的，该学派代表性学者中大多数人都有国际法专业背景。因此，国际法治就理所当然成为世界秩序理论的最为基本的内涵之一。而作为一个以全球为分析单元、具有后现代取向的理论学派，全球法治当然也是世界秩序学派更加看重的目标。在世界秩序学派看来，国际法治是现实的追求，全球法治才是更为理想的目标。

世界秩序学派早期总体的研究框架就是一种法律倾向和制度建设路径。在这一框架下，首要的注意力是通过创造一个由以强化的国际机构为核心构成的阻止战争体系来避免集体暴力。尽管学派也声称要以社会科学精神研究阻止战争问题，该学派研究的首要关注点却集中于国际法和国际组织。实际上，这种法律倾向和制度建设路径是设想某种类型的世界政府的形成。这种路径最全面、最有影响的范例是克拉克和索恩的《通过世界法实现世界和平》。事实上，世界秩序学派早期的所有研究和工作几乎都是以《通过世界法实现世界和平》为范例的，该学派甚至将其作为公开宣称的目标。③这无疑是世界秩序学派以全球法治内涵为基础

---

① 何志鹏："国际法治：现实与理想"，载高鸿钧主编：《清华法治论衡（第4辑）》，北京：清华大学出版社，2004年版，第341页；车丕照："国际法治初探"，第122页；张胜军："当代国际社会的法治基础"，第141页。
② 张胜军："当代国际社会的法治基础"，第141页。
③ Kim, *The Quest for a Just World Order*, pp. 83-84.

的一个明确标志。

在世界秩序学派学者中，福尔克在国际法治和全球法治方面的研究成果最为丰富，同时也是最具影响和代表性的。福尔克学术研究的前20年主要集中在国际法领域，其核心取向是关注国际法律秩序的建立。福尔克颇具开拓意义地探讨了国内法庭在国际法律秩序中的作用。他认为，"国际法的权威分散性质使国内层面的法律制度承担了特别的重负"，"国内法庭不仅要服务于各种国家利益，同样也是发展中的国际法律秩序的动力，这种双重角色帮助克服超国家层面上的制度不足"，"国内法庭应以国际社会的结构特征来运作，而非短视的国家利益考虑"。在福尔克看来，国内法庭不能仅仅被看作其所属国家的创造物，而且要考虑世界共同体的性质及其主要特点，要"代表这种超国家现实而运作"。因此，需要发展一种尊重机制，当国内法庭面临一个涉及不同国家间合法存在的多样性的案例时，国内法庭应该尊重他国；然而，当涉及各方有重要共识的案例时，国内法庭应采用国际法。[①]

国际法对于国际暴力管理的意义这一人们普遍关心的问题在福尔克的论著里也得到了更为深入的探讨，他提出要变革国际秩序，"以法治代替武力统治"。福尔克创造性地指出，传统上，国际法把国内战争当成是当事国国内司法范围内的问题。但他认为，考虑到国内战争的影响已超出国界而具有了全球性质，必须对国际法进行修改，扩展其适用范围，使其可以规范国内冲突，以便适应新的状况。关于干涉问题，福尔克主张对颠覆和干涉进行严格限制，使其可能性降到最低。福尔克还讨论了核武器问题，提出要"使核武器的使用减至最小程度"，并且提出了"不

---

① Richard A. Falk, *The Role of Domestic Courts in the International Legal Order*, Syracuse: Syracuse University Press, 1964, pp. 11–12, 65, 107.

首先使用核武器"的政策建议。①

福尔克把国际法当成一种值得倡导的"规范"工具，以实现一个更美好的社会。他强调各国政府以国际法规范自身行为的重要性，认为"政府基于实用和规范考虑要对自身加以约束"，并建议为核时代设立一个"大宪章"。福尔克承认，"我们不能消灭国家"，"但是可以通过内外约束缓和它最坏的特征"。在此基础上，福尔克甚至认为，基于领土主权国家的传统国际法正在改变，而一个新的全球法律体系的模糊边界正在出现。在这种变革的过程中，福尔克相信，国际法可能作为"治疗或稳定力量"或者说"作为基本框架和权威指导"。②

除福尔克外，门德洛维兹是世界秩序学派全球法治内涵的另一位杰出代表。他致力于开创一种走向公正世界秩序的更加现实和可行的法律路径。在世界秩序的各项价值中，门德洛维兹最为关注和平问题，他认为和平应在理论和实践上被给予优先地位，并且创立了一种和平研究的法律—制度路径。他相信，战争可以在适当的国际法帮助下得到阻止，对法律的适当使用可以控制暴力、解决冲突、纠正伤害并促进社会正义。③可以说，在世界秩序学派中，门德洛维兹是自始至终最为坚定和持续的世界秩序法律与制度路径提倡者。

---

① Richard A. Falk, *Legal Order in a Violent World*, Princeton: Princeton University Press, 1968.

② Richard A. Falk, *Revitalizing International Law*, Ames: Iowa State University Press, 1989, p. 95; Richard A. Falk, *Law in an Emerging Global Village: A Post-Westphalian Perspective*, Ardsle: Transnational Publishers, 1998, pp. xvii – xviii, 51.

③ Saul H. Mendlovitz, "The Study of War Prevention: Toward a Disciplined View", in Falk and Mendlovitz eds., *The Strategy of World Order* (*Vol. I*, *Toward a Theory of War Prevention*), pp. 387 – 388.

二、体系变革

延续与变革是国际体系演进的基本理路。延续性源于国际关系中存在着异常稳固、难以改变的一般性发展和规律；而力量中心的变化、战争危机的影响和科学技术的突破则使得国际体系的根本性变革成为可能。吉尔平认为，稳定是相对的，变革是绝对的。与其他体系一样，国际关系体系也处于绝对的变革与相对的稳定之中。[①]

可以说，体系转型乃大势所趋。纵观历史，发生过多次重大的体系转型，包括中国从先秦的列国并存竞争到秦始皇大一统的转型，欧洲从中世纪体系到近代国际体系的转型，以及现在人们讨论的威斯特法利亚体系向后现代体系的转型问题。随着体系环境的历史巨变，特别是经济全球化的深入发展，虽然体系变革尚未达到转型的临界点，但是已经广泛涉及观念结构、议事日程、体系结构和规范结构的变革，并表现出前所未有的生命力和特点。[②]

吉尔平对体系转型做过重要的论述。他在讨论国际政治变革的时候指出，国际体系有着三种变革的理想类型。首先是体系变更，指国际体系中行为者性质的变化。对于吉尔平来说，国际体系的变更是国际体系本身特征的变化，而"国际体系的特征是由该体系最重要的实体如帝国、民族国家或多国公司决定的"。其次是系统性变革，指国际体系中控制和统治形式的变化，主要是

[①] 金灿荣、刘世强："延续与变革中的国际体系探析"，《当代世界与社会主义》（双月刊）2010 年第 4 期，第 120 页；孔庆茵："国际体系变革与新秩序的特征"，《首都师范大学学报（社会科学版）》2007 年第 5 期，第 128 页。

[②] 秦亚青："国际体系的延续与变革"，《外交评论》2010 年第 1 期，第 2 页；俞正樑："论当前国际体系变革的基本特征"，《世界经济与政治论坛》2010 年第 6 期，第 1 页。

"统治某个特定国际体系的那些居支配地位的国家或帝国的兴衰",这里明显是指实力消长或曰格局的变化。再次是互动的变化,指国际体系行动者之间有规律的进程或互动形式发生变化,或者说是"具体体现在国际体系中权利和规则的变化"。在这三种体系转型类型中,只有第一种是体系本体转型,其他两种变化都是体系内部的变化。也即意味着行为者性质的变化才是真正意义上的体系变革。①

随着国际议事日程向全球议事日程的转变,如从国际间的安全问题到广泛的全球问题、从国家的生死存亡到兼顾国家和人类整体的生死存亡的、从人类社会的局部利益到全局利益的根本转变,出现了从国际社会向世界社会的转型。在权力逻辑上,不再只有单一的垄断性的国家权力,全球民间社会与全球市场作为国家的反权力,开始与国家一起分享权力。不仅如此,非国家行为体也在崛起,它们在议程设置、规则倡导和全球网络等方面所发挥的重要作用,也会加速体系变革。②

世界秩序学派是以世界秩序模式工程为平台的,这同时也造就了其独特之处——既是一个理论学派,同时也是一场推动世界秩序变革的学术和社会运动,虽然这种变革尚未实现。尽管在学派发展的不同时期路径选择上有所变化,但都是在力图推动国际体系变革,无论是通过全球法治还是全球公民社会推动的跨国社会运动。

在世界秩序学派看来,体系变革不意味着政治一体化或全球层面的集中化,更非世界政府,而是现存价值、规范和结构的根本变革,其方式和程度足以带来一种各种行为体的不同组合结构,在权力、安全、福利和治理方向上都有不同。该学派因此把

---

① 秦亚青:"国际体系的延续与变革",第2页。
② 俞正樑:"论当前国际体系变革的基本特征",第2、3页。

世界秩序变革界定为现有国际社会价值、规范和结构一系列长期和基本不可逆转的变化和趋势，带来其构成单元间新的关系模式。①

世界秩序学派后期明确转向依赖跨国社会运动以及争取和平与民主斗争，对布雷顿森林体系持批判态度，支持新的国际经济秩序，并且认为安全也需要在根本上得到变革。该学派相信一种全球激进变革正在进行中，而这需要新的思维方式和国策。比如说安全就被认为在现代主义范畴里无法实现。国际体系需要一种从现代主义到后现代主义的根本变革。②

学派后期的重要学者、后现代国际关系理论家沃克尔在这方面的论述具有代表性。沃克尔认为，坚守现代性的理论家们需要承认这样一个事实：主权国家在其国界范围内的自治能力正在下降。欧洲联盟正是这方面的一个最好例证，国家正在慢慢地丧失主权，很多传统国际关系理论家却没能认识到这一点。沃克尔想要实现的，是从"国际关系"到"世界政治"的转变。③

在沃克尔看来，国家和国家体系很明显已无法应对诸如暴力、贫穷和环境退化等一系列全球问题。事实上，它们加重、甚至是造就了这些问题。因此，沃克尔对国家主权进行了解构，揭示了其背后诸如"国内""国外"和"我们""他们"等两分法。但沃克尔同时指出，虽然主权正失去其作为一个有说服力答案的能力，不过，还没有它的代替者；在没有任何解决这些矛盾的

---

① Kim, *The Quest for a Just World Order*, pp. 12, 17.
② Lahiry, *World Order Discourses: Search for Alternatives*, p. 169; Falk, *On Humane Governance: Toward a New Global Politics*, pp. 145, 149; Mendlovitz, "The Program of the Institute for World Order", pp. 263 – 264.
③ R. B. J. Walker, *Inside/Outside: International Relations as Political Theory*, Cambridge: Cambridge University Press, 1993, pp. 159 – 179; Lene Hansen, "R. B. J. Walker and International Relations: Deconstructing a Discipline", in Iver B. Neumann and Ole Wæver eds., *The Future of International Relations: Masters in the Making*? New York: Routledge, 1997, p. 350.

"后现代"办法出现的情况下,主权的吸引力远未消失。沃克尔还特别强调,现存国家体系的替代物应避免普遍主义形式:一个全球国家不是真正的改变,只是一种重复。因此,沃克尔等人试图在主权将会永久存在和主权将会很快消失两种极端之间寻求一种"第三种选择"。[①]为此,世界秩序学派努力寻求新的思维方式——世界各地的"社会运动"是如何开始改变主导的社会制度结构的。

不过,冷战的结束和国际生活的日渐复杂带来了世界秩序学派脚本的另一个重要变调——回归对全球未来的制度和宪法方面。该学派开始重新考虑全球法治——学派此时提出了一个新的概念——全球宪政主义(global constitutionalism)的意义。全球宪政主义在这里被宽泛地界定为一套跨国规范、规则、程序和制度,用来指导致力于世界秩序价值实现的转型政治。这种全球宪政主义比19世纪提倡把一种战争/和平体系作为一个政治蓝图的倾向更宽泛,比把有效的法律实施(或奥斯丁式的)积极扩展到全球范围少些法律化。[②]

需要特别明确的是,全球宪政主义不一定包含任何进一步的世界权威的集中化,还可能事实上走向反面,肯定自下而上的全球公民社会的出现。使全球宪政主义当下在政治上更有意义的部分原因是全球公民社会雏形在人类历史上第一次出现。事实上,全球宪政主义自身就是全球公民社会的雏形。可以说,在冷战

[①] Walker, *Inside/Outside: International Relations as Political Theory*, p. 17; Martin Griffiths, Steven C. Roach and M. Scott Solomon, *Fifty Key Thinkers in International Relations (Second Edition)*, New York: Routledge, 2009, p. 276; Walker, *One World, Many Worlds: Struggles for a Just World Peace*, p. 102; Walker and Mendlovitz eds., *Contending Sovereignties: Redefining Political Community*.

[②] Falk, "From Geopolitics to Geogovernance: WOMP and Contemporary Political Discourse", p. 151; Falk, Johansen and Kim eds., *The Constitutional Foundations of World Peace*, pp. 8, 10.

后，世界秩序学派悄然走向一个新的阶段，将此前不同阶段分别依赖的全球法治与全球公民社会相结合，推动全新形式的、更加制度化的体系变革运动，实现集中化与非集中化的结合。①

三、以人为本

"以人为本"的提法源自费尔巴哈的人本学唯物主义哲学。费尔巴哈继承了文艺复兴时期和18世纪法国唯物主义的人本主义、人道主义的思想衣钵，第一次鲜明地提出了"人本主义"的哲学口号。正是由于费尔巴哈称自己的哲学实际上是把人作为哲学研究的"唯一的、普遍的、最高的对象"，是一种"人本学"，于是人们称费尔巴哈的哲学是"人本主义"，并把他看作是人本主义的创始人。②

在费尔巴哈开创了人本主义思想先河之后，叔本华（Arthur Schopenhauer）、尼采、克尔凯郭尔（Soren Aabye Kierkegaard）、雅斯贝斯（Karl Jaspers）、海德格尔、萨特（Jean-Paul Sartre）、柏格森、弗洛伊德（Sigmund Freud）、弗洛姆（Erich Fromm）、马斯洛（Abraham H. Maslow）等西方现当代思想家都沿着这一思路各自发展了自己的学说，从而形成了一个相当庞大且有着广泛影响的现代西方人本主义思潮。③

以人为本的"人"包括社会全体成员和人民；"本"，就是要把人当作主体、本质和目的：人是本体论意义上的世界之本、人是价值论意义上之本、人是终极追求意义上之本。以人为本有三个层次的内涵：首先，它是一种对人在社会历史发展中的主体作

---

① Falk, Johansen and Kim eds., *The Constitutional Foundations of World Peace*, pp. 9, 73, 211.
② 吴倬："'以人为本'辨析"，《清华大学学报（哲学社会科学版）》2001年第1期，第60页。
③ 同上。

用与目的地位的肯定。其次，就当前中国来讲，它是一种立足于解放人、为了人并实现人的现代化的价值取向。最后，它是一种思维方式，它要求我们分析、思考和解决一切问题时，要确立起人（或人性化）的尺度，实行人性化服务。概括起来，就是以人为中心，一切为了人，一切依靠人。①

世界秩序学派的首要假设就是，追求一个更加公正和人道的世界秩序在价值上是本质的、智识上是可行的、政治上是必要的。该学派的一个核心特点和根本目标就在于，在当下这样一个新自由主义和新保守主义主导的时代，解放千百万边缘和下层民众，特别是南方国家民众。这是学派孜孜不倦的学术和社会努力的根本落脚点所在。该学派参与者、声名卓著的发展研究所（Institute of Development Studies）前所长普雷斯维克（Roy Preiswerk）发人深省的呼吁可能是学派在这方面最有代表性的声音，他批判传统国际关系研究忽略了人的需求，痛切呼吁：难道我们就不能以人为本的来研究国际关系？②

世界秩序学派以价值为中心的路径试图克服社会科学研究的非人化，以人为本重构全球政治研究日程。该学派重要代表人物之一约翰森提出的"全球人本主义"（global humanism）是这方面最为典型的体现。四项世界秩序价值、三项原则构成了全球人本主义的价值框架。四项世界秩序价值即我们熟悉的和平、经济福利、社会正义和生态平衡。三项原则具体为：首先，人类是决策中重要的考虑因素；其次，满足人的需求应该是重大经济和政

---

① 张奎良："'以人为本'的哲学意义"，《哲学研究》2004年第5期，第11—16页；韩庆祥："'以人为本'的科学内涵及其理性实践"，《河北学刊》2004年第3期，第67页。
② Kim, *The Quest for a Just World Order*, p. 74; Lahiry, *World Order Discourses: Search for Alternatives*, pp. 236 – 237; Roy Preiswerk, "Could We Study International Relations as if People Mattered?", in Falk, Kim and Mendlovitz eds., *Toward a Just World Order*, pp. 175 – 197.

治决策的指导原则，而非国家权力或公司利益最大化；第三，整个星球、其周围的环境以及公海应是首要关注。[1]

在约翰森看来，共同生活在地球上的我们实际上构成了一个人类世界共同体。这种人类世界共同体是指一种普世人类身份或无所不包的人类共同体感，它是与社会规范和制度相结合的，目的是通过平等分享决策权、机遇和资源，实现一种所有人都有尊严的生活。为此，约翰森强调通过一种公民运动来动员和赋权于贫穷和政治上弱势的群体，并引进理想价值激发的结构变革，目的在于帮助下层民众，真正实现全球人本主义。[2]

福尔克提出的自下而上的全球化和人道全球治理是世界秩序学派以人为本内涵的另一种典型表现。福尔克在批判新自由主义的自上而下的全球化的基础上，倡导另一种全球化——以人为导向的自下而上的全球化，发展一种以人为本的政治，认为这才是技术进步和资本发展的根本意义所在。人道全球治理则意在地球上所有人的全面权利的实现，强调以人为中心的成功标准，具体来说，就是以贫困、暴力和污染的减少以及对人权和宪政实践的提升为衡量标准，特别是在与社会弱势群体相关的方面。[3]

全球法治、体系变革和以人为本三个方面共同构成了世界秩序学派极具特色的理论内涵。除此之外，该学派的理论特征还包括：在方法论上坚守传统方法，在价值观上具有鲜明世界主义规范倾向，在分析单元上最早明确从全球视角解读问题的整体主义等。

世界秩序学派可能让人觉得并不重视研究方法，而是从实用主义角度、甚至是常识角度去讨论问题的实质，比如其明确追求

---

[1] Falk, Kim and Mendlovitz eds., *Toward a Just World Order*, pp. 75, 203.
[2] Ibid., pp. 203–204.
[3] Falk, *Predatory Globalization: A Critique*, pp. 62–63; Falk, *On Humane Governance: Toward a New Global Politics*, p. 14.

的四项价值就是鲜明体现，这无疑是一种非常典型的传统研究方法。这当然并不奇怪，毕竟学派学者大多是国际法学家和政治理论学者。也正因为如此，世界秩序学派是一种具有强烈规范倾向的理论，甚至被认为是规范国际关系的中流砥柱。该学派将全球作为分析单元，重视以人为本，依赖全球公民社会，这无不表明了其强烈的世界主义价值取向。而其全球视角则是非常具有开拓性和示范性，为冷战后颇为流行的全球治理等相关研究起到了很好的奠基和引领作用。不仅如此，世界秩序学派还是一种中间理论，连接理论和实践、经验和规范、学者和社会活动家、现在和未来。[1]世界秩序学派的这些理论特征将它与其他我们熟悉的主流国际关系理论区别开来，构成一支颇有启发、极具意义的国际关系理论流派。

---

[1] Kim, *The Quest for a Just World Order*, p. 8.

第 五 章

世界秩序学派的转型战略

世界秩序研究最难以捉摸的任务之一曾经是、现在仍然是形成一种可信的转型政治实践,这将帮助我们在现在和想要的未来之间建立有意义的、可靠的桥梁。转型政治是多方面、多边和多步骤地在现在和更理想未来之间建立有意义、可靠桥梁的过程:一方面是对抗和打破过时的结构,另一方面是在地方、国家和全球层次上建构新的合作形式、新的经济安排、新的政治制度和令人愉快的文化单元。①

世界秩序模式化的理论和实践意义可以通过它将世界秩序价值结构转化为一系列更理想的愿景和可行的转型战略的程度来评估。进一步讲,就是预测、设计新的想要、并且可行的世界未来,并且准备总体的转型原则和过程的能力。当然,世界秩序学派并不期待万能钥匙,而是主张在不同地区、不同情况和机会下采取一系列不同的战略,兼顾全球性和地方性。②

具体来讲,世界秩序学派转型战略的主要目标有:首先,该学派意在探究众多介于无政府和世界政府之间的世界秩序选择,

---

① Kim, *The Quest for a Just World Order*, pp. 82, 302; Falk, Kim and Mendlovitz eds., *Toward a Just World Order*, p. 561.

② Kim, *The Quest for a Just World Order*, pp. 82, 302.

以及世界政府和无政府的多种变体。其次，该学派的体系设计是作为一种暂时性的计划提出的，并会随着世界秩序建设过程的展开经常修订。因此提出非常详细的制度建议是误导性的和无聊的，将会使得不成熟的具体化的谬误展露无遗。第三，该学派的更理想世界体系设计并不仅限于主要行为体间的外部联系，也包括国家政府与次级结构以及人民的内部联系，因此一个改进中的世界秩序与退化的国内秩序体系是不可调和的，至少在主要国家是如此。第四，该学派的设计意在传达一种组织模式感而非体现对相关行为体角色和能力的准确量度。第五，更理想的组织化解决办法将包括以国内和国家间权威的集中化和非集中化为目的的相似辩证运动。① 很明显，未来更理想世界秩序的设计是世界秩序转型的重要目标和必不可少的第一步。

第一节 世界秩序学派的转型设计

20世纪60年代，在以下诸多因素的促成下，"未来研究"突然大量涌现：对正在出现的全球危机意识的回应；2000年作为神秘基准点所激发的巨大的吸引力；罗马俱乐部在开创新的未来学科"全球模式化"上的先锋作用；以兰德公司为代表的美国军事研发在未来研究发展中发挥了"看不见的手"的作用。② 世界秩序模式工程"20世纪90年代更理想世界"研究主题的确立正是在这样的背景下出现的，而这正是世界秩序学派转型设计的最集中尝试。

另一方面，以福尔克为代表的当代世界正进入另一个"格劳

---

① Falk, Kim and Mendlovitz eds., *Toward a Just World Order*, p. 540.
② Kim, *The Quest for a Just World Order*, pp. 305 – 306.

秀斯时刻"（Grotian moment）、国际生活正在经历一种将导致"威斯特伐利亚以来世界秩序体系变革性重构"的宣示，也为学派的转型设计增加了助推力。福尔克认为，世界处于另一个"格劳秀斯时刻"的边缘，正进入一个国际社会各种组织将发生激进变革的时期，正像 17 世纪时社会从一个单一、中世纪、教会导向的体系转变为威斯特伐利亚国家体系。第二个"格劳秀斯时刻"涉及从无政府社会到一种新的更多"中央指导"和"非领土行为体"的世界秩序的转变。①

1975 年开始出版的世界秩序模式工程"20 世纪 90 年代更理想世界"丛书，包括由门德洛维兹主编的《创造一个公正的世界秩序：20 世纪 90 年代更理想世界》，和由工程各小组主任撰写的《未来世界研究》（福尔克）、《步入未来：诊断当下世界，设计一个新未来》（科塔里）、《一个世界文化联邦：非洲视角》（马兹锐）、《人类解放：拉丁美洲视野中的未来》（拉戈斯、戈多伊）以及《真实的世界：跨国视角》（加尔通）。丛书以"和平、经济福利、社会正义和生态平衡"四项世界秩序价值为基础，从作者各地区和文化视角出发，诊断当下世界问题，勾勒 20 世纪 90 年代"更理想的未来世界秩序"，提供能使目标得以实现的转型设计。

福尔克《未来世界研究》是丛书中最具影响的著作，是 700 年前从但丁开始的全球变革战略和一个悠久且至关重要的传统——通过适当形式的转型确保人类生存和进步的传统——最新

---

① 福尔克这一观点是在 1974 年提出的，此后他又多次进行提倡和完善。Richard A. Falk, "A New Paradigm for International Legal Studies", in Falk, Kratochwil and Mendlovitz eds., *International Law: A Contemporary Perspective*; Richard A. Falk, "The Grotian Moment: Unfulfilled Promise, Harmless Fantasy, Missed Opportunity?", *International Insights*, 13 (1997), pp. 3 – 34. For a comment on this, see Robert Jackson, "Jurisprudence for a Solidarist World: Richard A. Falk's Grotian Moment", in Jackson, *Classical and Modern Thought on International Relations: from Anarchy to Cosmopolis*.

的主要成果之一。①该书也是克拉克—索恩方案以来最全面的世界秩序方案。事实上,就广度、作用、方案和组织而论,它可能是世界秩序文献历史上最全面的建议。②福尔克在开篇即明确列出北美小组追求的四项价值:大规模集体暴力最小化、社会和经济福利最大化、实现基本人权和政治正义之条件、生态质量(污染和资源)的维持和修复。随后,他进一步指出当前世界体系存在的一系列问题:人口因素、战争体系、生态压力以及科技创新带来的问题。

福尔克指出,地球毁灭只能通过采取一种"中央指导结构"才能避免,这种中央指导结构并非世界政府,它依赖"最低限度的强制和官僚体制来约束世界体系中各个较小实体的行为"。③事实上,福尔克对克拉克和索恩将联合国改革为一个世界政府的方案持批评立场。福尔克设想的更理想世界政体由以下机构组成:世界大会(World Assembly)作为首要决策机构;秘书长、大会代表及各专门机构负责人组成的首脑理事会(Council of Principals)作为执行机构;中央协调委员会(Central Coordinating Board)作为监督机构,确保世界大会和首脑理事会的命令得到执行;世界实施委员会(World Implementing Board)联系首脑理事会和各具体实施机构。另外还有世界安全体系、世界经济体系、人类发展世界体系和生态平衡世界体系,分别由若干下属机构组成。④

与其他全球变革模式相比,福尔克方案最有力之处在于他详细探讨了转型动力问题。为了实现中央指导结构,福尔克为未来30年设计了一个三阶段的转型过程:第一阶段(20世纪70年

---

① Beres, "Purposeful Futurism", p. 619.
② Michalak, "Richard A. Falk's Future World: A Critique of WOMP: USA", p. 3.
③ Falk, *A Study of Future Worlds*, pp. 156, 51.
④ Ibid., Chap. Four: "Designing a Preferred World Polity".

代)聚焦于在草根阶层中提升政治意识；第二阶段(20世纪80年代)设计特定的国际制度以处理由于相互依赖所产生的问题；最后阶段(20世纪90年代)将是威斯特伐利亚体系的大转型。而相应的，最小化暴力目标将在第一阶段实现，最大化人类福利和最大化人类尊严将是第二阶段的目标，人类环境的最优化将是第三阶段的任务。①

福尔克的转型设计与其先驱们具有极大的不同：第一，《未来世界研究》将警示性关注的范围从战争扩展至全套的经济、社会和环境危害。第二，《未来世界研究》为全球变革研究提供了一种整体主义视角，它是一种真正的系统的、未来主义的和跨学科的方向。第三，《未来世界研究》既关注可行性(feasibility)，也关注理想性(desirability)，虽然它的想法无疑是空想的，但它对转型问题和实施方式的敏感性无疑是值得称赞的。第四，《未来世界研究》将方法论意识置于其考虑核心，显示了对世界秩序研究中本质与方法密切关系的恰当认知。最后，作为世界秩序模式工程试验的首要产物，《未来世界研究》不仅代表了作为其本身的一项主要理论成果，而且是一项真正世界秩序"运动"的当代思想开端。②

对比福尔克过于激进的方案，布尔甚至认为科塔里的地区主义路径有更大的可取性。③科塔里的《步入未来：诊断当下世界，设计一个新未来》提供了一个"关于人类与其未来以及世界问题"的印度视角。这种视角是由尼赫鲁(Jawaharlal Nehru)(在社会设计方面)和甘地(在人类利用自然、技术方式方面)发展起来的。超越于他们的时代，尼赫鲁强调基于所有国家平等之上的世界秩序，反对势力均衡与基于意识形态分裂之上的阵营对

---

① Ibid., Chap. Five: "The Transition Process".
② Beres, "Purposeful Futurism", pp. 619–620.
③ Bull, *The Anarchical Society: A Study of Order in World Politics*.

峙；甘地则指出现代技术的危害，提出一种基于人类自我约束之上的利用自然的方式，要求停止正在到来的消费主义，以及压倒人类、损害其自由与尊严的国家与现代经济的巨型化。这些观点对当今世界面临的问题至关重要，也是科塔里的立论基础。[1]

《步入未来》提出基于地区主义重新组织世界政治，与此同时提倡第三世界的复兴，反对超级大国主导。科塔里的首要主题是自主的必要性——个人的自由以及国家、民族的自由。在富裕国家，自由的实现受阻于过度发展和消费主义；在贫穷国家则受阻于发展不足、有组织剥削和"结构暴力"；两者还共同面临"一种使人成为地球的负担、过度产出与机械化"的人类组织方式。[2]不过科塔里强调的重点是第三世界的自主问题，他反对世界政府与全球权力集中，即便一个更集中化的权威最终是需要的，也需要在实力重新分配发生有利于第三世界国家后才会发生。

为了提供一种使第三世界和其他弱势国家拥有更大自主性的世界秩序，科塔里设想了一个由20—25个地区联邦组成的体系：中国、美国、巴西各自自成一个地区，俄罗斯地区包括苏联与蒙古，欧洲被分为北欧、中东欧、欧共体以及包括若干中东国家在内的地中海地区，其他地区包括波斯湾、阿拉伯世界、西非、东非、中非、南非、南亚、东南亚、东北亚、印度支那、北美、中美、加勒比地区、安第斯南美、南太平洋地区等。[3]很明显，大国的势力受到限制，小国在联合之后缩小了与大国的实力差距。这些选择是基于地理接近性和资源、经济的互补性，尽管它们在面积和实力上并不完全对等，还是代表了一个由更平等单元组成的体系。这些地区联邦的数目也只是尝试性的，而且要考虑到其有

---

[1] Kothari, *Footsteps into the Future: Diagnosis of the Present World and a Design for an Alternative*, p. xxi.
[2] Ibid., p, xx.
[3] Ibid., pp. 159–161.

效性，不能过少也不能过多，过少的话可能不稳定，过多的话则可能效率低下。

尽管反对全球权力集中，科塔里还是认为需要国际机构以防止国家的缺点。为此，他提出对联合国进行改革，以促进正义和资源公平分配，防止大国和冒险国家侵犯自由与人权，确保自然维护和生态循环不受人类过度侵害。科塔里将经济与社会理事会改革为联合国首要执行机构，并设立一些专门机构为其提供信息、行政管理等各方服务。建立一个由来自各国的立法者组成的世界议会大会（World Parliamentary Assembly），作为讨论各地区以及全世界面临问题的论坛。保留联合国大会，继续作为代表各国政府的机构。各种专门机构，如国际劳工组织、国际法院、联合国教科文组织、世界卫生组织等，以及相关地区国际机构将被加强，以满足世界人民、特别是第三世界人民的技术、福利需要。另外，还将设立世界警察和具有较大权力的裁军委员会，以遏制国际国内暴力。关于当下联合国权力最大的机构——安理会，科塔里认为它是极端不平等的，但也是最难改革的，只有当有利于国家间权力重新分配的变化出现，改革才有可能。①

与当时流行的全球未来模式化的组织、法律路径不同，马兹锐寻求走向更理想世界秩序的不那么机械的方式——《一个世界文化联邦：非洲视角》从非洲、特别是东非视角出发，主张以文化为单位，向弱势文化平衡，通过文化融合建立一个文化联邦，缓和国内国际冲突。马兹锐在开篇即指出，发达世界是侵略性竞争宗教和同样具有侵略性的科学技术的源溯，这些传统界定了现代性，但同时也带来全球范围严重的不宽容和环境破坏。非洲独特的宗教宽容和环境图腾崇拜传统可以帮助纠正这些危险倾向，

---

① Kothari, *Footsteps into the Future: Diagnosis of the Present World and a Design for an Alternative*, pp. 138–141.

有利于文化融合和一个世界文化联邦的出现。世界上各种族、民族和文化族群的一体化是可能而且必要的。①

文化一体化过程包括四部分：共存（coexistence）、接触（contact）、和解（compromise）和联合（coalescence）。融合（convergence）过程正是处于和解与联合之间，"共同的品味、情感、意象和价值观在此阶段逐渐形成"。②尽管将经历一系列过渡性的种族竞争、社会经济不平等和躯体暴力（physical violence），文化融合过程仍然可以实现三项主要世界秩序价值：经济福利、社会公正与和平。不过文化融合的最终目标是建立一个文化联邦，它不是一个制度化的规则体系，而是"接受成员间的相互依赖、平等尊重并在联邦层面促进文化融合（正如政治联邦中的主权分享）"。③

马兹锐认为民族国家在当下应该继续存在，而且必须努力促进内部的文化统一。但是除了国家的代表之外，各地区代表，以及以主要语言（英语、法语、俄语、阿拉伯语和汉语）为代表的五大全球文化单位也将参与到全球事务的管理中。为此，马兹锐建议设立一个新的世界权威——世界文化联邦。他建议将联合国教科文组织改名为世界科学文化理事会（World Council on Science and Culture），作为新体制的首要机构，下属若干办事机构，其功能将得到极大扩展，以便推动全球层面的文化一致性。其他重要机构还包括世界交通与通讯理事会（World Council on Mobility and Communication）、政治安全理事会（Political and Security Council）和经济社会理事会（Economic and Social Council）。经济社会理事会通过其"普遍发展税务局"，从国家和地区收取税收，为全球普遍发展服务，同时作为对社会控制管理的工具。还将设立一个

---

① Mazrui, *A World Federation of Cultures: An African Perspective*, Chap. 1 and 2.
② Ibid., p. 54.
③ Ibid., p. 70.

军事巡查机构（Military Inspectorate），以限制国家武装，其下还将设立全球警察。①

拉戈斯、戈多伊《人类解放：拉丁美洲视野中的未来》提供了一种思考人类本性和未来的拉美视角。两位作者认为主权国家体系在当下还将继续存在，但是每个国家应该按照平等主义和民主社会主义进行组织，以组建一个"人道主义社会"。国际体系也将重构以实现人道主义价值，制止直接和结构性暴力。拉戈斯和戈多伊设想了一个以全面民主参与为特点的拉丁美洲"一致同意—稳定"政体（a consensual-stable Latin American polity），一个"世界人民联邦"（World Commonwealth of Peoples）。他们关于国际体系的重构方案与克拉克—索恩改革联合国的建立世界政府的方案较为类似，但是他们致力于更多价值的实现：力图解决战争、贫困、社会不公正和参与问题。这需要在文化、智识和心理方面对人类本性进行改革。②

拉戈斯和戈多伊著作最值得称道的地方是他们关于如何转型的论述。在他们看来，一个人道社会的实现取决于由激进知识分子、压力集团和政党领导的草根运动（grassroots movements）。然而，他们认为向人道社会的转型只能在20世纪90年代的超级大国：美国、苏联、日本、中国和欧共体之外的一些发达国家和一些第三世界国家取得成功。两位作者希望这些有限地区走向人道社会的成功带来一种"示范效应"，而只有当这种示范效应达到相当规模，并且建立起这些国家与那些处境糟糕社会内支持相似价值的政治和社会运动之间的坚实基础时，国际体系的结构性变

---

① Mazrui, *A World Federation of Cultures: An African Perspective*, Chap. 1 and 2, pp. 482–493.

② Lagos and Godoy, *Revolution of Being: A Latin American View of the Future*, Chap. 6, 7, 8.

革才能开始决定性地出现。①

值得一提的是,拉戈斯和戈多伊并不主张暴力。他们明确警告道,"作为一个普遍行为规则,暴力应该被避免"。只有在"真正的极端情况下"或者"当所有其他方式已经用尽之时",适当暴力才是必要的。②他们欣赏的方式是格瓦拉(Che Guevara)式的"文化革命"。

声名卓著的和平学者加尔通在《真实的世界:跨国视角》里提供了与前述地区视角非常不同的非领土跨国视角。他特别强调非领土行为体的作用,将其分为三类:政府间国际组织,如联合国,其成员是由政府代表的国家;国际非政府组织,如各国牙科医生协会联盟、跨国公司,其成员是来自各国的非政府组织;跨国非政府组织,如世界嬉皮士运动,其成员是来自各国的个人。加尔通警告称,我们不能天真地认为非领土行为体必然是有益的,因为它们经常是国家的工具;一些非领土行为体,特别是跨国公司,成为结构性暴力或者剥削的工具。不过,非领土行为体还是远比国家更少地参与战争,原因即是它们的非领土性。因此,加尔通的目的是提高非领土行为体(特别是跨国非政府组织,它们最不可能成为国家的工具)的作用,同时有效防止可能伴随非领土体系的潜在结构性暴力问题。加尔通认为国际、国内非领土组织作用是类似的,而非领土组织正在削弱人们对民族国家的忠诚。他相信这并非空想,"因为这已经在很多国家内部发生"。③

加尔通认为世界事务管理中应该有非领土行为体的代表,因为"政府间国际组织只能解决那些由政府带来的问题。"加尔通

---

① Lagos and Godoy, *Revolution of Being: A Latin American View of the Future*, pp. 154–164.
② Ibid., pp. 184–185.
③ Galtung, *The True Worlds: A Transnational Perspective*, pp. 305–330.

设想了一个由四院组成的世界大会（World Assembly）：一个国家议院（House of States），其性质与联合国大会类似；一个少数派议院（House of Minorities），代表各国国内的少数团体；一个超国家组织议院（House of Supranational Organizations），代表国际非政府组织；还有一个跨国组织议院（House of Transnational Associations），代表跨国政治运动和压力集团。四院都参与讨论世界事务，决定权最初在国家议院，随后由国家议院和跨国组织议院联合做出［加尔通希望它们能逐渐发展成世界政党议院（House of World Parties）］。为了赋予世界大会权力，加尔通还设想了一个世界警察，它不仅具有类似联合国维和组织那样的武力，控制国家间直接暴力问题，还能干涉严重压迫问题。不过，世界大会的权力主要还是来自它掌握的巨大资源，比如资本、物品和专利，以满足基本人权需求。为了提高世界大会给予报酬的能力，一些跨国公司将被"全球化"；为了促进生产的全球化，一个世界生产权威将被建立起来；与此同时，交通通讯方式也将被全球化。①

不过，这些都是长期目标。除此之外，加尔通还给出了一些近期更具体的建议。着眼点落在联合国体系改革上，以使其成为更加合适的中央权威。作为建立少数派议院的第一步，加尔通建议在各成员国建立大使馆，各国公民可以到此报告国内的极端贫穷和人权问题。而尽可能多地建立"全球公共物品"将是走向拥有报酬权的全球权威的近期应用。作为最终建立世界警察的第一步，加尔通提议建立一个专为联合国服务的永久精英部队。②

由门德洛维兹主编的《创造一个公正的世界秩序：20世纪90年代更理想世界》还提供了西德、日本和中国三种体系转型视角。魏茨泽克从其西欧视角出发，提供了一种颇为哲学化的

---

① Galtung, *The True Worlds: A Transnational Perspective*, pp. 334–358.
② Ibid., pp. 375–380.

观点。他认为人类所谓的进步其实是很成问题的,其原因在于人类自身的矛盾。最重要的目标是和平、自由和人的"自我实现",最终走向一个快乐导向的后工业社会。来自日本的坂本义和事实上给出了一种相当普世的观点,他指出当今国际环境下的三种基本趋势:去极化、去国家化和相互依赖的加强,认为应该由联合国系统来管理这些过程,目的是社团建设和社会经济的改善。林达光从中国视角出发设想了一个基于三项主要哲学价值观的未来世界秩序:以人为导向的发展,由一个人民机制来维持;一种服务于人民的道德;以及人类自我依赖和个人自主的实现。①

通过汇集来自不同地区、不同文化学者的观点,世界秩序学派提供了关于世界秩序转型设计的全球变革跨国视角,其规模之大、鲜明的跨国性是前所未有的,引起了极为广泛的关注和讨论。批评者认为它们过于空想,支持者则认为这是一项"勇敢的开始","即便失败,也会对未来产生某种影响,因为未来部分的是由当下对未来的强烈远景决定的。"②另外,尽管基于共同的价值框架和分析主题,该学派学者间、特别是来自发展中世界的学者与来自发达国家学者之间的分歧也是显而易见的,前者对主权

---

① Carl-Friedrich von Weizsäcker, "A Sceptical Contribution"; Yoshikazu Sakamoto, "Toward Global Identity"; Paul T. K. Lin, "Developments Guided by Values: Comments on China's Road and Its Implications", in Mendlovitz ed., *On the Creation of a Just World Order: Preferred Worlds for the 1990's*, Chap. 4, 6, 8.

② Tom J. Farer, "The Greening of the Globe: A Preliminary Appraisal of the World Order Models Project: (WOMP)"; Christopher C. Joyner Reviews on WOMP books, *The American Journal of International Law*, Vol. 70, No. 1 (Jan., 1976), p. 158; Kenneth E. Boulding Reviews on *On the Creation of a Just World Order: Preferred Worlds for the 1990's*, *Journal of Economic Issues*, Vol. 10, No. 3 (Sep., 1976), p. 720.

国家的态度显然更为积极。①

当然，世界秩序学派并未仅仅停留在转型设计这一步，因为他们明白，光说不做等于零。有了精心的设计之后，下一步就是制定可行的转型战略，并寻求可依赖的主体和力量，通过学术和社会运动，谋求世界秩序的真正转型和变革。改革联合国和通过全球公民社会这种极具潜力的积极力量开展跨国社会运动，就是世界秩序学派最为倚重的转型战略。

第二节 世界秩序学派的转型战略：
改革联合国

联合国改革由来已久，早在联合国成立之初就被正式提出。在不同的历史时期，联合国改革的重点以及焦点问题各有侧重。但就实质而言，改革的主线或争论的焦点大体集中在维护国家主权与侵蚀国家主权之间的关系，国家利益与全球利益之间的关系。国际体系的整体性变迁构成了联合国改革的原动力，特别是冷战结束后，国际形势发生了巨大变化，数目众多的非政府组织、跨国公司和个人在世界事务中发挥了越来越大的影响力，国家已不再是国际社会唯一的权力中心，全球化与全球治理成为联合国改革新的推动力。然而现实却是，联合国依然远远不能达到人们对它的期待。因此，必须从超越现有的联合国机制的视角研究联合国的改革问题，而不是以既有的联合国组织结构作为改革

---

① Especially, Rajni Kothari, *Towards a Just World*, WOMP Working Paper No. 11, New York: Institute for World Order, 1980. 有研究甚至将丛书贡献者们的观点分为截然不同的三类。See Miriam Steiner, "Conceptions of the Individual in the World Order Models Project (WOMP) Literature", *International Interacitons*, Vol. 6, No. 1, 1979, pp. 27–41.

的出发点。①

在联合国改革的深度和广度上，存在着渐进主义和激进主义（现实主义和理想主义）两种不同的观点。联合国改革的渐进派总体上虽然承认联合国存在弊病和缺陷，但仍坚持认为该组织的现行结构和规章框架大体合理，主张在现行《宪章》的框架内进行改革。渐进派认为，联合国组织的行为方式需要改变，但不能改变联合国的价值观和宗旨。②

激进派则认为，现行的联合国体制已完全不符合新的世界秩序和权力结构的需要，联合国必须在全新的基础上加以重建，对现行的《宪章》做根本性的修改，以迎接和适应21世纪的挑战。有些人还主张建立经济安全理事会和非国家行为体组成的国际上议院，在未来国际社会的管理中让地区组织和宗教团体发挥更大的作用，也就是要建立一种更能代表国际社会、具有世界管理所必须的有效手段的所谓"第三代国际组织"，以取代现在的联合国。甚至联合国前秘书长加利也持有这种看法，他曾提出将非政府组织作为"人民代表制的基本形式"纳入联合国的框架，以及联合国两院制或三院制（非政府组织作为其中一院的代表）的方案。③

很明显，建立第三代国际组织的重要途径之一是将非政府组织纳入联合国体系。联合国秘书长安南于1997年7月提出了一份名为《革新联合国：改革方案》的报告，提出要加强与非政府机

---

① 刘力："联合国改革的理论视角和中国的思考"，《国际论坛》2004年第5期，第14页。

② 参见张海滨："联合国改革：渐进还是激进?"，《国际政治研究》2005年第3期，第70—71页；钱文荣："论联合国改革与联合国的未来"，《世界经济与政治》2000年第3期，第5页。

③ 刘力："联合国改革的理论视角和中国的思考"，第14页；张海滨："联合国改革：渐进还是激进?"，第71页；丛日云："全球治理、联合国改革与中国政治发展"，《浙江学刊》2005年第5期，第111页。

构的合作，扩大民间社会在联合国活动和项目中的地位和作用。安南指出："国家无法独担此任。我们需要活跃的民间社会和生机勃勃的私营部门。"的确，与政府相比，民间组织在国际组织中具有代表和表达民间利益的直接性、多样性和灵活性等特征。①

事实上，非政府组织已通过经济和社会理事会与联合国建立起联系机制。经社理事会专门设立了非政府组织委员会，赋予非政府组织咨询地位和观察员身份，非政府组织日益成为联合国基本结构的一部分。非政府组织的参与弥补了联合国的制度缺陷，部分地填补了政府留下的真空，部分地承担起新的责任。非政府组织通过提供咨询、参与联合国会议、执行和监督联合国决策等方式影响联合国决策，在联合国体系内发挥着日益重要的作用。②

进入20世纪90年代，随着形势的变化，非政府组织在联合国及其专门机构的影响日益增大，对联合国事务的参与急剧增加，主要体现于：第一，非政府组织在联合国中比以往任何时期都更加活跃，其活动领域已遍及联合国各方面的工作。第二，非政府组织与秘书处的合作日益密切。第三，非政府组织的重要性在增加，影响在加大。③

然而，一个无法否认的事实是，非政府组织在联合国体系中的参与力度还很不够，存在与联大及安理会联系的正式途径的缺失等严重问题。即便是在现有发展程度之下，也存在参与联合国的非政府组织地域发展的不平衡性，发展中国家主导的非政府组织参与度尤其不够。

---

① 黄德明、匡为为："论非政府组织与联合国关系的现状及改革前景"，《当代法学》2006年第3期，第28页；丛日云："全球治理、联合国改革与中国政治发展"，第113页。

② 丛日云："全球治理、联合国改革与中国政治发展"，第111页；黄德明、匡为为："论非政府组织与联合国关系的现状及改革前景"，第27页。

③ 郑启荣："试论非政府组织与联合国的关系"，《外交学院学报》1999年第1期，第58页。

第五章　世界秩序学派的转型战略

世界秩序学派无疑是联合国改革激进派的重要代表之一。事实上，改革联合国的主张自始至终贯穿于世界秩序学派的倡议之中。在学派起源阶段，几乎所有工作都是围绕着克拉克—索恩改革联合国的方案展开的。该学派将联合国与世界秩序的转型联系起来，其成员（除门德洛维兹之外）普遍反对世界政府主张，更倾向于非集中化的、跨国合作模式，认为世界秩序改革的方向和目的应该是赋权于大众。如福尔克将世界大会作为改革后世界政体的首要决策机构；科塔里则将经济与社会理事会改革为联合国首要执行机构；马兹锐建议将联合国教科文组织改名为世界科学文化理事会作为新体制的首要机构；加尔通也将联合国体系改革作为走向其设想的世界大会的过渡阶段。[①]

在学派看来，作为一个全球机构，联合国更大潜力的实现受到其有限的代表基础的妨碍，联合国宪章将会员身份仅仅赋予由政府官员代表的主权国家。与此相反，世界秩序路径认为"联合国公民"身份应该得到更认真的对待，并将对非政府国际组织开放的观察员身份作为打破联合国国家主义弊病的楔子。该学派甚至设想建立一个由大众直接选举产生的人民大会组成的第三议院，并视公民社会和跨国社会运动中的民主力量为世界秩序体系变革的最佳手段。然而，该学派并非持有一种教条式的、决定论的反国家主义观点，而是认为某些时候、某些国家在某些问题上能够成为积极的、进步的行为体。在这种时候，不仅这些国家的世界秩序表现得以改善，联合国的世界秩序表现也在这个过程中

[①] Falk, Kim and Mendlovitz eds., *The United Nations and a Just World Order*, pp. 1–9; Falk and Mendlovitz eds., *The Strategy of World Order* (Vol. III, *The United Nations*); Mendlovitz, ed. *Preferred Worlds for the 1990's*, especially Falk, *A Study of Future Worlds*; Kothari, *Footsteps into the Future*: *Diagnosis of the Present World and a Design for an Alternative*; Mazrui, *A World Federation of Cultures*: *An African Perspective*; Galtung, *The True Worlds*: *A Transnational Perspective*.

得以改善。①

　　学派还认为，某种程度的全球制度重构对于联合国作为一个世界秩序行为体潜力的全面实现是至关重要的。但是学派认为主流的联合国改良方案——对联合国进行相对小幅度的扩大和功能提升，仅仅对联合国体系的某些机构进行渐进、累积的改革——是远远不够的。该学派秉持的体系变革路径认为通过全球意识提升和政治动员，对联合国的更加激进的变革是可行的，但这种激进变革应是非暴力的、非天启式的。与克拉克—索恩将联合国改革为世界政府的主张不同，该学派认为，任何未来的全球权威结构都必须在集中化和非集中化的相互作用之下形成。某些体系范围的问题，比如全球环境恶化和军事化，可能需要建立中央权威；但是其他问题，比如社会正义和人道治理，通过非集中化途径解决可能更好。集中化和非集中化权威之间的辩证关系为世界秩序的宪政基础提供了基本动力。②

　　关于联合国改革，在学派内部也存在不同看法。该学派组织者门德洛维兹从未改变他将联合国改革为世界政府的理想，这与克拉克—索恩方案一以贯之。而其他学派参与者则与之有较大不同。难能可贵的是，他们并没有掩盖这种分歧，这种分歧更没有妨碍学派的合作与发展。这充分体现了学派的包容性，虽然也被批评为缺乏一致性。

　　这种分歧在冷战结束后的新背景下趋于缩小。面对迅速变化的全球环境，该学派借纪念门德洛维兹在世界秩序研究和推广上的卓越贡献之机，重新思考以改革联合国为代表的全球宪政主义对实现一个更美好世界的意义。事实上，到此时，该学派已经从联合国改革推演开来，努力探索一套包括广泛的政府间国际组织

---

① Falk, Kim and Mendlovitz eds., *The United Nations and a Just World Order*, pp. 8-9.

② Ibid., pp. 11-12.

和非政府国际组织以及地方组织在内的全球宪政主义理论。后冷战时代大众民主化的欲求为民主全球宪政主义提供了社会基础。这成为学派探究全球宪政主义对于实现一个公正、和平世界意义的新起点。

虽然内部存在关于联合国具体发展方向的分歧，但世界秩序学派对联合国改革的强调是一贯的，在不同阶段提出了很多具体的改革联合国的建议。更为重要的是，该学派将联合国改革有机地置于其世界秩序转型的理论体系之中，把改革后的联合国作为世界人民利益的代表，是实现一个和平、富足、公正、生态平衡的世界必不可少的重要机构。

第三节　世界秩序学派的转型战略：跨国社会运动

20世纪80年代以后，世界秩序学派转向"世界秩序平民主义"路径，一方面在理论上探究依赖跨国社会运动实现世界秩序转型的可能性，另一方面则在实践上推动世界秩序模式工程产生更大的社会影响，身体力行地作为一种跨国社会运动的典范，力图在实现世界秩序变革的道路上取得切实成果。世界秩序平民主义将受压迫者作为实现世界秩序价值的关键基础，力图将观念转化为社会行动。这部分是由于学派认识到，他们之前过于专注正式制度以及国家与国际组织之间的紧张，对社会运动和大众领域草根的积极性则关注不足。[1]世界秩序学派倡导跨国社会运动的转型战略主要体现在世界秩序模式工程"追求公正世界和平委员

---

[1] Kim, *The Quest for a Just World Order*, p. 86; Falk, *The Promise of World Order: Essays in Normative International Relations*, pp. 20–21.

会"和"全球文明：民主、主权和安全面临的挑战"两个项目，以及福尔克在工程工作趋于停滞阶段以个人之力展开的延续性研究中，大致可以分为跨国社会运动、人道全球治理、自下而上的全球化三个方面。

一、跨国社会运动：理论与实践

20世纪80年代后期，为推进世界秩序学派新的"世界秩序平民主义"路径并突破学派前一阶段过分理论化的倾向，世界秩序模式工程相继组织了"追求公正世界和平委员会"和"全球文明：民主、主权和安全面临的挑战"两个专门项目。这一时期的探究确实有了重大突破：理论与实践得到了有效的结合，并产生了相当的社会影响。

探究跨国社会运动在追求一个公正世界和平中的作用是"追求公正世界和平委员会"的工作目的。由于现有的正式制度结构（国家、跨国决策机构）不能解决、反而是加剧、甚至造就了国家暴力、贫困和环境退化等全球问题，世界秩序学派将跨国社会运动视为可依赖的力量，围绕"人民运动如何开始改变社会制度控制结构"进行多方面探索。和平运动是学派关注的焦点之一，通过抵制国家主义和核武器主义（Nuclearism），和平运动试图将权力从国家安全机构中转移开。军事化是强化国家、国家体系以及父权制、人对自然主导的关键过程，遭到人权积极分子、和平运动分子、女性主义者和环境主义分子的强烈反对。非军事化可能成为一项新的全球社会运动的集结点。该学派强调的另一个重点是"人民运动"在第三世界的影响。第三世界的各种草根抗议运动正在挑战着过于集权、官僚化政府难以满足基本人类需求的无能表现。该学派还设想将第一和第三世界、地方和全球的草根

第五章 世界秩序学派的转型战略

运动连结起来，纳入一场全球变革运动中。①

当前人类究竟是走向核战争和生态灾难造就的世界毁灭，还是通过跨国社会运动形成新的一致性和全球身份，建成"一个世界"；是走向随时有爆发世界大战可能的两极分化，还是包含各地方具体的历史、经验和身份、和谐共处的"多个世界"，我们正处于历史选择的紧要关头。通过探究争取新形式发展——人的安全、社团赋权、民主实践的可能性，世界秩序学派努力寻求跨国社会运动在引导人类找到出路中的作用。②

"全球文明"项目延续了对跨国社会运动的强调，提出了全新的"人道治理"观点，强调动员非国家行为体、非领土社会、经济力量、媒体和通讯全球网络等跨国社会力量，以争取和平、经济福利、社会正义、生态平衡等世界秩序价值的实现。这一项目的理论成果我们将在下一部分详细介绍。

作为世界秩序平民主义的提倡者，世界秩序学派除了理论上的发展之外，还身体力行，"追求公正世界和平委员会"和"全球文明"两个专门项目便是声势浩大的跨国社会运动的代表。两个专门项目汇聚了大批来自世界各地、各行各业的学者型社会活动家、政治家和社会知名人士，在世界各地组织了多场学术会议，积极的努力和卓越的声望为其带来了极大的社会影响。

2011年再次启动的世界秩序模式探索可以看作是这两个专门项目组织模式的延续和创新。世界秩序学派在21世纪的新探索具有更鲜明的跨国社会运动特色，其参与者中汇聚了大批跨国和平、教育、环保组织的领导人，来源之广、数目之多令人惊叹。该学派将要进入一个特色鲜明的联合志同道合组织、实现资源优化分享以期产生更大影响的新阶段。

---

① Mendlovitz and Walker eds., *Towards a Just World Peace: Perspectives from Social Movements*.
② Walker, *One World, Many Worlds: Struggles for a Just World Peace*.

二、人道治理

"人道治理"是"全球文明"项目最具影响的理论标签,福尔克是这一概念的提出者和主要阐释者。在《论人道治理:走向一种新的全球政治》中,福尔克将20世纪90年代世界政治的最新变化概括为从地缘政治(领土主权国家间关系、追求"势力均衡、自我防卫、势力范围和联盟")到地缘治理(geogovernance)(主权式微背景下更加一体化的经济、文化和政治现实)的转变。①我们所熟悉的众多全球治理文献都是在这一层面进行讨论的。然而,福尔克认为这种地缘治理是一种"非人道治理"(inhumane governance),并控告它存在全球种族隔离、可避免伤害、趋向生态帝国主义三大问题。为此,福尔克将规范内涵注入治理研究,把"价值置于研究的核心",提出了"人道治理"概念,并系统地提出了包含十项内容的实现人道治理的"规范方案":驯服战争、废止战争、使个人承担责任、集体安全、法制、非暴力革命政治、人权、做自然的服务员、积极的公民身份、世界民主。②

考虑到现实主义者必然会将这种观点斥为"空想",福尔克预先为自己做了辩护。福尔克认为现代主义的一个主要问题就是缺乏想象力,这限制了人们追求新世界秩序的能力。③创造性思想对提供一个转型政治的具体框架是十分必要的。福尔克指出,现实主义者经常未能预测世界政治中的巨大变化,比如东欧剧变、冷战终结、南非种族隔离制度的解除。"不可能之事总在发生,却并非出于偶然或奇迹。如果没有受害者的斗争和抵抗,这些总

---

① Falk, *On Humane Governance: Toward a New Global Politics*, pp. 1–2, 9.
② Ibid.
③ Marie-Josée Massicotte, "Global Governance and the Global Political Economy: Three Texts in Search of a Synthesis", *Global Governance* 5 (1999), p. 131.

体上鼓舞人、然而又复杂且矛盾的事件就不会出现。"①福尔克为转型政治的辩护是他的独特贡献之一。人道治理是对国际关系理想主义传统的发展，它不仅强调"消除战争与暴力"，还强调"平均分配全球财富、生态安全和保护基本人权"，并将关注点从国际制度转向全球公民社会，相信人道治理的动力一定来自全球公民社会及其推动的跨国社会运动。②

　　福尔克此后进一步发展了人道全球治理思想，创造性地将宗教与全球治理联系起来，认为实现人道全球治理"依赖于宗教复兴能否为一种肩负起社会和政治责任的全球化提供基础"。福尔克指出，几个世纪以来宗教被排除在治理的严肃研究和实践之外，这是启蒙运动及其对绝对理性和世俗化政治倡导的结果。这虽然有其特定的历史背景和积极作用，但却造成几个世纪以来对宗教之于治理意义的完全忽视。当前世界秩序中的突出问题是经济全球化迅猛发展带来的种种"非人道全球治理"现象：贫富两极分化与全球种族隔离、忽视人类痛苦、全球公共物品减少以及令人害怕的技术前景。但挑战与机遇并存，新的潮流同样也为宗教和精神力量创造了意想不到的新机会。在介绍宗教对人道全球治理的积极作用之前，福尔克专门对他所说的宗教进行了解释：这里所说的宗教不能简单理解为某一个特定宗教传统，它既包括对有组织宗教的信仰，又包括所有在不能由经验科学或感知观察解释时诉诸信仰和忠诚以解读人生意义的精神视角，它们通常接受直觉、神性、超能力、神秘、极限的现实。福尔克认为，宗教具有以下积极作用：关注弱势群体、文明共鸣、相信人类是休戚与共的整体、规范视野、相信信仰的能量、有所约束、认同、协调。福尔克最后指出，宗教/精神取向需要与自下而上的全球公

---

① Falk, *On Humane Governance: Toward a New Global Politics*, p. 14.
② Debra L. DeLaet, "From Geopolitics to Geogovernance", *The Review of Politics*, Vol. 58, No. 4 (Autumn, 1996), pp. 862–863.

民社会力量结合起来,主张灵性参与的革命政治(politically engaged spirituality)和"解放神学"(liberation theology),以斗争来实现人道全球治理。但福尔克同时也提醒谨防宗教极端主义和排外主义的一面。此外,他还指出,这也并非意味着要取代市场和国家,而是要在灵性精神的指引下发挥市场的积极潜能,重构国家的行为方式以服务于人道全球化目标。①

三、自下而上的全球化

继 1995 年提出"人道治理"概念对全球治理研究提供独特视角、为跨国社会运动提供理念指导之后,福尔克在 1999 年的《掠夺性全球化:一种批判》一书中又系统阐述了他对"自上而下的全球化"(globalization-from-above)的批评和"自下而上的全球化"的提倡。②福尔克的关注主题是经济全球化对主权国家提供人类福利能力的影响。福尔克指出,近些年来,经济全球化被诸如"新自由主义""华盛顿共识"之类的概念主导。这些观点的信奉者相信推行相关政策可以促进贸易、投资领域经济的快速增长,同时还可以普及选举民主。③福尔克认为,经济全球化毫无疑问有一些主要的积极方面,比如促进南北关系平等化、提升生活水平、减少贫困人口等等,但它的负面效果同样显而易见,并且由于以下因素而加剧:新自由主义几乎不受挑战的地位,特别

---

① Falk, *Religion and Humane Global Governance*, pp. 13 – 32, 75, 83, 88, 101 – 122, 162 – 165.

② 事实上,"自上而下的全球化"和"自下而上的全球化"概念在福尔克 1995 年《论人道治理》中就已提出,该书第六章甚至专门讨论了"与自上而下的全球化的斗争"。1998 年《新兴地球村中的法律:一种后威斯特法利亚视角》则有多处专门论及"自下而上的全球化"; See Falk, *On Humane Governance: Toward a New Global Politics*, especially Chap. 6 "The Struggle against Globalization from Above"; Falk, *Law in an Emerging Global Village: A Post-Westphalian Perspective*.

③ Falk, *Predatory Globalization: A Critique*, p. 1.

是在主要市场国家；反政府的社会情绪加强了新自由主义；政府的政策倾向更趋于以商业为中心；削减债务和赤字以维护国际收支平衡的压力；不平等的现有国际秩序。正是这些负面效果解释了书名"掠夺性全球化"。但福尔克同时提醒说，这些并不是全球化本身固有的，经济和科技发展同样可以用以提升人类福利。全球化、主权国家可以在规范取向的引导下，扬长避短，实践"负责任的主权"（responsible sovereignty）和"以人为导向的政治"（people-orientated politics），实现国家、人、资本全球范围内的良性互动。①这就需要在将注意力转向新自由主义的反面，特别是全球公民社会和跨国社会运动，通过"自下而上的全球化"抵抗"自上而下的全球化"。②

福尔克指出，他所说的"全球公民社会"指"国内或跨国范围内由公民个体或团体组织的思想和行动领域，具有自发性、非盈利特征"，"它们试图规范经济全球化的负面影响，纠正社会不公"。福尔克同时还指出，他提出的"自上而下的全球化"（全球市场力量）和"自下而上的全球化"（全球公民社会）并非简单的善恶二元对立，并非一种等级或道德意义上区分。全球公民社会并非内在的善，国家与市场也并非内在的恶。全球公民社会中有危险的沙文主义和极端主义力量，自上而下的全球化也有实在或潜在的积极方面。自下而上全球化的历史角色是通过为当前负面的市场和国家角色以及过度、扭曲的全球化提供新的政治和意识形态空间，挑战并转变自上而下全球化的负面特征。也就是说，自下而上的全球化并非教条地反对自上而下的全球化，而是力图避免它的负面影响，为本质上无约束的经济力量提供一种平衡者。③福尔克谋求的是一种"调和政治"，一方面保留自上而下

---

① Falk, *Predatory Globalization: A Critique*, pp. 128-129, 2-4, 63.
② Ibid., p. 2, Chap. 8.
③ Ibid., pp. 138-139.

全球化的大部分开放性和动力，另一方面抵抗它将公共物品私有化和市场化的压力。①他甚至认为希望可能在于全球公民社会与包括国家、市场在内的其他力量合作，②以实现"不可能之可能"。

福尔克还提出了"规范民主"的概念，作为能够动员和统一构成全球公民社会、为自下而上的全球化提供政治能量的不同的社会力量的一种统一意识形态和理论、实践基础。他随后列举了规范民主的八个构成方面：公民同意、法制、人权、参与、责任、公共物品、公开透明、非暴力。在全书结尾部分，福尔克还指出了规范革新的潜力所在：在国际关系中放弃武力、人权、人类共同遗产、可持续发展、全球公共产品、责任（法制和个人责任）、纠正冤情、全球民主。③

"追求公正世界和平委员会"和"全球文明"两个专门项目不仅对跨国社会运动在推动世界秩序价值实现上的作用进行了理论探讨，更旗帜鲜明地成为跨国社会运动和世界秩序平民主义的具体实践。福尔克提出的人道全球治理和自下而上的全球化则更多地在理论上使世界秩序平民主义形成了系统、深入的理论体系，产生了极大的理论影响，成为学派后期最具影响的理论标签，同时也为跨国社会运动提供了强大的理论支撑和实践指导。④

---

① Abdul Rahman Embong Reviews on *Predatory Globalization: A Critique*, *The Journal of Politics*, Vol. 63, No. 3 (Aug., 2001), p. 1002.
② Falk, *Predatory Globalization: A Critique*, p. 183.
③ Ibid., pp. 146 – 151; 171 – 182.
④ Mary Kaldor, "Governance, Legitimacy, and Security: Three Scenarios for the Twenty-First Century", in Wapner and Ruiz, eds. *Principled World Politics: The Challenge of Normative International Relations*, pp. 285 – 298; Aginam, "From the Core to the Peripheries: Multilateral Governance of Malaria in a Multi-Cultural World"; Prempeh, "Anti-Globalization Forces, the Politics of Resistance, and Africa: Promises and Perils".

第 六 章

理论比较视野下的世界秩序学派

作为国际关系理论史上不可忽略的一支理论,具有鲜明特色的世界秩序学派与其他理论、特别是我们熟悉的其他国际关系理论有着什么样的关系呢?对此加以梳理和深入研究将是一项有意思的工作,也有利于在比较的视野下对世界秩序学派有更加深入的认识和公允的评价,这同时对于全面认识国际关系理论的知识谱系和学科史也多有裨益。世界秩序学派对主流的现实主义和自由主义持强烈的批判态度;强烈的规范倾向、共同的异于主流理论的学派特点、包括理论取向上的某些共同点,使得世界秩序学派与英国学派国际社会理论成为最具可比性的两支理论。而对国家体系和主流理论的强烈批判态度无疑使世界秩序学派与包括规范理论、后现代主义在内的众多反思主义理论更具有亲近性,一定意义上成为其理论先驱。世界秩序学派同样是全球治理研究的一支重要力量,是全球治理的最早倡导者之一和全球主义、跨国主义范式全球治理理论的先驱。此外,世界秩序学派与(新)马克思主义及其他相关理论的关系同样值得探讨。

第一节　世界秩序学派与现实主义、自由主义

对以现实主义为核心的主流国际关系理论的批判是世界秩序学派自始至终的主要目的之一。事实上，对现实主义和科学行为主义的不满是促使世界秩序学派出现和展开研究的一大重要背景。两者的不同也非常明显：现实主义认为战争与冲突不可避免，世界秩序学派则以消除战争、实现和平为首要目标；现实主义视国家为基本分析单元，其研究都是在国家体系内展开，世界秩序学派则是把全球作为分析单元的首倡者和推动者，竭力批判国家体系带来的战争、贫富差距、侵犯人权以及无力应对生态危机等问题；现实主义关注当下，世界秩序学派则是未来导向的；现实主义转向强调科学方法，世界秩序学派则一直是传统方法的坚守者；现实主义在美国繁荣、长期独霸、具有严重的"美国重心"倾向，世界秩序学派自其产生起就具有广泛的跨国基础、强调多元共存并具有鲜明的第三世界倾向。

福尔克对现实主义及世界秩序学派与现实主义的关系做了大量专门研究。他准确、详尽地梳理了现实主义理论的兴起并概括了现实主义的主要特点：强调将领土主权国家作为国际生活中的主导政治行为体；接受国家体系作为国际秩序的唯一可行框架；强调国家间关系的竞争、冲突性以及战争的必要性；相信国家是理性行为体，不需要尊重其他国家或者作为一个整体的世界体系的福利；忽略国内因素和意识形态因素；对维持全球稳定、推进

根本变革持悲观态度。①

福尔克还颇为客观地肯定了现实主义的历史作用。他指出，现实主义在二战后通过成功主导经济和政治重建的复杂动态，发挥了重要的历史作用。而且，现实主义还在没有重复20世纪30年代绥靖外交的情况下，成功地阻止了1945年后的紧张局面退化为公开战争。从这方面来讲，现实主义在国际史某一阶段特定背景下，作为西方自由民主制国家的有效意识形态发挥了作用。②福尔克还同样客观地肯定了现实主义在理论上的可取之处。他认为，现实主义思想反对感情化的特点是有益的，与第一次世界大战后道德主义者和法理主义者本质上误导的观点相比也是更可取的。③战争、非正义、机会主义、甚至困难固然不能通过诉诸于开明的自利得以解决，更无法通过国家领导人的利他动机得以解决。政治，作为关于可能性的艺术，必须在既存状况下运作，我们能够采取的行为必须在这一限制下进行。④

然而，福尔克更加尖锐地指出了现实主义的不足之处：

首先，现实主义对现实的理解和描述看起来规避了关键问题。现实主义的理性主义使它几乎不可能严肃对待超出国家体系问题解决能力的挑战。比如核武器和核技术问题只是得以部分理解，而威慑理论就是将理性分析应用于一个从根本上来说不理性的环境的极端案例，在现实主义理论中，那个从根本上不理性的

---

① Falk, "Theory, Realism, and World Security", p. 11; Falk, *Explorations at the Edge of Time: the Prospects for World Order*, Chap. X: "The Realist School and Its Critics: Interpreting the Postwar World", pp. 215 – 216.

② Falk, *Explorations at the Edge of Time: the Prospects for World Order*, pp. 226 – 227.

③ 不过，福尔克还强调，道德主义和法律主义在两次世界大战间的失败并不意味着法律和道德对于严苛的政治生活来说是无关紧要的。Falk, *On Humane Governance: Toward a New Global Politics*, p. 41.

④ Falk, *The End of World Order: Essays on Normative International Relations*, pp. 11 – 12.

环境被忽略了。更为明显的是现实主义者拒绝严肃对待生态挑战等全球公共问题。国家的分散化政治秩序使它们无法采纳应对这一多方面生态挑战所需要的那种总体管理机制。传统模式由于人口增长、工业发展、暴力技术改进已经被破坏，现实主义的国际关系概念需要大幅修订。从本质上来说，现实主义在承认紧急状况方面显得能力不足。①

其次，现实主义缺乏规范考虑。人性被简化为仅仅是通过政府集体追求自私目标。现代技术的全球统一影响、对从家庭到物种的各种非国家结构的忠诚、民族主义感情在世界各地的不平衡特点都被置之不顾。现实主义者的框架无法帮助产生、甚至拒绝承认一种以人类潜力为基础的未来愿景。现实主义思想不能回答存在哪些支撑希望的真正基础。缺乏规范考虑不仅使现实主义忽视社会的规范需求，还使它低估挑战国家体系的制度结构的规范潜力。再次，现实主义还被指责患有"米洛斯综合征"：现实主义者倾向于将国际关系简化为主要由军事实力衡量的力量较量，而冷战的结束使现实主义仅仅聚焦于少数几个主导国家和国家群体的地缘政治和战略设计显得无用武之地。最后，现实主义忽略了国内国际因素的相互影响，以及社会力量和大众政治的兴起。②

以上关于现实主义的看法准确讲只是以经典现实主义或者说传统现实主义为对象的。对于现实主义的新发展、特别是以沃尔兹为代表的结构现实主义，福尔克也有论述。福尔克认为结构现实主义是社会科学家对经典现实主义进行发展而产生的两种新形式之一。在这种改进的现实主义中，国际关系是由主导国家特定

---

① Falk, *The End of World Order: Essays on Normative International Relations*, pp. 12 – 14; Falk, *Explorations at the Edge of Time: the Prospects for World Order*, p. 225.
② Falk, *The End of World Order: Essays on Normative International Relations*, p. 14; Falk, *Explorations at the Edge of Time: the Prospects for World Order*, pp. 225 – 226; Falk, "Theory, Realism, and World Security", pp. 6 – 8.

统治模式塑造的。结构现实主义转向对超级大国对抗的集团体系的关注，与经典现实主义对主权国家活动的强调相比，提供了一种解读冷战时期国际政治生活的更加有用的框架。不过，上述对现实主义的批评同样适用于结构现实主义。[1]

而关于新自由主义，福尔克认为它不过是现实主义的另一种变体，甚至将其称作"新现实主义"。包括霍夫曼、基欧汉、奈在内的各种自由主义思想具有以下共识：承认经典现实主义、特别是结构现实主义的合理性；关注经济合作和国际经济秩序；强调合作和参与国际机制。自由主义了解改良运动的必要性，力图避免理想主义的乌托邦弱点，既对现实主义持批评态度，又批评所谓的"乌托邦主义"。自由主义声称坚守自由主义信条，但是又要保持主流地位，将他们的思想置于现实主义阵营的左半部分。自由主义的理论重构是一种防御性的知识姿态，试图通过引用现实主义逻辑支持它对国家体系的解读。自由主义几乎接受了所有现实主义核心假设：以国家为中心；理性假设；排除理想主义或利他动机；追逐物质利益是人类行为的动力所在，不管是对个人或是团体来说。[2]

在某种程度上，自由主义对贸易、个人的强调确实为国际关系增添了新的值得注意的因素，帮助我们理解人权保护作为一种新关注的出现，理解在一些情况下国际贸易的扩张与军事能力增强、甚至战争胜利相比给社会带来更多收益。然而，福尔克认为这些不过是次要的，自由主义并不能算是现实主义的替代者，不过是现实主义的一种"自由主义倾向"。在国际关系领域，自由主义倾向于将其对个人福利的关注从属于国家的战略考量。自由

---

[1] Falk, "Theory, Realism, and World Security", pp. 11–12.
[2] Falk, *The End of World Order: Essays on Normative International Relations*, pp. 6–9; Falk, *Explorations at the Edge of Time: the Prospects for World Order*, p. 217; Falk, "Theory, Realism, and World Security", p. 13.

主义试图变得"比较实际",总体上接受将它们的规范目标从属于可见的"国家安全"考虑。自由主义并没有提供一套连贯、全面的国际关系概念。在整个冷战年代,无论是作为国际关系理论家或是实践者的自由主义者,如霍夫曼、万斯(Cyrus Vance)无不跟随现实主义决策者的领导,几乎接受基辛格、布热津斯基(Zbigniew Brzezinski)等极端现实主义者关于冷战和国际关系的所有假设。他们的区别更多只是风格而非本质上,只是在诸如越战等问题上他们的分歧才趋于尖锐。①

在更接近现实的层面,福尔克还对新自由主义的经济全球化观点进行了深入批判。他指出,新自由主义者认为他们有责任推进贸易和投资领域经济的迅速增长,同时还要推广选举民主。自由化、私有化、最小限度的经济干预、减少福利、减少公共物品开支、紧缩财政纪律、资本自由流动等都是新自由主义强调的要点,而这些政策却伴随着一系列对人类福利的不利影响。福尔克将这种新自由主义的全球化称之为"掠夺性全球化",主张依靠公民社会力量,以自下而上的全球化对抗自上而下全球化的掠夺本性。②

福尔克曾将不同的世界秩序理论概括为体系维持、体系改良和体系变革三大路径,在他看来,现实主义者就是世界秩序的体系维持路径的代表,自由主义则是世界秩序的体系改良路径的代表,而与之形成鲜明对比的世界秩序体系变革路径的代表则是世界秩序学派。福尔克后来还多次以世界秩序主义概括世界秩序学派的观点,将其视为现实主义、自由主义的挑战者和真正的替代者。世界秩序主义者们强调当前发展趋向的全球结构性危险,以及建立一种既能够实现人类价值又能应对相互依赖和全球问题带

---

① Falk, "Theory, Realism, and World Security", pp. 17–18.
② Falk, *Predatory Globalization: A Critique*.

第六章 理论比较视野下的世界秩序学派

来严峻挑战的能力的重要性。世界秩序主义者们想要鼓励这样一种信念：这个世界存在围绕一种人类身份和全球利益统一起来的可能性；他们依赖能给予支持的文化发展和社会运动，来为发展一种更具希望、对这个时代的特殊挑战能做出更多回应的对外政策建立跨国社会基础。①

与现实主义和自由主义相比，世界秩序主义具有以下特点：强烈的人类命运一致性意识；相信安全包括满足所有人食物、住所、卫生设施、教育、有意义工作、人权和环境保护等基本需求；对战争体系提供安全能力的怀疑，即便是最基本的保护领土国家不受军事攻击，以及其他不愿看到的渗透形式；相信在整个人类历史中，政治生活的必要变革大部分是大众运动和自下而上的反抗的结果，民主化和人权是全球变革的必要、但非充分条件。我们可以通过福尔克所列的图表来更直观地了解世界秩序主义与现实主义的对比。②

最后，我们还需简单谈一下世界秩序学派与理想主义的关系。上文谈到的自由主义严格来讲应该叫新自由主义。虽然自由主义与理想主义一脉相承，是对理想主义的发展，然而在这里，世界秩序学派对新自由主义和理想主义的态度却大不相同。不管是在学派内外，世界秩序学派都被普遍认为是理想主义以及康德传统的延续，③它与理想主义传统某种程度的共同性是显而易见的。不过，世界秩序学派同样拒斥乌托邦主义，虽然批评者指责该学派为乌托邦，他们自己却称自己为"有意义的乌托邦"，甚

---

① Falk, *Explorations at the Edge of Time: the Prospects for World Order*, p. 226. For Falk's introduction of world orderism, also see Falk, "Manifesting World Order: A Scholarly Manifesto"; Falk, "Theory, Realism, and World Security".
② Falk, "Theory, Realism, and World Security", pp. 21–22.
③ Ian Clark, "World Order Reform and Utopian Thought: A Contemporary Watershed?", *The Review of Politics*, Vol. 41, No. 1 (Jan., 1979), pp. 96–120.

至称为"世界秩序现实主义"①。之所以出现这种对理想主义和新自由主义截然不同的态度，其实也不难理解。因为在世界秩序学派看来，新自由主义不过是现实主义的变体，本质上是"现实主义"而非"自由主义"。

参量	现实主义	世界秩序主义
强调单元	国家	世界/个人/团体运动
人性	理性的；自我中心	符号的；文化塑造的
知识体系	经验的；行为的	信念、符号和价值体系；神话和传统
身份	分化的	多元统一；物种思想；生命
冲突与和平	均势；威慑；战争动员	裁军；发展；民主；自下而上动员；
争取和平 未来愿景	持续性	变革或崩溃
可能的成功结果	稳定；北方核心国家、南方一些精英的繁荣	所有社会和人类整体实现世界秩序价值（和平、经济福利、人权、环境平衡）

资料来源：From Falk,"Theory, Realism, and World Security", p. 23.

世界秩序学派特别是福尔克对主流现实主义、自由主义理论的批判，在主流理论、特别是现实主义几乎"独霸"国际关系学科的背景下具有重要意义，可以提醒我们注意主流理论的不足之处，也对冷战后反思主义理论的繁荣有重要的启发和帮助。从这个角度讲，这种批判是极富意义的。不过，在笔者看来，世界秩序学派的批判似乎有矫枉过正之嫌。主流理论固然有其不足，然而无疑是更适应当下的现实的，现实主义对权力和安全问题、新自由制度主义对国际制度的深入研究，在相关方面无疑更贴近现

---

① Falk, Kim and Mendlovitz eds., *Toward a Just World Order*.

实、更具操作性。世界秩序学派的超前性则使它难以产生真正的影响，"该学派的缺陷正是主流国际关系理论的合理性和优势所在"，因此，该学派"需要正视主流理论的优点，进一步包容和吸取其合理之处而不必要加以排斥，做到相互补充，更有助于该学派扩大自己的影响"，①从而也为解决国际关系现实问题提供真正有可操作性的启示。

第二节 世界秩序学派与英国学派

共同的学派形式、强烈的规范关注和对传统方法的坚守等众多相似性使得世界秩序学派与英国学派成为最具可比性的一对理论。也正是由于这一点，英国学派对世界秩序学派的关注和研究也是所有关注世界秩序学派的理论中最为集中和持久的。多位英国学派学者都曾在其著作中或专门撰文对世界秩序学派进行过研究，其中最著名的莫过于布尔在其名著《无政府社会》对福尔克、科塔里世界秩序研究的重视与批评，特别是杰克逊（Robert Jackson）多次在其著作中对福尔克及其"格老秀斯时刻"观点进行专门研究。②而福尔克也多次对布尔的国际秩序思想以及文森特的人权思想进行研究。③两派学者在规范关注上可以说是惺惺相惜，在理论取向和关注重点上却又分歧巨大。本节将主要从相似

---

① 引自洪邮生教授 2014 年 5 月 4 日给笔者的邮件。
② Bull, *The Anarchical Society: A Study of Order in World Politics* (*Third Edition*); Robert Jackson, *Classical and Modern Thought on International Relations: from Anarchy to Cosmopolis*; Jackson, *The Global Covenant: Human Conduct in a World of States*.
③ Richard A. Falk, "The Critical Realist Tradition and the Demystification of Interstate Power: E. H. Carr, Hedley Bull and Robert W. Cox", in Stephen Gill and James H. Mittelman eds., *Innovation and Transformation in International Studies*, Cambridge: Cambridge University Press, 1997, pp. 39–55; Falk, *Human Rights and State Sovereignty*.

性、差异性、代表性学者及观点比较三个方面对世界秩序学派与英国学派加以比较。

一、组织形式、规范关注和研究方法

英国学派是战后国际关系研究、特别是理论研究领域独立于美国"主流"学派之外的一个历史较长、著述丰厚、学术特色较为鲜明的学者群体。[①]如果将这句话中的"英国学派"替换为"世界秩序学派",同样适用。世界秩序学派与英国学派大致产生于一个时期,都是在学派组织机构的领导下、以定期学术会议、出版学术专著的形式展开学术研究。英国学派是在 1959 年由巴特菲尔德(Herbert Butterfield)教授等人倡导、美国洛克菲勒基金会的资助下,一批来自学术界和外交界的人士成立"英国国际政治理论委员会",标志着学派的诞生。世界秩序学派则肇始于 1961 年由一批思想家、政治家、银行家成立的世界法律基金会,1968 年在世界秩序研究所领导、卡内基国际和平基金会、洛克菲勒基金会资助下,由门德洛维兹、福尔克等一批来自世界各地的学者型社会活动家正式成立的。

两个学派都是在战后现实主义主导的背景下出现的,也是国际关系领域较少的几个"学派"中影响较大的,其显著特点就是汇聚了一批志趣相投的知名学者。英国学派的主要学者包括卡尔、曼宁(Charles Manning)、巴特菲尔德、怀特、布尔、沃森(Adam Watson)、文森特,以及晚近的布赞、利特尔(Richard Little)等三代学者,他们各自的主要学术志趣分别是历史、宗教、国际法、国际关系等不尽相同的领域。世界秩序学派也有类

---

① 石斌:"英国学派的传统与变迁",载陈志瑞、周桂银、石斌主编:《开放的国际社会:国际关系研究中的英国学派》,北京:北京大学出版社,2006 年版,第 3 页。

第六章　理论比较视野下的世界秩序学派

似的代际性,门德洛维兹、福尔克、加尔通、马兹锐、科塔里、坂本义和属于第一代学者,他们大致与布尔活跃在同一时期。他们的学术志趣事实上是深受上一代学者克拉克、索恩、麦克道格尔等人的影响,克拉克以及银行家霍林斯等人在学派的肇始和酝酿阶段发挥了重要作用。而后期加入的沃克尔、金淳基、约翰森、克拉托赫维尔、赫尔德、卡尔多等人可算是第二代或第三代学者,其中一些人与福尔克等人也存在师承关系。不过,世界秩序学派的开创学者普遍较为长寿,他们事实上自始至终活跃在学派的主要事务中。世界秩序学派参与者们的主要学术志趣也是分布在国际法、国际关系、政治理论、宗教等不同领域。国际法与国际关系可以说是二者都较为关注的领域,不过,英国学派学者更为偏重历史、哲学思辨,世界秩序学派学者更关注法理和现实分析。

比起共同的学派形式,世界秩序学派与英国学派更大的共同之处在于它们都有强烈的规范取向,可以说,它们都是规范国际关系学科的支柱。英国学派关注秩序、正义、主权、人权等价值,世界秩序学派同样以和平、经济福利、正义、生态平衡等基本价值为自己的首要关注对象。为此,它们都强调国际法与国际规则的重要作用。国际秩序的重要功能之一就是维护和平,虽然二者并不完全相同。争取正义和保护人权更是两个学派同样加以强调的核心价值。不同的是,世界秩序学派价值关注更为广泛、更具前沿性,特别是较早地将生态平衡作为一项全球公共问题来强调。为此,该学派甚至被称为"生态主义"理论。[1]不过,对两个学派来说,价值关注和规范内涵都是自始至终贯穿于它们的所有研究之中,也是将学派成员联系起来的牢固纽带,更是它们之所以广受关注、与主流理论区别开来的重要原因之一。对它们来

---

[1] 约瑟夫·奈:《理解国际冲突:理论与历史》,第321页。

说，国际关系是人类关系的一个组成部分和规范领域，并非只有冰冷的无情争斗。另外，与英国学派一样，世界秩序学派内部在伦理取向上事实上同样存在着多元主义和普遍主义的张力，只不过在英国学派早期是多元主义更胜一筹，后期更多偏向普遍主义；而对世界秩序学派来说，多元主义只是早期部分学者的倾向，普遍主义一直都占据主导地位并成为其鲜明特色。

与共同规范关注密切相关的是两个学派在研究方法上的一致性。它们对国际关系主流理论中的科学实证之风都持拒斥态度，始终坚守传统方法，注重理解、阐释而非说明、预测。这不难理解，将国际关系视为人类关系一部分的态度、强烈的规范关注，学者们历史学家、法学家的身份，都是它们成为传统方法支持者的原因。然而，在具体的方法论实践上，两个学派还是存在一些差异。英国学派更为注重历史方法和哲学方法，并在后期有向社会科学方法转向的趋势；而世界秩序学派更多的是基于习惯法的方法，并且一以贯之，始终没有转向社会科学方法。事实上，世界秩序学派几乎从来没有在方法论上做出专门阐述，它们把理论只当成"手段，而非目的"，在方法论取向上是"实用主义的、几乎是基于习惯法"的，"关注基本的人权等目标而非始终如一的方法论和连贯的哲学"，"更注重如何实现（人类）尊严而非如何去定义"。

除此之外，两个学派还有一个很大的共同点，那就是它们都是作为非主流学派长期存在，甚至受到忽视。强调规范关注、坚守传统方法使它们与主流国际关系学界显得格格不入。事实上，它们都是作为主流理论的挑战者身份出现的，反对在理论上做出非此即彼的选择。英国学派力图在现实主义和自由主义之间走一条中间道路，世界秩序学派则以多元包容的风格容纳了众多被视为后现代主义、建构主义、女性主义代表人物的学者，更多的学派成员的理论取向则很难被准确界定。也许正因为如此，两个学派虽然都是汇聚了众多著名学者、著述丰厚，却长期被排斥在主流学派之外，甚至得不到应有的关注和回应。英国学派只是在20世纪末才引起国际关系学界的"发现"与重视，世界秩序学派虽然在早期受到主流学界的一些关注，但此后则几乎被遗忘。①

二、分析单元、理论取向和学者定位

尽管存在众多相似之处，世界秩序学派与英国学派的内在分歧也是非常明显的。虽然都汇聚了一批志趣相投的学者，英国学派的成员也不尽是英国人，然而，少量的非英国人也是工作在英国或有英国的学术背景；更为重要的是，英国学派是从英国这一中等国家的立场出发，"总体上曲折反映了英国等中等强国和部分中小发达国家的独特处境和国际政治诉求"。尽管布尔、文森特、布赞等人承认文化价值的多样性，并对非西方世界和发展中国家的命运予以相当的关注和同情，但也有一些学者过分强调欧洲历史经验和西方文化价值观对于塑造现代国家体系与国际社会的关键作用，未能脱离西方中心主义的窠臼。②与此相比，世界秩序学派则以其学派成员的跨国性和广泛性、偏重第三世界和弱势群体的关注倾向，摆脱了西方中心主义的束缚。世界秩序学派成员的国籍来源十分广泛，分别来自美国、英国、德国、苏联（俄罗斯）、日本、加拿大、印度、菲律宾及拉美、非洲各国，十足一个民间"联合国"。不仅如此，该学派还非常重视性别平衡，专门吸收众多女性成员参与。

---

① 世界秩序学派在中国国际关系学界几乎无人知晓、更遑论介绍和研究，可能正是学派边缘地位的一个写照。然而，基于其长期努力和丰厚著述、特别是鲜明的学术取向和前沿意识，笔者认为，忽略这一国际关系学科史上的重要存在是完全不应该的。正如英国学派的"重新发现"一样，笔者认为，世界秩序学派也需要被"重新发现"。

② 石斌："'英国学派'国际关系理论概观"，《历史教学问题》2005年第2期，第9页；石斌："英国学派的传统与变迁"，第21页。

与这种学派成员来源和立场上的分歧密切相关的、更重要的分歧是，英国学派"国际社会理论具有国家中心主义倾向，无法理解个人、公司、利益集团和社会群体等非国家行为体的跨国活动所造就的'全球公民社会'，或者对全球商业生产与交换、全球文化与大众传媒所造就的新型社会关系和相应的'世界社会'视而不见"。[①]而布尔在其著名的《无政府社会》一书里对国家体系有效性的辩护对于学派成员来说也并不具有说服力。[②]与之形成鲜明对比的是，世界秩序学派是最早把"全球"作为分析单元的理论，具有强烈的世界主义倾向，对于各种跨国社会运动和全球公民社会的强调和依赖更是其后期最为重要的特色和发展方向。世界秩序学派对于国家和国家体系的批判和质疑使其甚至带有强烈的后现代特色，视国家体系为解决战争和包括环境污染在内的众多全球问题的障碍而非希望，虽然学派并没有完全否定国家的作用。

在历史观和政治哲学上，英国学派既有温和、中庸的一般特点，也有偏于保守的一面。它在国际秩序的变革问题上属于改良派，既要求改善传统的国际关系，一般又不主张激进变革。一些学者对维持国际秩序现状的偏重，对权力政治、大国特殊地位以及武力作为政策工具的认可，对伯克等人的保守主义思想的推崇，对革命主义传统尤其是马克思列宁主义的意识形态偏见，对自由派进步主义史观的批评，无不带有明显的保守主义色彩。[③]引述这段评论是必要的，因为这完全也可以看做是世界秩序学派对英国学派的批评。与英国学派的保守、改良态度相比，世界秩序学派是激进主张的代言人，它们主张对现有世界秩序进行激进变革，与体系维持、体系改良派拉开距离。在它们的变革主张中，

---

① 石斌："英国学派的传统与变迁"，第 20 页。
② Yalem, "Conflicting Approaches to World Order", pp. 384–393.
③ 石斌："英国学派的传统与变迁"，第 19 页。

第六章 理论比较视野下的世界秩序学派

中小国家和政府之外的社会力量都将发挥重要作用,武力的使用被限制在极为有限的条件下,事实上,它们是甘地非暴力主义的支持者。

在这里,将福尔克关于世界秩序不同路径的三分法与怀特著名的国际关系理论三大传统做一比较是一件有意思的尝试。福尔克的三分法我们已多次提及,他将众多不同的世界秩序取向归纳为体系维持、体系改良、体系变革三大路径。在福尔克看来,现实主义者是体系维持路径的代表,自由主义者(也包括很多全球主义者、多元主义者、制度主义者和理想主义者)属于体系改良路径,而世界秩序学派与马克思主义者、批判理论者、后结构主义者则属于体系变革路径。[①]怀特则归纳出了现实主义(马基雅维利传统)、理性主义(格老秀斯传统)和革命主义(康德传统)三大国际关系思想传统。现实主义始自修昔底德(Thucydides)、马基雅维利(Niccolo Machiavelli)、霍布斯(Thomas Hobbes),是最为悠久的国际关系思想传统;英国学派、新自由主义的相互依赖理论则是理性主义的代表;马克思主义者、威尔逊和甘地等则是革命主义的代表人物。[②]作为国际关系理论三分法的代表,二者有着很多类似之处。它们对于现实主义的看法是一致的,对于新自由主义的归类也不存在大的分歧,都视马克思主义为革命路径,在将康德传统视为革命主义上,它们也存在一致性。然而,在对待格老秀斯的态度上,二者似乎存在差异。怀特视英国学派

[①] Falk, *The End of World Order: Essays on Normative International Relations*, Chap. 3; Nicholas J. Rengger, *International Relations, Political Theory and the Problem of Order: Beyond International Relations Theory?*, p. 20; Kim, *The Quest for a Just World Order*, pp. 63–68.

[②] 参见[英]马丁·怀特:"三大传统",周桂银译,载陈志瑞、周桂银、石斌主编:《开放的国际社会:国际关系研究中的英国学派》,第203—218页;[加]罗伯特·杰克逊、[丹]乔格·索伦森:《国际关系学理论与方法》,吴勇、宋德星译,天津:天津人民出版社2008年版,第185—192页;时殷弘、叶凤丽:"现实主义·理性主义·革命主义——国际关系思想传统及其当代典型表现",第4—16页。

为格老秀斯传统的继承者,而福尔克也多次呼吁一个新的"格老秀斯"变革时刻已经到来,但两个学派的理论取向显然存在重大差别。如果我们分别在对方的分类中对它们进行定位的话,英国学派在福尔克的三分法中应该属于体系改良、更可能是体系维持路径;世界秩序学派则明显属于怀特所说的革命主义传统。①

　　两个学派的另外一项根本分歧在于对学者功能的定位上。世界秩序学派认为学者不仅要提出自己的观点,更要投身到社会变革的实践中去。该学派在招募学者时就以"学者型社会活动家"为标准,在后期组织的"追求公正世界和平委员会"和"全球文明"两个专门项目中,更是有来自各行各业的政治家、社会实践者参与,力图将学术研究与世界秩序变革实践结合起来,世界秩序模式工程本身即是一场跨国教育、思想与社会运动。英国学派在这一问题上与世界秩序学派存在根本分歧。布尔坚持认为,学术界与政策界应该严格分开,学者应该保持超然态度。知识分子的角色应该是对包括他(她)自己观点在内的所有政治信条持不懈的批判态度,与对外政策的短期制定保持距离是必要的。②

　　英国学派与世界秩序学派在组织形式、对规范的关注和对传统方法的坚守上,无疑存在很大的相似性,这其中特别重要的是对国际法和国际规范的重视,以及对正义、人权等基本价值的强调,使两者更显得与主流理论颇为不同,并因此具有亲近性。然而,这些相似性更多的只是在外表上,在具体的关注对象、理论取向、特别是对社会变革的理解和态度上,两个学派存在内在的根本分歧。这也就是为什么英国学派较为关注世界秩序学派,却又在具体内容上对其大加批评。

---

① Kim, *The Quest for a Just World Order*, p. 63;时殷弘、叶凤丽:"现实主义·理性主义·革命主义——国际关系思想传统及其当代典型表现",第15—16页。
② Tim Dunne, *Inventing International Society: A History of the English School*, New York: St. Martin's Press, Inc., 1998, p. 140.

然而，在笔者看来，这种分歧不仅是无害的，反而是非常健康的。面对变革，从来都不乏改良与激进主张的争论，只要坚守共同的对人类基本价值的关注，在此前提下，不同观点的交锋和争论更有利于我们对变革之路有一个更加审慎而又不过分保守的态度，避免单一思维必然存在的弊端。

第三节　世界秩序学派与其他相关理论

除与主流的现实主义、自由主义理论以及英国学派极具可比性之外，还有必要将世界秩序学派与一些其他的相关理论做一比较。其中特别重要的是反思主义、全球治理理论、（新）马克思主义和甘地主义、无政府主义等。它们或与世界秩序学派有密切关系，或存在一定联系却又颇为不同，或可作为世界秩序学派的某种理论补充。

一、世界秩序学派与反思主义、全球治理理论

作为以主流现实主义、自由主义理论的批判者姿态出现的世界秩序学派，其对主流理论的挑战、对传统方法的坚持、对规范的强调以及长期的边缘位置，使它与冷战后颇受瞩目的众多反思主义理论存在相当大的相似性，这让人自然而然想要追问两者之间是否存在某种联系。

不过，两者在活跃时间上存在很大的差异。世界秩序学派肇始于 20 世纪 60 年代，其高潮期在 20 世纪 70 年代末 80 年代初。虽然在冷战结束之后，世界秩序学派依然有一些活动，但它实际上是趋于沉寂了。然而反思主义诸理论主要是在冷战之后才活跃起来并受到关注。那么反思主义是否是世界秩序学派的某种变体呢？根据笔者的了解，也不能得出这样的结论。

那么两者到底有无关联呢？答案当然是肯定的。从总体上来讲，世界秩序模式工程、特别是其旗舰刊物《选择》对于反思主义诸理论的出现和发展可以说是起到了重要的孕育和推动作用。世界秩序模式工程的成员中有颇多反思主义理论的代表人物，如后现代主义者沃克尔，建构主义者克拉托赫维尔，女性主义者博尔丁、西尔维斯特，规范理论学者赫尔德、卡尔多等。他们要么是学派中坚力量（如沃克尔），要么与学派主要成员有师生关系（如克拉托赫维尔、卡尔多曾是福尔克的学生），要么经常参加学派活动并与学派核心成员保持密切联系（如博尔丁、西尔维斯特、赫尔德）。

《选择》杂志不仅长期由后现代主义的最重要代表人物之一沃克尔担任主编，而且以发表非主流理论的观点著称，着力推动非主流理论的发展，在推动反思主义理论被主流学界熟知和影响提升上发挥了关键作用。根据笔者的检索，《选择》杂志刊登的文章以后现代主义、建构主义、女性主义等众多反思主义和非主流理论、包括第三世界国际关系研究为主，几乎不刊登主流理论的文章，这可能也算是一种反向的"歧视"吧！这一方面说明了反思主义理论与世界秩序学派的理念较为接近，另一方面也说明了学派作为反思主义理论孕育者和推广者的重要地位。

世界秩序学派与反思主义中的规范理论存在高度的近似性。事实上，世界秩序学派本身就是一种规范理论，它不仅与早期理想主义规范理论存在一定继承关系，还与国际社会理论一道作为规范理论的中坚力量，代表了规范理论世界主义倾向的重要声音。不仅如此，正如上文所说，世界秩序学派还在一定意义上孕育和推广了作为冷战后反思主义一支的狭义的规范理论。

基于世界秩序学派建设性后现代主义的理论取向与我们更为熟知的（解构性）后现代国际关系理论名字上的相关性，特别是考虑到沃克尔是两者共同的一个重要代表人物，我们很自然对于两者的关系很感兴趣。然而事实上，沃克尔本人并不强调他的后现代主义者身份，他甚至不太接受"后现代"一词。而世界秩序学派也并不经常使用重构性（建设性）后现代主义这一个理论标签。所以对于他们自己来讲，这似乎并不是一个进入视野的问题。对于沃克尔本人来说，似乎也没有太过于强调他的这两种经历和身份的联系，与沃克尔有合作关系的其他解构性后现代主义国际关系学者除了在《选择》上发文之外，也没有与世界秩序学派建立起更多的联系。

在笔者看来，这其实并不难理解。其一，我们熟悉的解构性后现代主义国际关系理论是在20世纪90年代以后才开始迅速发展的，而此时世界秩序学派已经进入其低潮期。事实上沃克尔也是在此后开始与其他解构性后现代主义国际关系学者展开合作的。两者之间存在一个时间差。其二，更重要、更根本的原因在于，世界秩序学派的建设性后现代主义与解构性后现代主义国际关系理论之间的关系，本质上其实就是建设性后现代主义与解构性后现代主义之间的关系，只不过是表现在看待国际关系问题上罢了，两者之间其实存在着极大的差异。这大概也是沃克尔拒绝被明确贴上后现代主义标签的一个内在原因。

与反思主义类似，全球治理理论同样是冷战后随着经济全球化的深入发展而受到广泛重视的国际关系理论。如果说反思主义的影响力还较为有限，在主流理论看来，只是提供了一些新的视角的话，全球治理理论则成为新的热点，影响越来越大。同样类似的是，世界秩序学派不仅是反思主义的理论先驱，同样是全球治理理论的先驱力量。

世界秩序学派是全球治理研究中的一支重要力量，包括福尔克、赫尔德在内的多位学派学者都是全球治理领域的重要代表人物。事实上，该学派改革联合国的主张、较早将全球作为分析单元、对非政府组织和跨国社会运动的依赖等理论特点，都使其与全球治理理论具有诸多共性。该学派早期致力于研究改革联合国的世界秩序方案，并且在20世纪70年代就把全球作为分析单元，是全球治理的最早倡导者之一和全球主义范式全球治理理论的先驱。而学派后期又转向强调跨国社会运动对于世界秩序变革的作用，成为跨国主义全球治理范式中的重要一员。

二、世界秩序学派与（新）马克思主义

世界秩序学派与（新）马克思主义都有明显的革命倾向，拒斥把国家作为核心分析单元，无论是在怀特的三大传统还是在福尔克的世界秩序三种路径中，两者都是属于同一大类。但另一方面，两者也有颇为不同的地方，比如在对待暴力的态度上。世界秩序学派对暴力的使用持极为谨慎的态度，马克思主义则不放弃暴力作为一种有效抵抗工具的必要性。不过，世界秩序学派对马克思主义和新马克思主义的态度颇为不同。对于前者，世界秩序学派总体上持拒斥态度；对于后者，世界秩序学派一方面认为自身与新马克思主义存在差异，另一方面又承认二者有互补之处。

福尔克很早就声明自己的理论是"非马克思主义的"，并多次指出其理论是不同于包括马克思主义在内的众多理论的"重构性（建设性）后现代主义"。[①]福尔克还认为马克思主义并非是现实主义的真正替代者。马克思主义通常被视为现实主义之外的另一种理论范式，因为它强调把阶级关系作为政治行为的基础，致力于社会主义革命的胜利，以及在对外政策中持续的反对帝国主义立场。然而，福尔克却认为，在详细考察之下，马克思主义只是停留在口头上，苏联在事实上践行的仍然是现实主义逻辑。它关注的依然是力量较量，这导致马克思主义者依旧像现实主义者那样关注政治、军事和经济因素的盘算。事实上，马克思主义没

---

① Falk, "The Shaping of World Order Studies: A Response", p. 20.

第六章　理论比较视野下的世界秩序学派

有自己的国际关系理论。①

金淳基则进一步指出了马克思主义作为一种世界秩序体系变革路径事实上是存在一些问题的。第一，马克思主义在理论和实践上其实已经抛弃了"国家逐渐消亡"的规范原则，因此未能经受住反国家主义的考验。第二，尽管马克思主义依然是解释资本主义社会冲突的有力理论，其范式有效性却由于它不能解释社会主义国家的各种冲突和它们之间的战事而极大弱化。第三，如马基雅维利现实主义那样，马克思主义是一种还原主义的单一经济决定理论。当今世界上太多的矛盾不能被简化为解决冲突的附带现象。总之，马克思主义理论由于价值基础过于狭隘而不能被视为一种世界秩序的体系变革理论。②这事实上是否定了马克思主义与世界秩序学派的同类性。这种对马克思主义的否定态度在其他一些学派成员那里同样存在。③

不过，世界秩序学派对待新马克思主义的态度则要积极得多。就在宣称其理论为非马克思主义的同时，福尔克还指出自从写作《未来世界研究》以来，他接受了一些新马克思主义元素，主要是关于革命与压迫的动力以及全球改革的前景必须通过诉诸于宏观历史结构和倾向来评估的信念。福尔克还指出，该学派大多数成员都有类似转变。④同样，在否定马克思主义作为一种世界秩序变革路径的同时，金淳基却认为沃勒斯坦的新马克思主义"世界体系论"可以被视作一种世界秩序体系变革路径。尽管认为世界体系论同样存在价值基础过于狭隘的问题，世界秩序学派更为关注应对短期和长期挑战的路径，与描述资本主义作为一种世界力量之兴衰的世界体系论也颇为不同，金淳基还是认为两者

---

① Falk, "Theory, Realism, and World Security", pp. 18–19.
② Kim, *The Quest for a Just World Order*, p. 66.
③ Mittelman, "World Order Studies and International Political Economy", p. 329.
④ Falk, "The Shaping of World Order Studies: A Response", pp. 20–21.

存在一些可比性、甚至互补性。另一位学派学者西尔维斯特则更为深入地探讨了两者相互补充和学习的可能性。①加强这方面的工作对于理解和推进世界秩序变革将是非常有益的。

三、可以作为学派积极补充的其他理论

如果说新马克思主义与世界秩序学派的补充关系目前表现的还不够明显的话，该学派更为积极地探讨或注意到了其他两种理论可以作为学派资源来源、支持对象的重要意义。其中最重要的是甘地主义和无政府主义。

（一）甘地主义

在一个将暴力和硬实力作为成功斗争手段的现实主义理念主导的世界里，甘地以非暴力手段成功抵抗英国殖民主义的壮举被视为"圣雄"。尽管甘地已经逝去半个多世纪，对他鼓舞人心的观念和生命的敬仰使他的影响力远大于20世纪任何其他领导人。②甘地主义的核心是动员没有武装的大众，无条件地以非暴力手段、决不妥协的精神，挑战、废除、改变整个权力和权威结构。甘地主义提供了一套由甘地在严峻实践考验中发展、源自印度文化和宗教遗产以及英国殖民者敏感之处的思想和实践。甘地主义有着十分强大的规范和精神力量，推动和鼓励着争取正义的斗争，不管眼前的代价有多大。③

甘地主义以非暴力手段挑战权威结构、为争取独立和正义而斗争的精神使它值得作为一种广泛适用的模式受到足够重视，也

---

① Kim, *The Quest for a Just World Order*, pp. 67 – 68; Sylvester, "World Order and International Political Economy: Issues of World System Change", pp. 373 – 392.

② Richard A. Falk, "Is This a Global Gandhian Moment?", at his personal *Citizen Pilgrimage* blog, Oct. 10, 2011. http://richardfalk.wordpress.com/2011/10/10/is-this-a-global-gandhian-moment/

③ Falk, *Religion and Humane Global Governance*, pp. 154 – 155.

第六章　理论比较视野下的世界秩序学派

使得世界秩序学派将其引为精神来源，作为有助于实现一个公正世界秩序的助推力。为此，福尔克多次撰文研究并呼吁甘地主义在当下的重要意义。[1]福尔克赞同一些学者提出的我们正处于一个全球"甘地时刻"的观点，他认为，尽管是出于实用目的和策略考虑，20世纪80年代末以来包括柏林墙被推倒、苏联解体、南非种族隔离解除在内的一系列事件，还是可以表明"一个新的和平变革和全球正义的时代正在世界舞台上消除战争和暴力"。尽管战争和暴力在全球范围依然流行，它们也正逐渐失去作为政治和历史主导特征的吸引力。[2]

社会活动家和激进主义者们逐渐接受非暴力手段的效能、对武力斗争感到失望，经济全球化使革命实践去意识形态化，特别是市场份额和经济增长考虑很少可以直接在战场上获得的现实，以及媒体、网络影响力的增强，对软实力的信心，这些都是促使一个全球甘地时刻到来的原因。前两年的"阿拉伯之春"就反映了参与者致力于甘地式"不可能之政治"（a politics of impossibility）和非暴力对抗的意愿。不仅如此，对"不可能之政治"的持续依赖和对非暴力的无条件遵从，还可以帮助我们有效、人道地应对任何最迫切的全球挑战。[3]

福尔克还认为，虽然奈著名的软实力概念本质上是服务于帝

---

[1] Richard A. Falk, "Gandhi's Legacy for World Order", in Ibid., pp. 143 – 165; Richard A. Falk, "Gandhi, Nonviolence and the Struggle Against War", *The Translational Foundation for Peace and Future Research* (*TFF*), Jan. 28, 2004. http://www.oldsite.transnational.org/SAJT/forum/Nonviolence/2004/Falk_GandhiNonviolence.html; Richard A. Falk, "Is This a Global Gandhian Moment?"; Richard A. Falk, "Toward a Gandhian Geopolitics: A Feasible Utopia?", at his personal *Citizen Pilgrimage* blog, Jul. 25, 2012. http://richardfalk.wordpress.com/2012/07/25/toward-a-gandhian-geopolitics-a-feasible-utopia/

[2] Falk, "Is This a Global Gandhian Moment?"; Falk, "Gandhi's Legacy for World Order"; Falk, "Gandhi, Nonviolence and the Struggle Against War".

[3] Falk, "Gandhi's Legacy for World Order", pp. 145 – 146; Falk, "Gandhi, Nonviolence and the Struggle Against War".

国地缘政治的力量倍增器，应受到极大的质疑；但另一方面，作为黩武主义和暴力的替代者，软实力可以被接受为一种甘地式的地缘政治战略，可能成为 21 世纪第一个可行的乌托邦（feasible utopia）。尽管我们非常期望生活在一个没有国界、充分考虑人类疾苦、保护全球公共物品、服从全球宪政民主的软实力世界，但这样一种良好的幻想在当前毕竟缺少政治动力，因此是一种不负责任的世界观。即便是最低限度版本的非暴力、非帝国新选择，也可以在帮助人类找到一条走向和平、公正和发展的世界秩序道路上向前迈进。①

（二）无政府主义

另外一种对世界秩序变革可以起到启发和帮助作用的理论是无政府主义，同样受到世界秩序学派的重视。无政府主义很大程度上将自己的思想和行动指向反对主权国家，试图在一国国内实现经济、政治和社会生活的激进重构。许多和平主义者，如托尔斯泰、甘地、古德曼（Paul Goodman）都与无政府主义思想传统有关联。这一丰富的思想传统有力地提醒我们解散官僚国家，通过自下而上的方式重构一个世界社会的意义，以及合作、非暴力、社团、小规模社会组织和人类物质需求的地方解决办法的不可或缺的作用，如果想把追求一个公正、持续社会的愿望从其乌托邦温室里解救出来的话。②

无政府主义对于主流全球变革思想是一个有利的补充，其主要观点包括：第一，对国家的疑虑，不接受国家是实现公正秩序（无论是在任何社会组织层面）的"一种模范"；第二，对其他各种集体——社区、城市、省、地区、协会——为重新组织人类事业提供创造性动力的积极信念；第三，坚持小单元自主性和个人

---

① Falk, "Toward a Gandhian Geopolitics: A Feasible Utopia?".
② Richard A. Falk, "Anarchism and World Order", in his *The End of World Order: Essays on Normative International Relations*, pp. 277–280.

第六章 理论比较视野下的世界秩序学派

自由的绝对性;第四,对当前权力、财富和声望组织的结构性批判,以及当前社会领导人永远不会主动满足的一系列革命性需求;第五,一种积极向前的未来观点,相信一种新的秩序源于迅速采取个人和政治行动;第六,以"正义"代替"秩序"作为世界社会中已有权力安排有效性的首要测试工具;第七,相信未来的可创造性。无政府主义思想的这些元素综合了批判、远景和转型战略,对全球变革运动很有帮助。①

需要说明的是,上述世界秩序学派给予积极评价的无政府主义并非政治话语和政治实践中的无政府主义,人们通常对这种无政府主义怀有负面印象,特别是其对暴力的支持。我们这里所说的无政府主义是哲学中的无政府主义,该领域学者极有原则地坚持把非暴力作为信条并付诸实践。另外,这种无政府主义与布尔以及一些经典现实主义者所说的无政府也颇为不同,它赋予当代激进政治以实质和方向:将非国家行为体作为解放潜力的首要依赖对象;以强制性非暴力和软实力为基础寻求变化,包括在社会和政治冲突方面寻求控制道德高地;对自然和古老智慧的尊敬。还有一些在政策和价值导向评估中值得强调的焦点,包括抵制掠夺性全球化、霸权地缘政治和政治集中化。②

---

① Richard A. Falk, "Anarchism and World Order", in his *The End of World Order: Essays on Normative International Relations*, pp. 284–285.

② Richard A. Falk, "Anarchism without Anarchism: Searching for Progressive Politics", at his personal *Citizen Pilgrimage* blog, Nov. 26, 2010. http://richardfalk.wordpress.com/2010/11/26/anarchism-without-anarchism-searching-for-progressive-politics/

第 七 章

世界秩序学派的贡献与不足

　　世界秩序学派长达半个世纪的学术研究活动对世界秩序研究的发展、规范国际关系学科的塑造起到了极大的推动作用，成为世界秩序研究的中坚和规范国际关系学科的先驱。与此同时，世界秩序学派对主流国家中心主义理论和科学行为主义方法的挑战，对全球为单位、全球公民社会为关注对象、未来主义导向、跨学科方法并带有强烈激进色彩的建设性后现代国际关系思想的提倡和推广，以及以《选择》杂志为核心的学派平台对后现代主义、建构主义、女性主义等众多反思主义和非主流理论、包括第三世界国际关系研究的支持和推动，使得世界秩序学派成为国际关系学科史上不可忽略的一笔。不仅如此，世界秩序模式工程还是一场声势浩大的教育、思想和社会运动，在学术研究之外还积极投身社会实践，推动了大众世界秩序转型意识的提升和一个和平、富足、公正、生态平衡的世界秩序的建设进程。不过，世界秩序学派内部的分歧是它受到诟病和限制其影响的一个重要因素。缺乏历史意识、对科学方法的强烈拒斥的研究路径也是学派未能产生广泛影响、不被主流学界充分重视和接纳的原因之一。最为重要的是，世界秩序学派过于激进和超前的转型主张、并不具足够说服力的转型战略使得它始终无法摆脱"空想"的指责。

第一节 世界秩序学派的贡献

世界秩序学派长期执着的研究和社会实践、丰富的研究成果和重要的学术、社会影响，使得对其贡献和意义加以总结成为一种必要、并且十分有意义的工作。本节将从世界秩序学派在世界秩序研究、规范国际关系学科发展以及国际关系学科发展中地位和作用几个方面梳理学派的历史和理论贡献，同时从实践角度总结其对世界秩序教育和世界秩序变革的推动作用。

一、世界秩序研究之中坚

在从 14 世纪法国法学家、政治家杜布瓦（Pierre Dubois）主张建立基督教联合体、意大利诗人但丁的"世界帝国"理想到 15 世纪波西米亚国王波迪布拉德（Georg Podabrad）的基督教联盟提议，再到 17 世纪法国政治作家克鲁塞（Émeric Crucé）世界组织主张、法王亨利四世和他的大臣苏利公爵（Duke of Sully）的基督教联合国家倡议，18 世纪法国圣皮埃尔神父的"永久和平五点纲领"、德国哲学家康德的《永久和平论》，最后到威尔逊的"十四点计划"以及二战后各种世界秩序主张的世界秩序思想发展史上，世界秩序模式工程可以说是一脉相承，特别是承袭了康德的理想主义世界秩序主张，被视为"新康德主义"[1]。无论在何种世界秩序思想史的梳理中，世界秩序学派都占有一席之地。[2]

---

[1] Clark, "World Order Reform and Utopian Thought: A Contemporary Watershed?".
[2] E. G., Louis R. Beres and Harry R. Targ, "Perspectives on world order: A Review", *Alternatives*, 2: 2 (1976), pp. 177 – 198; Suganami, *The Domestic Analogy and World Order Proposals*.

在当代世界秩序探究中，世界秩序模式工程与罗马俱乐部、三边委员会、20世纪80年代工程一道成为新一轮世界秩序热潮的推动者。不过，世界秩序模式工程在其中是最为学术化、理论成果最为丰富、持续时间最久的努力，它的工作"使世界秩序研究近年来日渐重要"①，并被誉为"世界秩序研究的蓝本"，"因为它是该领域规模最为宏大、可能也是最全面详尽的努力"。②世界秩序研究所是"世界秩序"一语的核心推动和使用者之一。对国际关系学者来说，世界秩序至少部分是世界秩序研究所所说的那样。世界秩序学派还一直致力于世界秩序研究的学科化工作，通过教材研发、推广和理论研究、提倡，世界秩序教学和研究在美国以及其他一些国家广泛展开，世界秩序研究取得学科地位，赢得教育界和学术界的广泛支持。不仅如此，一些美国基金会甚至在它们的目标陈述中吸纳了工程的一些语言和观念，"世界秩序"一词更是成为当时学术界、甚至政治家们的流行语。

可以说，世界秩序学派是当代世界秩序研究的中坚力量。在长达半个世纪的努力中，世界秩序学派召开了数十场会议、出版著作上百部、文章更是不计其数，在世界秩序理论的总结、梳理、推广和世界秩序学科的产生、发展上发挥了极大作用。虽然主流现实主义、自由主义、建构主义学派都有相应的世界秩序主张，但他们并没有进行专门的世界秩序研究，并非世界秩序学科的主要力量。其他较为有名的世界秩序主张，如亨廷顿的"文明冲突论"、福山的"历史终结论"等，虽然也是专门的世界秩序视野，影响也非常大，但在推动世界秩序的系统研究和世界秩序学科的发展上，他们仅仅是贡献了一家之言，没有像世界秩序学派那样的系统努力。从这个角度反观我国的情况，我们的世界秩

---

① Yalem, "Conflicting Approaches to World Order", p. 384.
② Mittelman, "World Order Studies and International Political Economy", p. 326.

序研究还远为不足,更遑论专门的世界秩序学科。①

二、规范国际关系理论之先驱

"在过去 40 年里,国际关系领域中大概没有其他声音更持续、更雄辩地倡导一种全球政治的规范、道德路径。""他对法律和政治学科中一种'全球伦理'的倡导和贡献使他成为一个无与伦比的榜样。"这个人就是福尔克。为表达对福尔克在规范国际关系领域所做贡献的敬意,2000 年魏普纳、鲁兹还主编了一本名为《有原则的世界政治:规范国际关系的挑战》的著作,将世界秩序学派倡导的和平、经济福利、社会正义和生态平衡四项价值作为该书的编写框架,并称"规范国际关系是福尔克在过去 40 多年里帮助建立和发展起来的一门学科"。门德洛维兹也认为,"理查德的工作以及深受他启发的学生、同事们在很大程度上塑造了规范国际关系学科"。福尔克在规范国际关系学科领域的影响无疑是世界秩序学派在塑造规范国际关系学科中巨大影响的一个缩影。

世界秩序学派将人类置于核心地位,作为分析、决策和行动的重要组成部分,从重视人类的角度进行国际关系研究。②学派在微观上将个人、宏观上将全人类作为分析单元和根本目的,超越了传统上过于强调国家利益的狭隘视野。该学派还将和平、经济福利、社会正义和生态平衡作为一个整体价值框架来理解全球政治、社会、经济和军事进程。③从本质上说,世界秩序模式工程是

---

① 我们的世界秩序研究显得非常不系统,有限的专门研究也局限于梳理世界秩序历史和三大主流学派的世界秩序观。
② Johansen, "The Contribution of the World Order Models Project", p. 155; Roy Preiswerk, "Could We Study International Relations as if People Mattered?".
③ Mendlovitz, "On the Creation of a Just World Order: An Agenda for a Program of Inquiry and Praxis", p. 356.

一项规范驱动、价值导向、试图充分发挥人类潜力的人类政治表达。不仅如此，世界秩序学派事实上"是将关于国际社会未来的规范思想从西方偏见、特别是从那类二战后主导世界秩序思想的世界政府式法律规划中解放出来（比如《通过世界法实现世界和平》）"，①打破了单一的和平关注，并且强调几种价值之间的相互影响和联系，还将关注重心从顶层设计转向大众运动。这无疑是在规范研究中的重要创新和发展。

世界秩序学派将人类作为国际关系中心、强调多元世界秩序价值的研究取向，塑造了很多其他学者的著作，并且激发了和平与世界秩序研究中的新课程。该学派关注安全的经济、环境和人权方面的观点在研究和教育中有广泛的传播。甚至一些美国基金会也在他们目标陈述中吸纳了学派的一些语言和观念。②不过，该学派在规范塑造方面最大的成就，大概要数其倡导的世界秩序价值"已经在联合国及其他关于当代人类安全政策和实践中得到普遍使用"。③可以说，世界秩序学派从20世纪60年代起就开始倡导的多元价值的全球规范路径，及其在规范国际关系领域的丰富研究成果和持续努力，对此后规范国际关系学科的塑造和发展产生了重要作用，造就了其规范国际关系学科先驱之地位。

无论是在理论上还是在对问题的根本关注上，世界秩序学派都体现出极强的前瞻性。该学派在20世纪70年代就开始了多项主流学界近20年后才开始集中关注的问题：强调生态平衡，努力维护人与自然的和谐；从全球视角讨论人类共同面临的命运攸关危机，推动人类命运共同体意识的传播和影响；批判主权国家体系和现代性的弊病，设计和推动后现代转型等。该学派对时代

---

① Falk, "From Geopolitics to Geogovernance: WOMP and Contemporary Political Discourse", pp. 146, 149.
② Johansen, "The Contribution of the World Order Models Project", p. 155.
③ "The Impact of World Order Values: A Workshop and Article Launch".

发展的障碍和前进方向有着敏锐的洞察力和前沿性建议，具有极为显著的理论和现实意义。

三、国际关系学科中不可忽略的一支理论流派

基于世界秩序学派在世界秩序研究和规范国际关系研究中的重要地位，使其在国际关系学科发展史上占据独特的地位。不仅如此，世界秩序学派还因其对主流理论及其研究方法的有力挑战、长期的研究实践和丰富的研究成果而成为国际关系主流理论之外一支重要的理论流派。该学派还以其多元包容的态度，接纳了后现代主义（沃克尔）、建构主义（克拉托赫维尔）、女性主义（博尔丁、西尔维斯特）、全球治理（赫尔德、卡尔多）等众多非主流学派学者，更是容纳了来自世界各地、特别是众多发展中国家的学者，使他们更多地在主流英语刊物和出版社发表作品，参与国际学术会议，这无疑在某种程度上促进和推动了非主流理论和众多国家国际关系学科的发展。

世界秩序学派旗帜性的《选择》杂志在这方面甚至发挥了更大作用。根据笔者对《选择》杂志绝大多数期次的检索和浏览，可以发现一个明显的特点：杂志从未发表主流现实主义和自由主义的文章，这样做并非出于偏见，因为与主流理论相比，非主流理论的发展显然没有足够的空间和平台，《选择》杂志在这方面起到了极大的推动作用。从20世纪80年代末期起，杂志刊登了大量建构主义、后现代主义、批判理论、女性主义、全球治理方面的文章。另外一个特点是，杂志刊登了众多来自第三世界国家学者的文章。这充分体现了《选择》杂志的开放多元的办刊宗旨和世界秩序学派推动理论多元共荣、支持第三世界发出声音的思想倾向，在国际关系理论和学科发展史上起到了重要的推动作用。

然而，我们在众多流行国际关系教科书中却很难发现世界秩

序学派的踪迹，基于世界秩序学派长达半个世纪的存在和丰富的学术成果，特别是其独特的学术取向和理论风格，世界秩序学派无疑应是国际关系非主流理论中极其重要的一员，甚至是众多非主流理论的孕育之源。国际关系学界对世界秩序学派的忽视无疑是极不应该的，我们现有的国际关系理论史在完整性和客观性上无疑存在重大的缺失。重新"发现"世界秩序学派，摆正其在国际关系学科史上的地位，无疑是十分必要的。

四、一场声势浩大的教育、思想和社会运动

与我们所熟悉的众多国际关系理论不同，世界秩序学派不仅有丰富的理论成果，同时本身还是一场声势浩大的教育、思想和社会运动。世界秩序模式工程肇始于消除战争的教育运动，该学派一直十分重视教材研发工作，提供了众多世界秩序学科领域的经典教科书，其最典型的代表莫过于是再版近10次的《和平与世界秩序研究》。在学派看来，学者不仅是要提出自己的看法，更要投身实践，将思想转化为行动。因此，世界秩序学派的主要参与者几乎都是学者型社会活动家，同时还吸纳了来自各领域的实践者参与，力图使学派的思想产生广泛的社会和政治影响。这最为典型地体现在学派后期组织的"追求公正世界和平委员会"和"全球文明"两个专门项目中。

世界秩序学派对学术与实践关系的这种态度及其贡献在福尔克上有着最为典型的体现。福尔克不仅是一位极富盛名的学者，他同时是一位积极的社会活动家。在越战期间，福尔克就曾对越南战争进行了持续、有力的抗争，成为一名全球知名的反战人士。福尔克还以律师身份参与了众多国际法院审判和国际司法调查。特别是新世纪以来，福尔克因其卓越的声望和公正的态度屡次受邀担任联合国职务，其中最有名的是担任联合国大会主席特别顾问和联合国人权理事会特别报告员，更多地在推动一个公正

世界秩序的实践中发挥其专业才干和影响力。除此之外，福尔克不懈的批判精神、毕生实践"公民朝圣者"理想的努力，激励和支撑着无数学者，成为将精神追求与生活实践完美结合的代表。

20 世纪 80 年代以后，世界秩序学派将重心转向对跨国社会运动的强调，将其视为走向世界新秩序的依托力量。事实上，世界秩序模式工程本身即是这种跨国社会运动的代表。最小的善行胜过最大的善念。光说不做等于零。世界秩序学派身体力行的做法使得它们成为思想与社会运动结合的榜样。与学派同样渊源于世界秩序研究所、在 20 世纪 90 年代分开的世界政策研究所，以其对包括美国大选在内的众多政策影响和全球著名思想库的身份，从另外一个角度体现了世界秩序学派思想和社会运动的特征。

学派的努力也没有白费，其最大的社会影响体现在当今世界对学派最早倡导的全球治理的广泛接受，以及世界秩序价值在联合国及其他关于当代人类安全政策和实践中得到普遍使用。前联合国秘书长加利公开声明的哲学和加拿大积极倡导联合国维和，也可被视为福尔克 20 年来所倡导战略胜利的证明。[①]与此同时，该学派的学术和社会活动提高了民族解放斗争的意识并且动员了广泛的支持；世界秩序学派也通过教育学生，一定程度上也包括公众核战争的危险和军备竞赛的非法性而留下了印记，移植和孕育了反对霸权、抗议和反抗的种子。[②]

第二节　世界秩序学派的不足

虽然本书更多的是对世界秩序学派的价值取向、转型战略、

[①] Kessler, *Bush's New World Order: the Meaning beyond the Words*.
[②] Mittelman, "World Order Studies and International Political Economy", pp. 327, 343.

不懈的批判态度和极具韧性的不妥协精神非常欣赏并受到极大鼓舞,然而客观地讲,世界秩序学派确实存在不少不足之处,比如其内部的分歧,缺乏历史分析和社会科学方法论,无法回避的超前性和有限的学术、政治影响,等等。这恐怕是世界秩序学派无论在主流学术界还是在政策界影响甚微、甚至被忽视、遗忘的原因,也是学派成员感到沮丧的原因。不过,在客观承认学派不足的同时,我们也要清醒地认识到,该学派所遭遇的冷落、空想的指责不仅是学派自身的问题,更是社会和人类自私短视的劣根性所造成的,该到了社会自我拷问和反思的时候了。

一、学派内部分歧

世界秩序学派的创始即源于让来自各国的学者提出自己对世界秩序的看法和理念,这极大地促进了各种观点的交流和相互促进,造就了其全球和多元的价值取向。然而,这种方法的负面效应日益显现,即造就了学派内部观点的差异始终无法统一,成为外界诟病的一大问题,也使学派观点的影响力打了折扣。对学派内部分歧最具概括性的指责莫过于指出其内部存在三种关于人和社会现实的理论:以魏茨泽克为代表的反政治理论,关注真理与爱,继承了托尔斯泰和甘地传统,代表这类理论的个人是圣人;以福尔克、马兹锐和坂本义和为代表的非政治理论,其主要概念是一致性、开明的自利,代表这类理论的个人属于改革者/教育者;以拉戈斯为代表的政治理论,其主要概念是权力和冲突,代表这类理论的个人属于激进主义者。[①]虽然这种概括可能存在不够准确之处,不过确实在一定程度上说明了学派成员间理论取向和关注重点的差异。

---

① See Steiner, "Conceptions of the Individual in the World Order Models Project (WOMP) Literature".

就连学派成员也承认其内部的分歧：在学派前期，成员间在优先考虑和日常工作事项上存在不一致，第三世界参与者坚持反对帝国主义立场，他们的优先考虑是在国家和地区层面找到一种经济和政治发展的积极战略，同时找到一种维护第三世界国家独立的方法。这与第一世界参与者的西方自由主义倾向形成了鲜明对比，他们更为关注全球层面的变革。第三世界参与者还认为学派过于理想化，还担心工程由美国资助和管理的模式会不可避免地使其工作带有西方化、北方化倾向。尽管后来学派内部的一致性在不断增加，然而工程主任门德洛维兹与其他成员间在是否建立集中化管理的世界政府上始终无法取得完全一致，尽管这一点并没有影响学派工作的推进。①

二、缺乏历史分析、系统理论化和社会科学方法论

由于世界秩序学派的成员大多是国际法学者，该学派研究更多地是基于实用主义和常识的法律和现实分析，虽然学派的著作并没有因此缺乏深度，甚至更适合阅读，然而，缺乏历史分析和哲学基础确实是多数学派著作中的一大缺憾，因此遭到尖锐的批评。该学派的世界秩序视角被指责为"非历史"，其用来作为评估当下和未来标准的价值被假定为给定的，没有考虑到写作者生活的当下或是未来社会的语境。未来和转型必须从历史变迁的有机动力角度来理解；世界秩序视角同时还被指责为"非理论"，将其所关注的问题与历史力量和制度分离开来。②更为尖锐的批评则指出"世界秩序模式化学者给人以他们好像正在'重新'进入

---

① See Falk, *The End of World Order: Essays on Normative International Relations*, pp. 19–20; Falk, Johansen and Kim eds., *The Constitutional Foundations of World Peace*, pp. 3–12; Fak, "The Second Coming of WOMP? Notes on Restoring Vision, Hope, Reason, and Faith".

② See Targ, "World Order and Future Studies Reconsidered", pp. 375–376.

这一领域的印象","他们没有从过去跨国时代学习其经验教训，因此使他们的工作缺乏时间性"。这位批评者同时还指出，世界秩序学派未能深入研究葛兰西（Antonio Gramsci）所关注的深层意识形态结构，也未能将转型过程理论化，"理论和方法基础薄弱"。①

一些实证理论家也对世界秩序学派的规范取向提出批评，因为他们被断言没有满足严格的社会科学研究的标准。更有批评甚至认为世界秩序学派"根本没有方法论"。②这也就是为什么社会科学家不常读学派作家的著作，因为他们没有将自己的主张提交经验或假设验证，虽然事实上他们的主张可能是经得起这种验证的。③这是造成学派长期被主流学界排斥和忽视的一个重要原因。不过，事实上学派并非对社会科学方法持完全拒斥的态度，一个有力的证据就是西尔维斯特作为一个行为主义学者，也是学派的成员，并且将社会科学研究方法与学派的世界秩序价值结合起来进行了颇为出色的实证研究。西尔维斯特以行为主义学者的身份对学派进行了辩护。④

另一方面，与主流学派相比，世界秩序学派确实没有提出系统的理论，虽然他们有很明确的理论取向，也提出很多极具启发性的概念和观点，并且也在一些时候对他们的思想进行概括总结，然而，从总体上看，他们还是缺乏严谨系统的理论体系，更多的是一种思想。另一方面，世界秩序学派在不同时期提出了多

---

① Mittelman, "World Order Studies and International Political Economy", pp. 335, 337, 343.

② Yalem, "Conflicting Approaches to World Order", p. 384; Oakes and Stunkel, "Waiting for WOMP", *Journal of Political and Military Sociology*, 9: 1 (1981: Spring), p. 118.

③ Carey, "The Grotian Eclectic and Human Rights: Four Recent Books by Richard A. Falk", p. 807.

④ Sylvester, "In Defense of the World Order Models Project: A Behavioralist's Response".

个不同的理论标签,如世界秩序路径、世界秩序平民主义、世界秩序现实主义、世界秩序主义、建设性(重构性)后现代主义,然而他们却缺乏一个叫得响的统一的理论标签。世界秩序模式工程可能是他们自己提的最多、也是为外界最为熟知的一种叫法,然而这更多的是一个项目或者一个组织的名字,并非一个具有鲜明理论特色和倾向的标签。甚至是世界秩序学派的叫法,也是学派之外的学者叫出来的,①学派自己并没有提过,而且也缺乏如英国学派那样称谓的知名度。与此同时,该学派也没有将自己与其他理论进行系统的比较。在笔者看来,该学派应该将世界秩序学派和建设性后现代国际关系思想的理论标签鲜明地叫出来并推广开来,同时将自己与其他理论进行系统比较,这样不仅能够凸显自身特色,更能够提升知名度和接受度,体现出世界秩序学派应有的理论价值和理论地位。

三、超前性和学术、政治影响的有限性

世界秩序学派受到的最为集中、最为强烈的批评莫过于"天真""空想"的指责。众多现实主义者视世界秩序学派的追求为空想、天真,因为在他们看来世界秩序变革在一个仍然由权力政治、民族主义和国家主权主导的环境下几乎没有成功的可能。②还有批评指出世界秩序学派的转型战略存在空想性,缺乏一个清晰的社会变革理论,其研究战略也没有经验基础。③甚至英国学派学

---

① Ken Booth, *Theory of World Security*, Cambridge: Cambridge University Press, 2007, pp. 59 – 64;时殷弘、叶凤丽:"现实主义·理性主义·革命主义——国际关系思想传统及其当代典型表现",第15页。

② E. G., Tom J. Farer, "The Greening of the Globe: A Preliminary Appraisal of the World Order Models Project: (WOMP)"; Falk, "The Shaping of World Order Studies: A Response", pp. 18 – 30; Yalem, "Conflicting Approaches to World Order".

③ Oakes and Stunkel, "Waiting for WOMP"; Oakes and Stunkel, "In Search of WOMP", pp. 83 – 99.

者也认为世界秩序学派的研究不过是对全球问题的乌托邦反应，与乌托邦传统相比并没有根本的区别。①虽然学派宣称自己不同于乌托邦空想主义者，而是"有意义的乌托邦"、"反对乌托邦是学派的目的之一"，②这显然并没有说服、也没有阻止类似批评的出现。

　　这类批评声音恐怕是世界秩序学派面临的最大质疑，也是该学派无法回避的现实。世界秩序学派之所以被视为非主流、影响较为有限，恐怕与批评者指出的问题有着重要关联。为什么是空想？其中最为重要的一点无疑是在对于世界秩序变革主体的看法上。世界秩序学派固然没有彻底否认主权国家的意义，但他对主权国家的重视程度显然是不够的。而其超前性，也与之有着密切关系。该学派颇为重视非国家行为体特别是全球公民社会的作用，显然是源于其对国家的不满甚至是批判。

　　世界秩序学派对于主权国家为核心的现代性的批判无疑极具启发意义，这也是该学派的研究价值和对现实的指导作用所在。但实事求是地讲，在当下，主权国家的意义不可过份低估，要实现世界秩序的转型和解决紧迫的全球问题，恐怕无法不依赖主权国家的主导作用。当然，非国家行为体的作用无疑是在上升的。在这方面，世界秩序学派的研究确实颇具前沿性。总体上，该学派的转型目标确实存在战略悖论，无法在几十年内实现，但是未来，人类无疑会朝着学派指出的方向一步步前行。应该说，该学派提出的是中长期的理想，无法在短期内变为现实。

　　世界秩序学派主张的超前性再加上上文所述的不足，使学派未能产生足够的学术和政治影响，在引起主流学界的一些兴趣之后，更多时候是受到忽视，甚至缺乏足够的关注和批评。虽然由

---

① Clark, "World Order Reform and Utopian Thought: A Contemporary Watershed?".
② Falk, "The World Order Models Project and its Critics: A Reply", p. 535.

于该学派的影响，世界秩序概念甚至被包括卡特总统在内的官方采纳，然而，他们更多的只是挪用这一概念，其主张与世界秩序学派主张的世界秩序理念事实上是大相径庭。该学派成员本身也因为他们的著作没有广泛吸引自称为"现实主义"的学者和政府官员、甚至是政治活动家而感到沮丧。确实，正如门德洛维兹解释的那样，主流理论价值中立、关注当下、国家中心的立场与世界秩序学派政治参与、未来主义和反对国家体系、关注下层的取向处于完全不同的两端。而且，大多数学者受自己在全球体系中位置的影响，毕竟，期待人们去改变一个自己在其中受益的财富和权力结构是不太可能的事。①

然而，如果换一个角度来理解这一问题，我们会发现世界秩序学派的思想和社会活动之所以影响力有限，也许不完全是他们自身的责任。该学派超越时代的前瞻性和突破现实的建设精神都是这个社会所十分缺少的。现代性主导下的社会无疑面临重大极其紧迫、甚至是生死攸关的问题，然而人性自私、短视等众多缺点使我们要么盲目乐观，要么冷漠虚无，要么悲观懦弱。我们大多数人"已被经验所困"，"我们已无能力设想改变"。②或者想改变，却无法超越自私、短视的个人利益。正像福尔克在将全球公民社会列为重要依赖力量的同时，也指出"全球公民社会中有危险的沙文主义和极端主义力量"那样，笔者其实对此更加悲观。大众自私、短视的一面的负面影响是超乎想象的。但另一方面，笔者也如福尔克一样，相信"不可能之可能"总会发生，积极的改变、甚至是巨变远非人类有限的想象力能够预见的。但前提是，人类的选择至关重要。避免灾难、争取"最小化暴力、最大

---

① Targ, "World Order and Future Studies Reconsidered", pp. 374 – 375; Johansen, "The Contribution of the World Order Models Project", p. 156.

② Bozeman, "Epistemology and Future Studies: How Do We Know What We Can't Know?", pp. 545, 548.

化社会福利、实现基本人权与正义、维护生态平衡、推进人道治理"的世界是所有人都期待的目标，并非某个人或某几个人的责任，也非他们的能力所及。实现这一目标需要社会通力合作，不仅需要世界秩序学派方案的指导，更需要更多人拥有其突破自我的建设精神。

结语　后现代世界秩序与人类的未来

人类步入21世纪以来，依然面临很多困扰，很多甚至比以往更为严峻。"9·11"事件不仅给美国本土带来从未有过的外来暴力袭击，严重损害了美国人的安全感，而且引发了一种新的战争形式：恐怖主义战争。在反恐战争"越反越恐"，并未取得根本胜利的同时，伤害不亚于大规模战争的金融危机使世界经济陷入衰退，先是美国"次贷危机"引发的全球金融危机，接着是叠加的欧债危机，充分体现了当代金融资本主义和虚拟资本的极大危害性。金融危机使美国连口头上的全球变暖也不再提，哥本哈根气候变化会议变成了各国争夺排放权的战争，最终无果而终，随后的坎昆会议不过是在无可奈何之下达成了些许妥协，最终在实在没有办法的最后关头才在巴黎取得了一些表面成果。而在我们身边，安全食品、干净水源和清新空气这些最基本的生活必须条件越来越成为奢侈品。我们在取得巨大物质进步、越来越现代化的同时，却面临着更为深刻的非传统安全挑战。

另一方面，传统安全的阴影并未离我们远去。在巴以冲突不断的同时，利比亚在欧美炮轰之下，卡扎菲终于死去，而利比亚人民却并未迎来和平、稳定和富足的生活；然而叙利亚人民的命运很快走上了一条相似的道路，在死亡了数万平民之后，仍不知道何时是结束、未来在哪里；而最近两年发生在乌克兰的危机，成了又一场难有明天的内战；残忍程度令人发指的"伊斯兰国"

更是势头猛劲，几乎打破了恐怖手段是非政府组织和弱势者所使用的铁律，使得反恐战争似乎成了传统的国与国之间的战争，中东乱局更趋恶化。

在我们身边，安全困境、甚至战争危险似乎比以往更近了。东亚地区的领土争端近来由于一些国家的挑衅，气氛相当紧张，不排除发生冲突的可能。朝鲜半岛局势则更为恶化，导弹、核试验、战争威胁，或许发生核战争也不是没有可能。日本似乎极有可能打破和平宪法束缚，其走向越来越难以让人放心。这一切似乎与我们的时代、我们早已进入21世纪的事实颇为不协调。然而，这就是我们生活的世界。

最为深刻的危机则存在于我们的心中。现代生活巨大的压力、浮躁的氛围、单一的利益评价标准使很多人失去信仰，由此引发的道德沦丧使我们脆弱的肉体面临各种日常生活中的安全威胁。另一方面则是现代人彼此间的疏离，在物质条件极大改善的同时，我们内心却并未感到真正的幸福。越来越多的人被压抑的生活吞噬，没有真正的精神生活。在人类理性的引导之下，我们似乎并未走向想要的未来和幸福。因为，人的理性是有限的，而我们现在却似乎过于相信理性了。走出困境的出路，在于回归自然。这是尼采给我们的启示。

从尼采的后现代式启示，我们又走到了建设性后现代主义。其在批判现代性带来问题的同时又不否定现代性所取得的成果，并且努力建设一个人与自然、人与人和谐共存的世界。建设性后现代主义关心人类命运攸关问题的精神、极具启发性的思路和积极的建设性态度深深地吸引着我。由此我进一步"发现"了福尔克这位国际关系领域的建设性后现代学者，并且循着他的研究进入了世界秩序模式工程，从而开始了对世界秩序学派的研究。对后现代世界秩序和人类美好未来建设之路的追寻一直是贯穿于其中的灵魂。

世界秩序学派与建设性后现代主义无疑有着内在的亲缘关系，建设性后现代主义是世界秩序学派最为恰切的理论标签。面对主权国家体系所带来的战争、核危机、贫富悬殊、人权问题，以及面对恐怖主义、环境问题等全球性问题时的无力，世界秩序学派认为国家体系更多地成为问题本身而不是解决办法。主流理论却依然坚守国家体系的中心地位，要么坚守战争的不可避免性，要么支持资本主导的经济全球化而使贫富分化成为必然，难以提出真正有利于全体人类福利的发展方案。为此，世界秩序学派提出以全球为分析单元，以和平、经济福利、社会正义和生态平衡四项价值为分析框架，以国家、特别是非国家行为体（全球公民社会）为行为主体，以全球法治、体系变革和以人为本为理论内涵，力图通过改革联合国和跨国社会运动实现世界秩序的后现代转型。

世界秩序学派对国家体系的批判、对非国家行为体的青睐、以全球为分析单元、追求体系变革、提倡以人为本的国际关系，无不体现出其鲜明的后现代特征，同时也表明其注重行动和建设的特点。在笔者看来，这样一种被忽视的建设性（重构性）后现代主义对于国际关系学科和我们的时代是极有裨益，正像世界秩序学派在21世纪以来为学科重启而屡屡呼吁的那样，这样一个经济全球化深入发展、生态危机频发的时代，正是该学派的"凯洛时刻"（好时机）。当然，对于这个充满危机的时代来讲，世界秩序学派的建设性后现代主义视角同样是不可忽视的。

对于中国的国际关系研究和现代化建设实践而言，世界秩序学派的建设性后现代国际关系思想无疑有着重大的理论启示和现实意义。中国国际关系学科起步较晚，在相当长的时间里一直做着引进、介绍国外理论方法的工作，经过多年努力，这一工作已经取得相当成绩，从主流理论到各种非主流理论，在国内都已有相关译介甚至专门研究。不过，对于世界秩序学派这一国际关系理论史上无法忽略的重要理论，国内却鲜有提及，更遑论专门介绍或研究，其大量学术成果也完全没有被译介到中国，这无疑是一个非常重要的缺失。

当然，进入新世纪之后，我国国际关系研究进入到更为重视从本国国情出发、为本国问题服务的力图实现理论创新的阶段。这当然是重要的进步，也是极好的，然而，在笔者看来，我们力求创新的尝试较多还是在现代性范畴之下展开的。正如在此过程中关于是否要有"中国学派"的争议中不尽相同的一派强调理论的世界性那样，笔者认为，我们在谈论"中国学派"的同时，也应更多跳出现代性思维，更多关注全球问题、承担全球责任，从世界秩序学派的全球视角和方法中汲取经验，因为日益"全球化"的世界已是不争的事实，这同样是解决我们自身问题的需要。不仅如此，哪怕是对于中国的现代化实践来言，正如王治河所言，"能不能找到第三条路：既实现现代化，又成功地避免现代化的弊端？这就是后现代主义向我们发展中国家提出的问题。"因此，"在当代中国倡导"后现代主义"是有其现实意义的。"从这个角度来说，展开对世界秩序学派建设性后现代主义的专门研究，不仅在理论上是必要的，而且具有重要的现实意义。也许正如格里芬所言，"中国可以通过了解西方国家所做的错事，避免现代化带来的破坏性影响，这样做的话，中国实际上是'后现代化'了。"[①]这当然也包括了解和汲取世界秩序学派的启示。

循着世界秩序学派开创的建设性后现代世界秩序之路，我们或许可以找到正确的方向。然而，我们必须明白，世界秩序学派的探索虽然取得了相当成就，却依然存在许多不足，最为明显的就是由于它的超前性，该学派依然无法摆脱"空想"的指责。而其特别强调的转型实践，更多的也还只是停留在理论和战略层

---

① 王治河："后现代主义与中国"，《求是学刊》2001年第3期，第11页。

面。"路曼曼其修远兮,吾将上下而求索"。我们需要在世界秩序学派提供的视角和启迪下,在其努力的基础上,弥补不足,争取更大的突破。笔者认为,世界秩序学派和我们需要在以下方面做出突破。

一、提供具体政策建议

必须说明的是,世界秩序学派是有提出具体政策建议的意识,并持之不懈地在这方面做了很多具体的努力,该学派很多著作中的大部分篇幅都在探讨具体的案例,特别是在他们最为熟悉的国际法和人权领域。然而,由于世界秩序研究探讨内容的广泛性和规范性,某一领域的人既不可能熟悉所有具体方面(比如作为国际法和国际关系学者,该学派是很难对环境问题提出具体到可以落实的建议的),也很难在具体实践还没展开之前对"应该是什么"提供完全切实可行的答案(这需要在具体实践中具体调整)。因此,一方面,世界秩序学派需要有更强烈的现实意识和建议能力;另一方面,该学派更要有意识地与更多各领域的学者、特别是各领域具体实践者通力合作,提供切实可行的政策建议。不过,从根本上说这一难题只有在新的实践开启之后才有答案。

二、理论比较和实证研究

世界秩序学派应该在明确理论标签的同时,将自己置于国际关系理论及其他有可比性理论的背景之下,进行系统的理论比较研究,以此寻找理论上的同盟者,更为重要的是在比较中改进自己的理论,找到更多的理论依据和更为可行的转型战略。在与前述现实主义、自由主义、英国学派的比较方面,世界秩序学派特别需要加强与新自由主义的比较并吸收其合理成分。此外,还可以将世界秩序学派与其他各支具有相近性的反思主义理论进行系统比较，取长补短，以及比较世界秩序学派与当代其他世界秩序思想的关系。与绿色生态理论在理论取向和政治议程上的相似性，也使得它们之间的比较显得颇有价值。建设性后现代主义颇为看重中国古代道家思想与其理念上的相通之处，天人合一、道法自然的道家思想确实是处理人与人、人与自然关系颇具启发的准则。世界秩序学派与中国古代道家思想的比较，也会是非常有趣并且极富成果的。

另一方面，考察当代已有的有利于后现代世界秩序转型的若干实践，既可以寻找到更多前行方向和依托力量，也可以从中汲取经验教训。绿色政治实践就是已有的重要试验，对其进行深入的实证研究将会是颇为有益的。欧洲一体化的进展对于走向一个后现代世界也是令人鼓舞的现实，特别是考虑到欧盟国家间战争的不可能性、良好的福利和成员国的后现代性质。实证研究还包括将学派思想更多地应用于具体领域。比如卡多尔曾将福尔克的人道治理思想应用于欧洲安全领域，颇具启发意义。另外，在上文谈到福尔克"自下而上的全球化"概念中，曾提到阿基奈姆、普雷姆普两位学者分别将福尔克提出的"自上而下的全球化"和"自下而上的全球化"概念作为理论基础进行了卓有成效的实证研究，将福尔克的理论与具体现实结合，或进行经验验证与发展，这都是十分有意义的发展方向。

三、突破、联合、实践

当今人类面临的危机是普遍性的，事关每一个人的生活和未来。然而，世界秩序学派之所以显得那么"非主流"而少受关注，不是因为他们关注的问题无关紧要，也并非他们杞人忧天或痴人说梦，而在于更多的人难以突破自己的自私、短视和缺乏勇气。我们总是不满现实，期望改变，然而很多时候只是限于口头上，一旦要以牺牲自己的某些利益为代价，就难以真正付诸实践。我们太过短视，比如说，大家都知道水资源的短缺，更知道水对生命的重要性，然而身边浪费水的现象依然比比皆是。对于很多人来说，只要我今天明天有水喝，至于别人有没有，甚至我将来有没有水喝，都是不会担心到促使自己今天就采取行动的。即便我们对某些切身的利益受到的伤害十分不满，想要去改变，却也总是难以真地去那么做。因为现实和固有规范像无形之网，使我们把自己困在里边，而我们总是缺乏勇气去刺破它。

事实上，我们周围并不缺乏和我们有同样想法的人，只是我们不知道，或者不愿敞开心扉，或者没有勇气拥抱。只有与志同道合者联合起来，我们才能更有勇气、更加勇敢地去改变现实，追逐美好的未来。为此，我们必须循着世界秩序学派极为看重的全球公民社会之路，从自己的身边做起，充分发挥主权国家的主导和全球公民社会的创造力，加强两者之间的对话和合作，这将是走向一个和平、富足、公正、生态平衡的世界的点点星光。突破自我，从身边做起，就是改变的开始，就是走向未来的希望。在这方面，笔者十分钦佩和向往如廖晓义女士那样的榜样，放弃铁饭碗，放弃美国绿卡，投身到公民运动中去，将理念转化为切切实实的行动和点点滴滴的改变。相信在主权国家的支持下，类似这样的公民运动，将是世界秩序学派和我们今后联合的对象和实践的方向；而主权国家与公民运动的优势互补与合作，将是后现代世界秩序和人类未来的希望所在。

参考文献

一、英文著作

[1] Alexandroff, Alan S., Andrew Fenton Cooper eds., *Rising States, Rising Institutions: Challenges for Global Governance*, Washington, D. C.: Brookings Institution Press, 2010.

[2] Amin, Samuel et al., *Transforming the Revolution: Social Movements and the World System*, New York: Monthly Review Press, 1993.

[3] Angell, Norman, *The Great Illusion*, London: Weidenfeld & Nicolson, 1909.

[4] Barnet, Michael and Raymond Duval eds., *Power in Global Governance*, New York: Cambridge University Press, 2005.

[5] Barnet, Richard and John Cavanagh, *Global Dreams*, New York: Simon and Schuster, 1994.

[6] Barnet, Richard J. and Richard A. Falk eds., *Security in Disarmament*, Princeton: Princeton University Press, 1965.

[7] Beitz, Charles, *Political Theory and International Relations*, Princeton: Princeton University Press, 1979.

[8] Beitz, Charles R., A. Michael Washburn and Thomas George Weiss eds., *Peace Studies: College Courses on Peace and World Order*, New York: Institute for World Order/University Program, 1973.

[9] Bhagwati, Jagdish N., *Economics and World Order: from*

the 1970's *to the* 1990's, New York: The Free Press, 1972.

[10] Booth, Ken, *Theory of World Security*, Cambridge: Cambridge University Press, 2007.

[11] Booth, Ken, Tim Dunne, Michael Cox eds., *How Might We Live? Global Ethics in the New Century*, Cambridge: Cambridge University Press, 2001.

[12] Boulding, Elise, *Building a Global Civic Culture: Educating for an Interdependent World*, Syracuse: Syracuse University Press, 1988.

[13] Brecher, Jeremy, John Brown Childs and Jill Cutler eds., *Global Visions: Beyond the New World Order*, Boston: South End Press, 1993.

[14] Brecher, Jeremy, Tim Costello and Brendan Smith, *Globalization From Below: the Power of Solidarity*, Boston: South End Press, 2000.

[15] Broome, John, *Climate Matters: Ethics in a Warming World*, New York: W. W. Norton & Company, 2012.

[16] Brown, Chris, *International Relations Theory: New Normative Approaches*, Hemel Hemp stead: Harvester Wheatsheaf, 1992.

[17] Bull, Hedley, *Justice in International Relations (The Hagey Lectures)*, Ontario: University of Waterloo Press, 1985.

[18] Bull, Hedley, *The Anarchical Society: A Study of Order in World Politics* (Third Edition), Basingstoke: Palgrave, 2002.

[19] Burton, John, *World Society*, Cambridge: Cambridge University Press, 1972.

[20] Buzan, Barry, *From International to World Society? English School Theory and the Social Structure of Globalization*, Cambridge: Cambridge University Press, 2004.

[21] Cardoso, Fernando and Enzo Faletto, *Dependency and Development in Latin America*, Berkeley: University of Berkeley Press, 1979.

[22] Chiang, Pei-Heng, *Non-Governmental Organizations at the United Nations: Identity, Role, and Function*, Oxford: Greenwood Publishing Group, Inc., 1981.

[23] Chomsky, Noam, *World Order: Old and New*, New York: Columbia University Press, 1996. [24] Clark, Grenville and Louis B. Sohn, *World Peace Through World Law*, Cambridge, MA.: Harvard University Press, 1958.

[25] Claude, Inis L., *Power and International Relations*, New York: Random House, 1962.

[26] Claude, Inis L., *Swords into Plowshares: The Problems and Progress of International Organization*, New York: Random House, 1964.

[27] Cobb, John B. Jr., *Is It Too Late?: A Theology of Ecology*, Beverly Hills, CA: Bruce, 1972.

[28] Cobb, John B. Jr. and David Ray Griffin, *Process Theology: An Introductory Exposition*, Philadelphia: The Westminster Press, 1976.

[29] Cohen, Robin and Shirin M. Rai eds., *Gloal Social Movements*, London: Athlone Press, 2000.

[30] Cooper, Richard, *The Economics of Interdependence: Economic Policy in the Atlantic Community*, New York: McGraw-Hill, 1968.

[31] Cox, Robert W., *Production, Power, and World Order*, New York: Columbia University Press, 1987.

[32] Cox, Robert W. and Timothy J. Sinclair, *Approaches to*

World Order, Cambridge: Cambridge University Press, 1996.

[33] Deutsch, Karl W. et al. , *Political Community and the North Atlantic Area*, Princeton: Princeton University Press, 1957.

[34] Dunne, Tim, *Inventing International Society: A History of the English School*, New York: St Martin's Press, Inc. , 1998.

[35] Falk, Richard A. , *Law, Morality, and War in the Contemporary World*, New York: Frederick A. Praeger, 1963.

[36] Falk, Richard A. , *The Role of Domestic Courts in the International Legal Order*, Syracuse: Syracuse University Press, 1964.

[37] Falk, Richard A. , *The New States and International Legal Order*, Leyden: A. W. Sijthoff, 1968.

[38] Falk, Richard A. , *Legal Order in a Violent World*, Princeton: Princeton University Press, 1968.

[39] Falk, Richard A. , *The Status of Law in International Society*, Princeton: Princeton University Press, 1970.

[40] Falk, Richard A. , *This Endangered Planet: Prospects and Proposals for Human Survival*, New York: Random House, 1971.

[41] Falk, Richard A. , *A Study of Future Worlds*, New York: The Free Press, 1975.

[42] Falk, Richard A. , *A Global Approach to National Policy*, Cambridge, MA. : Harvard University Press, 1975.

[43] Falk, Richard A. , *Human Rights and State Sovereignty*, New York: Holmes & Meier, 1981.

[44] Falk, Richard A. , *The End of World Order: Essays on Normative International Relations*, New York: Holmes & Meier, 1983.

[45] Falk, Richard A. , *Reviving the World Court*, Charlottesville: University Press of Virginia, 1986.

[46] Falk, Richard A. , *The Promise of World Order: Essays in*

Normative International Relations, Brighton: Wheatsheaf Books, 1987.

[47] Falk, Richard A., *Revolutionaries and Functionaries: the Dual Face of Terrorism*, New York: E. P. Dutton, 1988.

[48] Falk, Richard A., *Revitalizing International Law*, Ames: Iowa State University Press, 1989.

[49] Falk, Richard A., *Explorations at the Edge of Time: the Prospects for World Order*, Philadelphia: Temple University Press, 1992.

[50] Falk, Richard A., *On Humane Governance: Toward a New Global Politics*, Oxford: Polity Press, 1995.

[51] Falk, Richard A., *Law in an Emerging Global Village: A Post-Westphalian Perspective*, Ardsle: Transnational Publishers, 1998.

[52] Falk, Richard A., *Predatory Globalization: A Critique*, Oxford: Polity Press, 1999.

[53] Falk, Richard A., *Human Rights Horizons: the Pursuit of Justice in a Globalizing World*, New York: Routledge, 2000.

[54] Falk, Richard A., *Religion and Humane Global Governance*, Basingstoke: Palgrave, 2001.

[55] Falk, Richard A., *The Great Terror War*, New York: Olive Branch Press, 2003.

[56] Falk, Richard A., *Unlocking the Middle East: The Writings of Richard A. Falk* (edited by Jean Allain), Gloucestershire: Arris Books, 2003.

[57] Falk, Richard A., *The Declining World Order: America's Imperial Geopolitics*, New York: Routledge, 2004.

[58] Falk, Richard A., *The Costs of War: International Law, the UN, and World Order after Iraq*, New York: Routledge, 2008.

[59] Falk, Richard A., *Achieving Human Rights*, New York:

Routledge, 2009.

[60] Falk, Richard A. , (Re) Imagining Humane Global Governance, New York: Routledge, 2013.

[61] Falk, Richard A. , ed. , The Vietnam War and International Law, Vol. 1: An Analysis of the Legality of the US Military Involvement, Princeton: Princeton University Press, 1968.

[62] Falk, Richard A. , ed. , The Vietnam War and International Law, Vol. 2: American Society of International Law, Princeton: Princeton University Press, 1968.

[63] Falk, Richard A. , ed. , The International Law of Civil War, Baltimore: Johns Hopkins University Press, 1971.

[64] Falk, Richard A. , ed. , The Vietnam War and International Law, Vol. 3: the Widening Context, Princeton: Princeton University Press, 1972.

[65] Falk, Richard A. , ed. , The Vietnam War and International Law, Vol. 4: the Concluding Phase, Princeton: Princeton University Press, 1976.

[66] Falk, Richard A. and David Krieger eds. , At the Nuclear Precipice: Catastrophe or Transformation? Basingstoke: Palgrave, 2008.

[67] Falk, Richard A. and Saul H. Mendlovitz eds. , The Strategy of World Order (Vol. I, Toward a Theory of War Prevention), New York: World Law Fund, 1966.

[68] Falk, Richard A. and Saul H. Mendlovitz eds. , The Strategy of World Order (Vol. II, International Law), New York: World Law Fund, 1966.

[69] Falk, Richard A. and Saul H. Mendlovitz eds. , The Strategy of World Order (Vol. III, The United Nations), New York: World Law Fund, 1966.

[70] Falk, Richard A. and Saul H. Mendlovitz eds., *The Strategy of World Order* (*Vol. IV, Disarmament and Economic Development*), New York: World Law Fund, 1966.

[71] Falk, Richard A. and Samuel S. Kim eds., *The War System: An Interdisciplinary Approach*, Boulder, CO: Westview Press, 1980.

[72] Falk, Richard A. and Saul H. Mendlovitz eds., *Regional Politics and World Order*, San Francisco: W. H. Freeman and Company, 1973.

[73] Falk, Richard A., Friedrich Kratochwil and Saul H. Mendlovitz eds., *International Law: A Contemporary Perspective*, Boulder, CO: Westview Press, 1985.

[74] Falk, Richard A., Gabriel Kolko and Robert Jay Lifton eds., *Crimes of War: A Legal, Political-documentary, and Psychological Inquiry into the Responsibility of Leaders, Citizens, and Soldiers for Criminal Acts in Wars*, New York: Random House, 1971.

[75] Falk, Richard A., Irene Gendzier, and Robert Jay Lifton eds., *Crimes of War: Iraq*, New York: Nation Books, 2006.

[76] Falk, Richard A., Robert C. Johansen and Samuel S. Kim eds., *The Constitutional Foundations of World Peace*, Albany: State University of New York Press, 1993.

[77] Falk, Richard A., Samuel S. Kim and Saul H. Mendlovitz eds., *Toward a Just World Order*, Boulder, CO: Westview Press, 1982.

[78] Falk, Richard A., Samuel S. Kim and Saul H. Mendlovitz eds., *The United Nations and a Just World Order*, Boulder, CO: Westview Press, 1991.

[79] Feller, Gordon, Sherle R. Schwenninger and Diane Singer-

man eds. , *Peace and World Order Studies*: *A Curriculum Guide*, third edition, New York: Institute for World Order, 1981.

[80] Florini, Ann M. , ed. , *The Third Force*: *The Rise of Transnational Civil Society*, Washinton D. C. : Carnegie Endowment, 2000.

[81] Ford, Richard T. , *Universal Rights Down to Earth*, New York: W. W. Norton & Company, 2012.

[82] Friel, Howard and Richard A. Falk, *The Record of the Paper*: *How the New York Times Misreports US Foreign Policy*, New York: Verso, 2004.

[83] Friel, Howard and Richard A. Falk, *Israel-Palestine on Record*: *How the New York Times Misreports Conflict in the Middle East*, New York: Verso, 2007.

[84] Frost, Mervyn, *Toward a Normative Theory of International Relations*, Cambridge: Cambridge University Press, 1986.

[85] Frost, Mervyn, *Global Ethics*: *Anarchy, Freedom and International Relations*, New York: Taylor & Francis, 2009.

[86] Gaddis, John Lewis, *The Long Peace*: *Inquires into the History of the Cold War*, New York: Oxford University Press, 1987.

[87] Galtung, Johan, *The True Worlds*: *A Transnational Perspective*, New York: The Free Press, 1980.

[88] Galtung, Johan, *Peace by Peaceful Means*, Oslo: IPRI, 1996.

[89] Gill, Stephened. , Gramsi, Historical Materialism and International Politics, Cambridge: Cambridge University Press, 1993.

[90] Gier, Nicholas F. , *Spiritual Titanism*: *Indian, Chinese, Western Perspectives*, Albany: State University of New York Press, 2000.

[91] Gilpin, Robert, *War and Change in World Politcs*, Cambridge: Cambridge University Press, 1981.

[92] Gilpin, Robert, *The Political Economy of International Relations*, Princeton: Princeton University Press, 1987.

[93] Glasius, Marlies, Mary Kaldor and Helmut Anheier eds., *Global Civil Society Yearbook* 2001, Oxford: Oxford University Press, 2001.

[94] Glasius, Marlies, Mary Kaldor and Helmut Anheier eds., *Global Civil Society Yearbook* 2002, Oxford: Oxford University Press, 2002.

[95] Glasius, Marlies, Mary Kaldor and Helmut Anheier eds., *Global Civil Society Yearbook* 2003, Oxford: Oxford University Press, 2003.

[96] Griffin, David Ray and Huston Smith, *Primordial Truth and Postmodern Theology*, Albany: State University of New York Press, 1989.

[97] Griffin, David Ray and Richard A. Falk, eds., *Postmodern Politics for a Planet in Crisis: Policy, Process, and Presidential Vision*, Albany: State University of New York Press, 1993.

[98] Griffin, David Ray, *Religion and Scientific Naturalism: Overcoming the Conflicts*, Albany: State University of New York Press, 2000.

[99] Griffin, David Ray, *The New Pearl Harbor: Disturbing Questions about the Bush Administration and 9·11*, Redford, MI: Olive Branch Press, 2004.

[100] Griffin, David Ray, John B. Cobb Jr., Richard A. Falk and Catherine Keller, *The American Empire and the Commonwealth of God: A Political, Economic, Religious Statement*, Louisville: West-

minster John Knox Press, 2006.

[101] Griffin, David Ray, *Whitehead's Radically Different Postmodern Philosophy: An Argument for Its Contemporary Relevance*, Albany: State University of New York Press, 2007.

[102] Griffiths, Martin, *Fifty Key Thinkers in International Relations*, New York: Routledge, 1999.

[103] Griffiths, Martin, Steven C. Roach and M. Scott Solomon, *Fifty Key Thinkers in International Relations (Second Edition)*, New York: Routledge, 2009.

[104] Gulick, Edward, *Europe's Classical Balance of Power*, New York: W. W. Norton & Company, 1967.

[105] Held, David, *Global Covenant: the Social Democratic Alternative to the Washington Conscious*, Oxford: Polity Press, 2004.

[106] Held, David and Anthony McGrew eds., *Governing Globalization: Power, Authority and Global Governance*, Oxford: Polity Press, 2002.

[107] Held, David and Mathias Koenig-Archibugi eds., *Taming Globalization: Frontiers of Governance*, Oxford: Polity Press, 2003.

[108] Hoffmann, Stanley, *Duties Beyond Borders: On the Limits and Possibilities of Ethical International Politics*, New York: Syracuse University Press, 1981.

[109] Horowitz, David, *The Professors: The 101 Most Dangerous Academics in America*, Washington, D. C.: Regnery Publishing, 2006.

[110] Jackson, Robert, *The Global Covenant: Human Conduct in a World of States*, Oxford: Oxford University Press, 2000.

[111] Jackson, Robert, *Classical and Modern Thought on International Relations: from Anarchy to Cosmopolis*, New York: Palgrave Macmillan, 2005.

[112] Johansen, Robert C. , *The National Interest and the Human Interest: An Analysis of U. S. Foreign Policy*, Princeton: Princeton University Press, 1979.

[113] Johnston, Alastair I. , *Cultural Realism: Strategic Culture and Grand Stategy in Chinese History*, Princeton: Princeton University Press, 1998.

[114] Kaldor, Mary, *Global Civil Society: An Answer to War*, Oxford: Polity Press, 2003.

[115] Katzenstein, Peter J. ed. , *The Culture of National Security: Norms and Identity in World Politics*, New York: Columbia University Press, 1996.

[116] Keohane, Robert, *International Institutions and State Power: Essays in International Relations Theory*, Boulder, CO: Westview Press, 1989.

[117] Keohane, Robert and Joseph Nye, *Transnational Relaitons and World Politics*, Cambridge, MA. : Harvard University Press, 1972.

[118] Kessler, Bart R. , *Bush's New World Order: the Meaning beyond the Words*, Biblioscholar, 2012.

[119] Kim, Samuel S. , *China, the United Nations, and World Order*, Princeton: Princeton University Press, 1979.

[120] Kim, Samuel S. , *The Quest for a Just World Order*, Boulder, CO: Westview Press, 1984.

[121] Kindleberger, Charles, *The World in Depression: 1929 – 1939*, Berkeley, CA. : University of California Press, 1973.

[122] Kindleberger, Charles, *The International Economic Order: Essays on Financial Crisis and International Public Goods*, Cambridge, Mass. : The MIT Press, 1998.

[123] Kirton, John J., Joseph P. Daniels and Andreas Freytag eds., *Guiding Global Order: G8 Governance in the Twenty-First Century*, Burlington: Ashgate Publishing Company, 2001.

[124] Klare, Michael T. ed., *Peace and World Security Studies: A Curriculum Guide*, sixth edition, Boulder, CO: Lynne Rienner Publishers, 1994.

[125] Knight, W. Andy, *A Changing United Nations: Multilateral Evolution and the Quest for Global Governance*, New York: Palgrave Macmillan, 2000.

[126] Korey, William, *NGOS and the Universal Dedaration of Human Rights*, New York: ST. Martins Press, 1998.

[127] Kothari, Rajni, *Footsteps into the Future: Diagnosis of the Present World and a Design for an Alternative*, New York: The Free Press, 1975.

[128] Kratochwil, Friedrich V., *Rules, Norms, and Decisions: On the Conditions of Practical and Legal Reasoning in the International Relations and Domestic Affairs*, New York: Cambridge University Press, 1991.

[129] Kumar, Ashwani and Dirk Messner eds., *Power Shifts and Global Governance: Challenges from South and North*, London: Anthem Press, 2011.

[130] Küng, Hans, *Global Responsibility: In Search of a New World Ethic*, New York: Crossroad, 1991.

[131] Lagos, Gustavo and Horacio H. Godoy, *Revolution of Being: A Latin American View of the Future*, New York: The Free Press, 1977.

[132] Lahiry, Sujit, *World Order Discourses: Search for Alternatives*, New Delhi: Rawat Publications, 2011.

[133] Lamy, Pascal, *Global Governance: Lessons from Europe: Gunnar Myrdal Lecture*, New York: United Nations, 2011.

[134] Leonard, Eric K., *The Onset of Global Governance: International Relations Theory and the International Criminal Court*, Burlington: Ashgate Publishing Company, 2005.

[135] Lifton, Robert Jay and Richard A. Falk, *Indefensible Weapons: the Political and Psychological Case against Nuclearism*, New York: Basic Books, 1982.

[136] Lipschutz, Ronnie D. and Judith Mayer, *Global Civil Society and Global Environmental Governance: The Politics of Nature from Place to Planet*, Albany: State University of New York Press, 1996.

[137] MacBride, Sean, Richard A. Falk etc., *Israel in Lebanon: Report of the International Commission to Enquire into Reported Violations of International Law by Israel during Its Invasion of the Lebanon*, London: Ithaca Press, 1983.

[138] Mansbach, Richard W., Yale H. Ferguson and Donald E. Lampert, *The Web of World Politcs: Non-State Actors in the Global System*, Upper Saddle River, N. J.: Prentice Hall, 1976.

[139] Mazrui, Ali A., *A World Federation of Cultures: An African Perspective*, New York: The Free Press, 1976.

[140] Mazrui, Ali A. and Hasu Patel eds., *Africa in World Affairs: the Next Thirty Years*, New York: the Third Press, 1973.

[141] McElwee, Timothy A., B. Welling Hall, Joseph Liechty, and Julie Garber eds., *Peace, Justice, and Security Studies: A Curriculum Guide*, seventh edition, Boulder, CO: Lynne Rienner Publishers, 2009.

[142] Mendlovitz, Saul H. ed., *Legal and Political Problems of World Order: Readings and a Discussion Guide for a Seminar*, New

York: The Fund for Education Concerning World Peace through World Law, 1962.

[143] Mendlovitz, Saul H., ed., *On the Creation of a Just World Order: Preferred Worlds for the 1990's*, New York: The Free Press, 1975.

[144] Mendlovitz, Saul H. and R. B. J. Walker eds., *Towards a Just World Peace: Perspectives from Social Movements*, Toronto: Butterworths, 1987.

[145] Mesle, C. Robert, *Process-Relational Philosophy: An Introduction to Alfred North Whitehead*, West Conshohocken: Templeton Foundation Press, 2008.

[146] Michael, Michális S. and Fabio Petito eds., *Civilization Dialogue and World Order: The Other Politics of Cultures, Religions, and Civilizations in International Relations*, New York: Palgrave Macmillan, 2009.

[147] Modelski, George, *Long Cycles in World Politics*, Washington, D. C.: University of Washington Press, 1987.

[148] Nakarada, Radmila, *The Post-bipolar World: North-South Autonomies*, New York: World Order Models Project, 1995.

[149] Nardin, Terry, *Law, Morality and the Relations of States*, Princeton: Princeton University Press, 1983.

[150] Nye, Joseph S. Jr., *Nuclear Ethics*, New York: The Free Press, 1986.

[151] O'Brien, Robert, Anne Marie Goetz, Jan Aart Scholte and Marc Williams, *Contesting Global Governance: Multilateral Economic Institutions and Global Social Movements*, Cambridge: Cambridge University Press, 2000.

[152] Onuf, Nicholas G., *World of Our Making: Rules and*

Rule in Social Theory and International Relations, Columbia: University of South Carolina Press, 1989.

[153] Polanowski, Janusz A. and Donald W. Sherburne, *Whitehead's Philosophy: Points of Connection*, Albany: State University of New York Press, 2004.

[154] Rengger, Nicholas J., *International Relations, Political Theory and the Problem of Order: Beyond International Relations Theory?* New York: Routledge, 2000.

[155] Rescher, Nicholas, *Process Philosophy: A Survey of Basic Issues*, Pittsburgh: University of Pittsburgh Press, 2000.

[156] Rosecrance, Richard, *The Rise of Trading States: Commerce and Conquest in the Modern World*, New York: Basic Books, 1986.

[157] Rosenau, James N., *The Study of Global Interdependence: Essays on the Transnationalization of World Affairs*, New York: Nichols, 1980.

[158] Rosenau, James N., *Along the Domestic-Foreign Frontier: Exploring Governance in a Turbulent World*, Cambridge: Cambridge University Press, 1997.

[159] Ruggie, John, *Constructing the World Policy: Essays on International Institution*, New York: Routledge, 1998.

[160] Ruggie, John, *Just Business: Multinational Corporations and Human Rights*, New York: W. W. Norton & Company, 2013.

[161] Russell, Greg, *Hans J. Morgenthau and the Ethics of American Statecraft*, Baton Rouge: Louisiana University Press, 1990.

[162] Russett, Bruce and John Oneal, *Triangulating Peace: Democracy, Interdependence, and International Organizations*, New York: W. W. Norton & Company, 2001.

[163] Sampson, Gary P. , *The Role of the World Trade Organization in Global Governance*, Tokyo: United Nations University Press, 2001.

[164] Scarry, Elaine, *Thinking in an Emergency*, New York: W. W. Norton & Company, 2012.

[165] Schiff, Benjamin N. , *Building the International Criminal Court*, Cambridge: Cambridge University Press, 2008.

[166] Slaughter, Anne-Marie, *A New World Order*, Princeton: Princeton University Press, 2009.

[167] Smith, Jackie, Charles Chatfield and Ron Pagnucco eds. , *Transnational Social Movements and Global Politics: Solidarity beyond the State*, Syracuse: Syracuse University Press, 1997.

[168] Spretnak, Charlene and Fritjof Capra, *Green Politics*, London: Paladin Grafton Books, 1984.

[169] Stewart, Rory, *Can Intervention Work*? New York: W. W. Norton & Company, 2012.

[170] Suganami, Hidemi, *The Domestic Analogy and World Order Proposals*, Cambridge: Cambridge University Press, 1989.

[171] Swazo, Norman K. , *Crisis Theory and World Order: Heideggerian Reflections*, Albany: State University of New York Press, 2002.

[172] Swidler, Leonard, ed. , *For All Life: Toward Universal Declaration of a Global Ethic, An Interreligious Dialogue*, Ashland, Ore. : White Cloud, 1998.

[173] Thomas, Daniel C. , Michael T. Klare eds. , *Peace and World Order Studies: A Curriculum Guide*, fifth edition, Boulder, CO: Westview Press, 1989.

[174] Thompson, Kenneth W. , *Ethics, Functionalism, and*

Power in International Politics, Baton Rouge: Louisiana State University Press, 1979.

[175] Turpin, Jennifer and Lois Ann Lorentzen eds., *The Gendered New World Order: Militarism, Development and the Environment*, London: Routledge, 1996.

[176] Vasquez, John A. ed., Classics of International Relations (3rd edition), New York: Prentice Hall, 1996.

[177] Vincent, R. J., *Nonintervention and International Order*, Princeton: Princeton University Press, 1974.

[178] Vincent, R. J., *Human Rights and International Relations*, Cambridge: Cambridge University Press, 1986.

[179] Walker, R. B. J. ed., *Culture, Ideology, and World Order*, Boulder, CO: Westview Press, 1984.

[180] Walker, R. B. J., *One World, Many Worlds: Struggles for a Just World Peace*, Boulder, CO: Lynne Rienner Publishers, 1988.

[181] Walker, R. B. J., *Inside/Outside: International Relations as Political Theory*, Cambridge: Cambridge University Press, 1993.

[182] Walker, R. B. J. and Saul H. Mendlovitz eds., *Contending Sovereignties: Redefining Political Community*, Boulder, CO: Lynne Rienner Publishers, 1990.

[183] Walzer, Michael, *Just and Unjust War: A Moral Argument with Historical Illustrations*, New York: Basic Books, 1977

[184] Wapner, Paul K., *Environmental Activism and World Civic Politics*, Albany: State University of New York Press, 1996.

[185] Wapner, Paul and Lester Edwin J. Ruiz, eds., *Principled World Politics: The Challenge of Normative International Relations*, New York: Rowman & Littlefield, 2000.

[186] Weston, Burns H., Thomas A. Hawbaker and Christo-

pher R. Rossi eds. , *Toward Nuclear Disarmament and Global Security: A Search for Alternatives*, Boulder, CO: Westview Press, 1984.

[187] Weyler, Rex, *Greenpeace: How a Group of Ecologists, Journalists, and Visionaries Changed the World*, Vancouver: Raincoast Books, 2004.

[188] Wien, Barbara J. ed. , *Peace and World Order Studies: A Curriculum Guide*, second edition, New York: Transaction Publishers, 1978.

[189] Wien, Barbara J. ed. , *Peace and World Order Studies: A Curriculum Guide*, fourth edition, New York: World Policy Institute, 1984.

[190] Wight, Martin, *International Theory: The Three Traditions*, New York: Holmes & Meier, 1992.

[191] Willetts, Peter ed. , *Pressure Group in the Global System: The Transnational Relations of Issue-Oriented Non-governmental Organizations*, London: Printer, 1982.

[192] Wolff, Jonathan, *The Human Right to Health*, New York: W. W. Norton & Company, 2012.

[193] World Bank, *Governance and Development*, Washington, D. C. : World Bank, 1992.

[194] World Commission on Culture and Development, *Our Creative Diversity: Report of the World Commission on Culture and Development*, Paris: UNESCO Publications, 1998.

[195] Wouters, Jan, Tanguy De Wilde, Pierre Defraigne eds. , *China, the European Union and the Restructuring of Global Governance*, Cheltenham: Edward Elgar Publishing Limited, 2012.

[196] Young, Oran R. , *International Cooperation: Building Regimes for Natural Resources and the Environment*, Ithaca, N. Y. : Cor-

nell University Press, 1989.

[197] Young, Oran R., *International Governance: Protecting the Environment in a Stateless Society*, Ithaca, N. Y. : Cornell University Press, 1994.

[198] Young, Oran R. ed., *Global Governance: Drawing Insights from the Environmental Experience*, Cambridge: M. A. : MIT Press, 1997.

[199] Young, Oran R., George J. Demko and Kilapart Ramakrishna eds., *Global Environmental Change and International Governance*, Hanover, N. H. : University Press of New England, 1996.

二、英文文章

[1] "A Statement Issued to Mark Human Rights Week and Pearl Harbor Day", *Alternatives*, 12: 3 (1987: July).

[2] "Aims and Scope of *Alternatives*", *Alternatives*, 8: 1 (1982: Summer), Unindexed Front Matter.

[3] Aginam, Obijiofor V., "From the Core to the Peripheries: Multilateral Governance of Malaria in a Multi-Cultural World", *Chicago Journal of International Law*, Vol. 3, No. 1 (Spring 2002).

[4] Ajami, Fouad, *Human Rights and World Order Politics*, WOMP Working Paper No. 4, New York: Institute for World Order, 1978.

[5] Allott, Philip Reviews on *Law in an Emerging Global Village: A Post-Westphalian Perspective*, The American Journal of International Law, Vol. 93, No. 3 (Jul., 1999).

[6] Anderson, John Reviews on *Religion and humane global governance*, International Affairs, Vol. 78, No. 1 (Jan., 2002).

[7] Beer, Francis A., "World Order and World Futures", *The*

Journal of Conflict Resolution, Vol. 23, No. 1 (Mar., 1979).

[8] Bellany, Ian Reviews on *A Study of Future Worlds*, *International Affairs*, Vol. 52, No. 2 (Apr., 1976).

[9] Benson, Oliver Reviews on *Law, Morality, and War in the Contemporary World*, Annals of the American Academy of Political and Social Science, Vol. 354, Africa in Motion (Jul., 1964).

[10] Beres, Louis R., "Purposeful Futurism", *The Review of Politics*, Vol. 38, No. 4 (Oct., 1976).

[11] Beres, Louis R., *Nuclear Strategy and World Order the U. S. Imperative*, WOMP Working Paper No. 23, New York: World Policy Institute, 1982.

[12] Beres, Louis Rene Reviews on *Toward a Just World Order*, *The American Journal of International Law*, Vol. 78, No. 1 (Jan., 1984).

[13] Beres, Louis R. and Harry R. Targ, "Perspectives on world order: A Review", *Alternatives*, 2: 2 (1976).

[14] Blasius, Mark, "State of the Global Report 1975", *Alternatives*, 2: 3 (1976).

[15] Book Note on *The Future of the International Order*, Vol. I: Trends and Patterns, *Journal of Peace Research*, Vol. 7, No. 1 (1970).

[16] Book Note on *The Status of Law in International Society*, *Journal of Peace Research*, Vol. 7, No. 4, Special Issue Prepared by Tampere Peace Research Institute (1970).

[17] Boulding, Kenneth E. Reviews on *On the Creation of a Just World Order: Preferred Worlds for the 1990's*, *Journal of Economic Issues*, Vol. 10, No. 3 (Sep., 1976).

[18] Boulding, Kenneth E., "Twelve Friendly Quarrels with Jo-

han Galtung", *Journal of Peace Research*, Vol. 14, No. 1 (1977).

[19] Bozeman, Barry, "Epistemology and Future Studies: How Do We Know What We Can't Know?" *Public Administration Review*, Vol. 37, No. 5 (Sep. – Oct., 1977).

[20] Buzan, Barry, "The Level of Analysis Problem in International Relations Reconsidered", in Ken Booth and Steve Smith eds., *International Relations Theory Today*, Cambridge: Dolity Press, 1995.

[21] Buckley, Alan D., "Editor's Foreword", *Journal of International Affairs*, Vol. 31, No. 2, 1977.

[22] Bull, Hedley, "International Law and International Order", *International Organization*, Vol. 26, No. 3 (Summer, 1972).

[23] Campbell, A. E. Reviews on *The End of World Order: Essays on Normative International Relations*, *International Affairs*, Vol. 60, No. 2 (Spring, 1984).

[24] Carey, Henry F., "The Grotian Eclectic and Human Rights: Four Recent Books by Richard A. Falk", *Human Rights Quarterly*, 24 (2002).

[25] Chichilnisky, Graciela, *Basic Needs and the North/South Debate*, WOMP Working Paper No. 21, New York: World Policy Institute, 1982.

[26] Christensen, Cheryl, *The Right to Food: How to Guarantee*, WOMP Working Paper No. 6, New York: Institute for World Order, 1978.

[27] Clark, Ian, "World Order Reform and Utopian Thought: A Contemporary Watershed?", *The Review of Politics*, Vol. 41, No. 1 (Jan., 1979).

[28] Claude, Inis L., Jr. Reviews on *The End of World Order: Essays on Normative International Relations*, *Political Science Quarter-*

ly, Vol. 99, No. 4 (Winter, 1984 – 1985).

[29] Cobb, John B. Jr., "From Crisis Theology to the Post-Modern World," *Centennial Review*, 8 (Spring 1964).

[30] Coplin, William D. Reviews on *The Status of Law in International Society*, *The American Journal of International Law*, Vol. 65, No. 3 (Jul., 1971).

[31] Cox, Robert W., "On Thinking About Future World Order", *World Politics*, Vol. 28, No. 2 (Jan., 1976).

[32] Cox, Robert W., "The Crisis of World Order and the Problem of International Organization in the 1980s", *International Journal*, Vol. 35, No. 2, The UN Galaxy (Spring, 1980).

[33] Cox, Robert W., "Social Forces, States and World Orders: Beyond International Relations Theory", *Millennium: Journal of International Studies*, Vol. 10, No. 2 (Summer, 1981).

[34] Cox, Robert W., "Civil Society at the Turn of the Millenium: Prospects for an Alternative World Order", *Review of International Studies*, Vol. 25, No. 1 (Jan., 1999).

[35] Czech, Brian and Herman E. Daly, "The Steady State Economy: What It Is, Entails, and Connotes", *Wildlife Society Bulletin* (1973 – 2006), Vol. 32, No. 2 (Summer, 2004).

[36] Daly, Herman E., "The Economics of the Steady State", *The American Economic Review*, Vol. 64, No. 2 (May, 1974).

[37] Daly, Herman E., "Steady-State Economics versus Growthmania: A Critique of the Orthodox of Growth, Wants, Scarcity, and Efficiency", *Policy Sciences*, Vol. 5, No. 2 (Jun. 1974).

[38] Daly, Herman E., "Steady-State Economics: A New Paradigm", *New Literary History*, Vol. 24, No. 4 (Autumn, 1993).

[39] DeLaet, Debra L., "From Geopolitics to Geogovernance",

The Review of Politics, Vol. 58, No. 4 (Autumn, 1996).

［40］Doran, Charles F. Reviews on *A Study of Future Worlds*, *International Journal of Comparative Sociology*, 18 (1977).

［41］Doyle, Michael, "Kant, Liberal Legacies and Foreign Affairs", parts 1 and 2, *Philosophy and Public Affairs*, Vol. 12, No. 3 and 4 (Summer and Fall, 1983).

［42］Doyle, Michael, "Liberalism and World Politics", *American Political Science Review*, Vol. 80, No. 4 (Dec., 1986).

［43］Dyke, Vernon Van Reviews on *Human Rights and State Sovereignty*, *The American Political Science Review*, Vol. 76, No. 4 (Dec., 1982).

［44］Embong, Abdul Rahman Reviews on *Predatory Globalization: A Critique*, *The Journal of Politics*, Vol. 63, No. 3 (Aug., 2001).

［45］Falk, Richard A., "Contending Approaches to World Order", *Journal of International Affairs*, Vol. 31, No. 2, 1977.

［46］Falk, Richard A., "The World Order Models Project and its Critics: A Reply", *International Organization*, Vol. 32, No. 2 (Spring, 1978).

［47］Falk, Richard A., *Nuclear Policy and World Order: Why Denuclearization*, WOMP Working Paper No. 2, New York: Institute for World Order, 1978.

［48］Falk, Richard A., *Normative Initiatives and Demilitarization: A Third System Approach*, WOMP Working Paper No. 13, New York: Institute for World Order, 1980.

［49］Falk, Richard A., "The Shaping of World Order Studies: A Response", in *The Review of Politics*, Vol. 42, No. 1 (Jan., 1980).

[50] Falk, Richard A. , *A World Order Perspective on Authoritarian Tendencies*, WOMP Working Paper No. 10, New York: Institute for World Order, 1980.

[51] Falk, Richard A. , "In Pursuit of Postmodern", in David Ray Griffin ed. , *Spirituality and Society: Postmodern Visions*, Albany: State University of New York Press, 1988.

[52] Falk, Richard A. , "Manifesting World Order: A Scholarly Manifesto", in Joseph Kruzel, James N Rosenau eds. , *Journeys through World Politics: Autobiographical Reflections for Thirty-Four Academic Travelers*, Lexington, Mass. : Lexington Books, 1989.

[53] Falk, Richard A. , "Theory, Realism, and World Security", in Michael Klare and Daniel Thomas eds. , *World Security: Trends and Challenges at Century's End*, New York: St. Martin's Press, 1991.

[54] Falk, Richard A. , "From Geopolitics to Geogovernance: WOMP and Contemporary Political Discourse", *Alternatives*, 19: 2 (Spring, 1994).

[55] Falk, Richard A. , "The Critical Realist Tradition and the Demystification of Interstate Power: E. H. Carr, Hedley Bull and Robert W. Cox", in Stephen Gill and James H. Mittelman eds. , *Innovation and Transformation in International Studies*, Cambridge: Cambridge University Press, 1997.

[56] Falk, Richard A. , "The Grotian Moment: Unfulfilled Promise, Harmless Fantasy, Missed Opportunity?", *International Insights*, 13 (1997).

[57] Falk, Richard A. and Samuel S. Kim, *An Approach to World Order Studies*, WOMP Working Paper No. 22, New York: World Policy Institute, 1982.

[58] Falk, Richard A. , Johan Galtung, Rajni Kothari and Saul

H. Mendlovitz, "State of the Globe Report 1974", *Alternatives*, 1: 2 - 3 (1975).

[59] Farer, Tom J. , "The Greening of the Globe: A Preliminary Appraisal of the World Order Models Project (WOMP)", *International Organization*, Vol. 31, No. 1 (Winter, 1977).

[60] Farer, Tom J. Reviews on *Predatory Globalization: A Critique*, *Political Science Quarterly*, Vol. 115, No. 1 (Spring, 2000).

[61] Felice, William F. Reviews on *Human rights horizons: the pursuit of justice in a globalizing world*, *International Affairs*, Vol. 77, No. 4 (Oct., 2001).

[62] Fenwick, C. G. Reviews on *Legal Order in a Violent World*, *Annals of the American Academy of Political and Social Science*, Vol. 381, The Future of Corrections (Jan., 1969).

[63] Frankel, Joseph Reviews on *The Promise of World Order: Essays in Normative International Relations*, *International Affairs*, Vol. 64, No. 3 (Summer, 1988).

[64] Fukuyama, Francis, "The End of History?" *The National Interest*, No. 16 (Summer 1989).

[65] Galtung, Johan, "Violence, Peace, and Peace Research", *Journal of Peace Research*, Vol. 6, No. 3 (1969).

[66] Galtung, Johan et al., "Measuring World Development - I", *Alternatives*, Vol. 1, No. 1, 1975.

[67] Galtung, Johan et al., "Measuring World Development - II", *Alternatives*, Vol. 1, No. 3, 1975.

[68] Galtung, Johan, *The North/South Debate: Technology, Basic Human Needs and the New International Order*, WOMP Working Paper No. 12, New York: Institute for World Order, 1980.

[69] Gerle, Elisabeth , *In Search of a Global Ethics: Theologi-

cal, Political, and Feminist Perspectives Based On a Critical Analysis of JPIC and WOMP, Doctoral Dissertation, Lunds University, Sweden, 1995.

[70] Gillroy, John Martin, *Future Oriented Studies: An Analysis of the World Systems Models of the Club of Rome and the World Order Models Project*, Master Degree Thesis, Queen's University, Canada, August, 1978.

[71] Hall, Clifford Reviews on *The Status of Law in International Society*, *International Affairs*, Vol. 47, No. 4 (Oct., 1971).

[72] Hansen, Lene, "R. B. J. Walker and International Relations: Deconstructing a Discipline", in Iver B. Neumann and Ole Wæver eds., *The Future of International Relations: Masters in the Making?* New York: Routledge, 1997.

[73] Helleiner, Eric, "The Promise and Reality of Transnational Social Movements", *International Studies Review*, Vol. 3, No. 3 (Autumn, 2001).

[74] Herz, John H., "Technology, Ethics, and International Relations", *Social Research*, Vol. 43, No. 1 (Spring 1976).

[75] Hevener, Natalie Kaufman Reviews on *Human Rights and State Sovereignty*, *The Journal of Politics*, Vol. 44, No. 3 (Aug., 1982).

[76] Higgins, Rosalyn, "Policy and Impartiality: The Uneasy Relationship in International Law", *International Organization*, Vol. 23, No. 4 (Autumn, 1969).

[77] Hoder, Lukáš Reviews on *The costs of War: International Law, the UN, and World Order After Iraq*, *Czech Yearbook of International Law*, Vol. 1 (2010).

[78] Hoffmann, Stanley Reviews on *The Strategy of World Or-*

der, *The American Journal of International Law*, Vol. 64, No. 2 (Apr., 1970).

[79] Hoffmann, Stanley Reviews on *Legal Order in a Violent World*, *The American Journal of International Law*, Vol. 64, No. 3 (Jun., 1970).

[80] Holloway, David, *War, Militarism and the Soviet State*, WOMP Working Paper No. 17, New York: Institute for World Order, 1981.

[81] Huntington, Samuel P., "The Clash of Civilizations?", *Foreign Affairs*, Vol. 72, No. 3 (Summer 1993).

[82] *International Interactions: Empirical and Theoretical Research in International Relations*, Volume 8, Issue 1 – 2, 1981: Special Issue: World Order Models Project.

[83] Jacobson, Harold K. Reviews on *A Study of Future Worlds*, *Annals of the American Academy of Political and Social Science*, Vol. 422, The Suburban Seventies (Nov., 1975).

[84] James H. Mittelman, "World Order Studies and International Political Economy", *Alternatives*, 9: 3 (1983/1984: Winter).

[85] Johansen, Robert C., *Toward a Dependable Peace: A Proposal for an Appropriate Security System*, WOMP Working Paper No. 8, New York: Institute for World Order, 1978.

[86] Johansen, Robert C., *Salt II: Illusion and Reality*, WOMP Working Paper No. 9, New York: Institute for World Order, 1979.

[87] Johansen, Robert C., *Jimmy Carter's National Security Policy: A World Order Critique*, WOMP Working Paper No. 14, New York: Institute for World Order, 1980.

[88] Johansen, Robert C., *Toward an Alternative Security System: Moving beyond the Balance of Power in the Search for World Secur-

ity, WOMP Working Paper No. 24, New York: World Policy Institute, 1983.

[89] Johansen, Robert C. , "The Contribution of the World Order Models Project", *Alternatives*, 19: 2 (1994: Spring).

[90] Johnson, James T. Reviews on *Human Rights and State Sovereignty*, *Political Science Quarterly*, Vol. 97, No. 2 (Summer, 1982).

[91] Joyner, Christopher C. Reviews on WOMP books, *The American Journal of International Law*, Vol. 70, No. 1 (Jan., 1976).

[92] Kaplan, Morton A. Reviews on *Law, Morality, and War in the Contemporary World*, *Ethics*, Vol. 74, No. 3 (Apr., 1964).

[93] Kennan, George, "Morality and Foreign Policy", *Foreign Affairs*, Vol. 64, No. 2 (Winter 1985 – 6).

[94] Keohane, Robert, "International Organization and the Crisis of Interdependence", *International Organization*, Vol. 29, No. 2 (Spring, 1975).

[95] Keohane, Robert, "The Theory of Hegemonic Stability and Changes in International Economic Regimes, 1967 – 1977", in Ole Holsti ed., *Changes in the International System*, Boulder, CO: Westview Press, 1986.

[96] Keohane, Robert Reviews on *Explorations at the Edge of Time*, *Political Science Quarterly*, Vol. 108, No. 2 (Summer, 1993).

[97] Kim, Samuel S. , "The World Order Models Project and Its Strange Critics", *Journal of Political and Military Sociology*, 9: 1 (1981: Spring).

[98] King, Loren A. , "Economic Growth and Basic Human

Needs", *International Studies Quarterly*, Vol. 42, No. 2 (Jun. 1998).

[99] Kissinger, Henry, "The Congress of Vienna: A Reappraisal", *World Politics*, Vol. 8, No. 2, Jan. 1965.

[100] Klingemann, Hans-Dieter, Bernard Grofman and Janet Campagna, "The Political Science 400: Citations by Ph. D. Cohort and by Ph. D. Granting Institution", *PS: Political Science and Politics*, Vol. 22, No. 2 (Jun., 1989).

[101] Kohler, Gernot, *Global Apartheid*, WOMP Working Paper No. 7, New York: Institute for World Order, 1978.

[102] Kothari, Rajni, "Editorial Note", *Alternatives*, 1 (1975).

[103] Kothari, Rajni, *Towards A Just World*, WOMP Working Paper No. 11, New York: Institute for World Order, 1980.

[104] Kothari, Rajni, *Environment and Alternative Development*, WOMP Working Paper No. 15, New York: Institute for World Order, 1981.

[105] Krasner, Stephen D., "State Power and the Structure of International Trade", *World Politics*, Vol. 28, No. 3 (Apr., 1976).

[106] Lasswell, Harold D., "The Promise of the World Order Modelling Movement", *World Politics*, Vol. 29, No. 3 (Apr., 1977).

[107] Lauterpacht, H. Reviews on *World Peace Through World Law*, *International Affairs (Royal Institute of International Affairs 1944 -)*, Vol. 34, No. 4 (Oct., 1958).

[108] Levi, Werner Reviews on *Footsteps into the Future: Diagnosis of the Present World and a Design for an Alternative*, *The American Political Science Review*, Vol. 71, No. 2 (Jun., 1977).

[109] Linde, Hans A. Reviews on *The Strategy of World Order*, *Stanford Law Review*, Vol. 19, No. 6 (Jun., 1967).

[110] Linton, Neville Reviews on *World Peace through World Law: Two Alternative Plans (Third Edition Enlarged)*, *International Journal*, Vol. 22, No. 2 (Spring, 1967).

[111] MacDonald, R. St. J. Reviews on *The Role of Domestic Courts in the International Legal Order*, *Duke Law Journal*, Vol. 1965, No. 2 (Spring, 1965).

[112] Massicotte, Marie-Josee, "Global Governance and the Global Political Economy: Three Texts in Search of a Synthesis", *Global Governance* 5 (1999).

[113] Masuoka, Natalie, Bernard Grofman and Scott L. Feld, "The Political Science 400: A 20 - Year Update", *PS: Political Science and Politics*, Vol. 40, No. 1 (Jan., 2007).

[114] Mazrui, Ali A. et al., "State of the Globe Report 1976", *Alternatives*, 3: 2 (1977/1978).

[115] Mazrui, Ali A., *The Barrel of the Gun and the Barrel of Oil in North-South Equation*, WOMP Working Paper No. 5, New York: Institute for World Order, 1978.

[116] Mazrui, Ali A., *The Moving Cultural Frontier of World Order: From Monotheism to North-South Relations*, WOMP Working Paper No. 18, New York: World Policy Institute, 1982.

[117] Mendlovitz, Saul H., "The Program of the Institute for World Order", *Journal of International Affairs*, 31: 2 (1977: Fall/Winter).

[118] Mendlovitz, Saul H., "On the Creation of a Just World Order: An Agenda for a Program of Inquiry and Praxis", *Alternatives*, 7: 3 (1981).

[119] Mendlovitz, Saul H. , *The Struggle for a Just World Order: An Agenda of Inquiry and Praxis for the 1980's*, WOMP Working Paper No. 20, New York: World Policy Institute, 1982.

[120] Mendlovitz, Saul H. , "Struggles for a Just World Peace: A Transition Strategy", *Alternatives*, 14: 3 (1989: July).

[121] Mian, Zia and Smitu Kothari, "Resisting the Global Domination Project: An Interview with Prof. Richard A. Falk", *Frontline*, Vol. 20, No. 8, April 12 - 25, 2003.

[122] Michalak,, Stanley S. Jr. , "Richard A. Falk's Future World: A Critique of WOMP: USA", *The Review of Politics*, Vol. 42, No. 1 (Jan. , 1980).

[123] Morehouse, Ward, *Separate, Unequal, but More Autonomous: Technology, Equity and World Order in the Millennial Transition*, WOMP Working Paper No. 16, New York: Institute for World Order, 1981.

[124] Morgenthau, Hans, "The Twilight of International Morality", *Ethics*, Vol. 58, No. 2 (Jan. 1948).

[125] Murphy, John F. Reviews on *Human Rights and State Sovereignty*, *The American Journal of International Law*, Vol. 76, No. 4 (Oct. , 1982).

[126] Newkirk, M. Glenn Reviews on *Africa in World Affairs: the Next Thirty Years*, *Africa Today*, Vol. 21, No. 4 (Autumn, 1974).

[127] Nye, Joseph S. Jr. , "What New World Order?" *Foreign Affairs*, Vol. 71, No. 2 (Spring 1992).

[128] Oakes, Guy and Kenneth Stunkel, "In Search of WOMP", *Journal of Political and Military Sociology*, 9: 1 (1981: Spring).

[129] Okey, Thomas A. et al. , "The Dynamic Steady State E-

conomy", *Frontiers in Ecology and the Environment*, Vol. 2, No. 8 (Oct., 2004).

[130] Pollis, Adamantia Reviews on *Human Rights and State Sovereignty*, *Human Rights Quarterly*, Vol. 4, No. 4 (Winter, 1982).

[131] Prempeh, E. Osei Kwadwo, "Anti-Globalization Forces, the Politics of Resistance, and Africa: Promises and Perils", *Journal of Black Studies*, Vol. 34, No. 4 (Mar., 2004).

[132] Rohn, Peter H. Reviews on *The Status of Law in International Society*, *The Western Political Quarterly*, Vol. 24, No. 2 (Jun., 1971).

[133] Sakamoto, Yoshikazu, *Korea as a World Order Issue*, WOMP Working Paper No. 3, New York: Institute for World Order, 1978.

[134] Schwartz, Stephen Review on *Unlocking the Middle East: The Writings of Richard A. Falk*, *Middle East Quarterly*, Vol. 11, No. 1 (Winter 2004).

[135] Shayan, Fatemeh Reviews on *Achieving Human Rights*, *Societies Without Borders*, Vol. 5, No. 2 (2010).

[136] Simmonds, K. R. Reviews on *The Role of Domestic Courts in the International Legal Order*, *The International and Comparative Law Quarterly*, Vol. 14, No. 1 (Jan., 1965).

[137] Slaughter, Anne-Marie Burley, "International Law and International Relations Theory: A Dual Agenda", *The American Journal of International Law*, Vol. 87, No. 2 (Apr., 1993).

[138] Steiner, Miriam, "Conceptions of the Individual in the World Order Models Project (WOMP) Literature", *International Interacitons*, Vol. 6, No. 1, 1979.

[139] Stumpf, Harry P. Reviews on *The Role of Domestic Courts*

in the International Legal Order, *The Western Political Quarterly*, Vol. 20, No. 2, Part 1 (Jun., 1967).

[140] Suganami, Hidemi, "International Relations and Organizations", *International Affairs*, Vol. 58, No. 4 (Autumn, 1982).

[141] Sylvester, Christine, *World order and United Nations Elites: An Empirical Examination of Values, Beliefs and Images of the Future*, Ph. D. Thesis, University of Kentucky, U. S. A., 1980.

[142] Sylvester, Christine, "In Defense of the World Order Models Project: A Behavioralist's Response", *Journal of Political and Military Sociology*, 9: 1 (1981: Spring).

[143] Sylvester, Christine, "World Order and International Political Economy: Issues of World System Change", *Alternatives*, 9: 3 (1983/1984: Winter).

[144] Targ, Harry R., "World Order and Future Studies Reconsidered", *Alternatives*, 5: 3 (1979: Oct.).

[145] Trimble, Phillip R., "International Law, World Order, and Critical Legal Studies", *Stanford Law Review*, Vol. 42, No. 3 (Feb., 1990).

[146] Tucker, Edwin W. Reviews on *The Role of Domestic Courts in the International Legal Order*, *Harvard Law Review*, Vol. 78, No. 7 (May, 1965).

[147] Tufts, James H., "Ethics and International Relations", *International Journal of Ethics*, Vol. 28, No. 3 (Apr., 1918).

[148] Walker, R. B. J., *World Politics and Western Reason: Universalism, Pluralism, Hegemony*, WOMP Working Paper No. 19, New York: World Policy Institute, 1982.

[149] Walker, R. B. J., "On the Possibilities of World Order Discourse", *Alternatives*, 19: 2 (Spring, 1994).

[150] Wendt, Alexander, "Anarchy is What States Make of It: The Social Constructions of Power Politics", *International Organization*, Vol. 46, No. 2 (Spring, 1992).

[151] Wilkinson, David, "World Order Models Project: First Fruits", in *Political Science Quarterly*, Vol. 91, No. 2 (Summer, 1976).

[152] Wilson, Larman C. Reviews on *The Status of Law in International Society*, *The Journal of Politics*, Vol. 33, No. 1 (Feb., 1971).

[153] Wilson, Larman C. Reviews on *Revitalizing International Law*, *Perspective* (*Washington, DC*), 18: 4 (1989: Fall).

[154] Wilson, Robert R. Reviews on *The Role of Domestic Courts in the International Legal Order*, *The American Journal of International Law*, Vol. 59, No. 4 (Oct., 1965).

[155] Wilson, Woodrow, "Fourteen Points Speech (1918)", in Arthur S. Link et al., eds., *The Papers of Woodrow Wilson*, Vol. 45, 1984.

[156] Yalem, Ronald J., "Conflicting Approaches to World Order", *Alternatives*, 5: 3 (Nov., 1979).

三、中文著作

[1][埃及]萨米尔·阿明:《不平等的发展》,高铦译,北京:商务印书馆,2000年版。

[2][巴西]多斯桑托斯:《帝国主义与依附》,杨衍永等译,北京:社科文献出版社,1999年版。

[3]蔡拓等:《全球学导论》,北京:北京大学出版社,2015年版。

[4]陈鲁直、李铁城主编:《联合国与世界秩序》,北京:北

京语言学院出版社，1993年版。

[5] 陈玉刚：《国家与超国家——欧洲一体化理论比较研究》，上海：上海人民出版社，2001年版。

[6] 陈志瑞、周桂银、石斌主编：《开放的国际社会：国际关系研究中的英国学派》，北京：北京大学出版社，2006年版。

[7] [德] 安德烈·弗兰克：《依附性积累与不发达》，高銛等译，南京：译林出版社，1999年版。

[8] [德] 孔汉斯、库舍尔主编：《全球伦理——世界宗教议会宣言》，何光沪译，成都：四川人民出版社，1997年版。

[9] [德] 伊曼纽尔·康德：《永久和平论》，何兆武译，上海：上海人民出版社，2005年版。

[10] 丁立群等主编：《中国过程研究（第三辑）》，哈尔滨：黑龙江大学出版社，2011年版。

[11] [法] 卢梭：《卢梭全集（第1卷）》，李平沤译，北京：商务印书馆，2012年版。

[12] 樊勇明：《西方国际政治经济学》，上海：上海人民出版社，2006年版。

[13] 干春松：《重回王道——儒家与世界秩序》，上海：华东师范大学出版社，2011年版。

[14] 洪邮生：《欧洲国际关系的演进：现实逻辑与价值取向》，北京：生活·读书·新知三联书店，2013年版。

[15] 洪邮生等：《让渡还是坚守：一体化语境中的欧洲人主权观研究》，南京：南京大学出版社，2015年版。

[16] [加] 罗伯特·杰克逊、[丹] 乔格·索伦森：《国际关系学理论与方法》，吴勇、宋德星译，天津：天津人民出版社，2008年版。

[17] 康有为：《大同书》，上海：上海古籍出版社，2009年版。

［18］李滨：《国际体系研究：历史与现状》，南京：南京大学出版社，2000年版。

［19］刘述先：《全球伦理与宗教对话》，石家庄：河北人民出版社，2006年版。

［20］刘贞晔：《国际政治领域中的非政府组织：一种互动关系的分析》，天津：天津人民出版社，2005年版。

［21］刘贞晔：《全球公民社会研究：国际政治的视角》，北京：中国政法大学出版社，2015年版。

［22］［美］奥兰·杨：《世界事务中的治理》，陈玉刚、薄燕译，上海：上海人民出版社，2007年版。

［23］［美］大卫·雷·格里芬主编：《后现代科学——科学魅力的再现》，马季方译，北京：中央编译出版社，1995年版。

［24］［美］大卫·雷·格里芬主编：《后现代精神》，王成兵译，北京：中央编译出版社，1997年版。

［25］［美］大卫·雷·格里芬等著：《超越解构：建设性后现代哲学的奠基者》，鲍世斌等译，北京：中央编译出版社，2001年版。

［26］［美］大卫·雷·格里芬：《后现代宗教》，孙慕天译，北京：中国城市出版社，2003年版。

［27］［美］大卫·雷·格里芬：《新珍珠港：迷雾重重的"9·11"事件与布什政府》，艾彦等译，上海：东方出版社，2004年版。

［28］［美］费正清编：《中国的世界秩序——传统中国的对外关系》，杜继东译，北京：中国社会科学出版社，2010年版。

［29］［美］弗朗西斯·福山：《历史的终结及最后之人》，黄胜强等译，北京：中国社会科学出版社，2008年版。

［30］［美］汉斯·摩根索：《国家间政治——寻求权力与和平的斗争》，徐昕等译，北京：中国人民公安大学出版社，1990

年版。

[31] [美] 亨利·基辛格：《大外交》，顾淑馨、林添贵译，海口：海南出版社，1997年版。

[32] [美] 霍华德·弗里尔、理查德·福尔克著：《一纸瞒天：〈纽约时报〉如何谬报美国的对外政策》，北京：生活·读书·新知三联书店，2009年版。

[33] [美] 小约翰·B. 科布、大卫·R. 格里芬：《过程神学——一个引导性的说明》，曲厚跃译，北京：中央编译出版社，1998年版。

[34] [美] 肯尼斯·华尔兹：《国际政治理论》，信强译，上海：上海人民出版社，2003年版。

[35] [美] 肯尼思·W. 汤普森著：《国际思想大师》，耿协峰译，北京：北京大学出版社，2003年版。

[36] [美] 肯尼思·W. 汤普森：《国际关系中的思想流派》，梅仁、王羽译，北京：北京大学出版社，2003年版。

[37] [美] 莱茵霍尔德·尼布尔：《道德的人与不道德的社会》，蒋庆等译，贵阳：贵州人民出版社，1998年版。

[38] [美] 罗伯特·基欧汉：《霸权之后：世界政治经济中的合作与纷争》，苏长和等译，上海：上海人民出版社，2006年版。

[39] [美] 罗伯特·基欧汉、约瑟夫·奈：《权力与相互依赖》，门洪华译，北京：北京大学出版社，2012年版。

[40] [美] 玛格丽特·E. 凯克、凯瑟琳·辛金克：《跨越国界的活动家：国际政治中的倡议网络》，韩昭颖译，北京：北京大学出版社，2005年版。

[41] [美] 玛莎·费丽莫：《国际社会中的国家利益》，袁正清译，杭州：浙江人民出版社，2001年版。

[42] [美] 莫顿·卡普兰：《国际政治的系统和过程》，薄智

跃译，北京：中国人民公安大学出版社，1989年版。

[43][美]塞缪尔·亨廷顿：《文明的冲突与世界秩序的重建》，周琪等译，北京：新华出版社，2010年版。

[44][美]小约瑟夫·奈：《理解国际冲突：理论与历史》，张小明译，上海：上海人民出版社，2002年版。

[45][美]亚历山大·温特：《国际政治的社会理论》，秦亚青译，上海：上海人民出版社，2000年版。

[46][美]伊曼纽尔·沃勒斯坦：《现代世界体系（第一卷）》，尤来寅等译，北京：高等教育出版社，1997年版。

[47][美]伊曼纽尔·沃勒斯坦：《现代世界体系（第二卷）》，吕丹等译，北京：高等教育出版社，1997年版。

[48][美]伊曼纽尔·沃勒斯坦：《现代世界体系（第三卷）》，孙立田等译，北京：高等教育出版社，2000年版。

[49][美]约翰·罗尔斯：《万民法》，张晓辉等译，长春：吉林人民出版，2001年版。

[50][美]约翰·米尔斯海默：《大国政治的悲剧》，王义桅、唐小松译，上海：上海人民出版社，2008年版。

[51][美]约翰·伊肯伯里：《大战胜利之后：制度、战略约束与战后秩序重建》，门洪华译，北京：北京大学出版社，2008年版。

[52][美]约瑟夫·S.奈、约翰·D.唐纳胡主编：《全球化世界的治理》，王勇译，北京：世界知识出版社，2003年版。

[53][美]詹姆斯·N.罗西瑙主编：《没有政府的治理》，张胜军、刘小林译，南昌：江西人民出版社，2001年版。

[54]潘忠岐：《世界秩序：机构、机制与模式》，上海：上海人民出版社，2004年版。

[55]庞中英：《全球治理与世界秩序》，北京：北京大学出版社，2012年版。

[56] 彭树智：《文明交往论》，西安：陕西人民出版社，2002年版。

[57] 秦亚青：《权力·制度·文化：国际关系理论与方法研究文集》，北京：北京大学出版社，2005年版。

[58] 秦亚青主编：《文化与国际社会：建构主义国际关系理论研究》，北京：世界知识出版社，2006年版。

[59] 秦亚青主编：《理性与国际合作：自由主义国际关系理论研究》，北京：世界知识出版社，2008年版。

[60] [日] 池田大作、[英] 阿·汤因比：《展望21世纪——汤因比与池田大作对话录》，荀春生等译，北京：国际文化出版公司，1997年版。

[61] 阮宗泽：《中国崛起与东亚国际秩序的转型：共有利益的塑造与拓展》，北京：北京大学出版社，2007年版。

[62] [瑞典] 英瓦尔·卡尔松、[圭] 什里达特·兰法尔主编：《天涯成比邻——全球治理委员会的报告》，北京：中国对外翻译出版公司，1995年版。

[63] 苏云婷：《女性主义视角下的世界秩序研究》，北京：中国社会科学出版社，2010年版。

[64] 王逸舟：《探寻全球主义国际关系》，北京：北京大学出版社，2005年版。

[65] 王逸舟：《西方国际政治学：历史与理论》，上海：上海人民出版社，2006年版。

[66] 王治河：《扑朔迷离的游戏——后现代哲学思潮研究》，北京：社会科学文献出版社，1993年版。

[67] 王治河：《后现代哲学思潮研究（增补本）》，北京：北京大学出版社，2006年版。

[68] 王治河主编：《后现代主义辞典》，北京：中央编译出版社，2003年版。

[69] 王治河等主编：《中国过程研究（第一辑）》，北京：中国社会科学出版社，2004年版。

[70] 王治河等主编：《中国过程研究（第二辑）》，北京：中国社会科学出版社，2007年版。

[71] 王治河、樊美筠：《第二次启蒙》，北京：北京大学出版社，2011年版。

[72] 王治河、薛晓源主编：《全球化与后现代性》，南宁：广西师范大学出版社，2003年版。

[73] 韦正翔：《国际政治的全球化与国际道德危机——全球伦理的圆桌模式构想》，北京：中国社会科学出版社，2006年版。

[74] 吴伟赋：《论第三种形而上学：建设性后现代主义哲学研究》，上海：学林出版社，2002年版。

[75] 熊文驰、马骏主编：《大国发展与国际道义》（《伦理与国际事务评论》第一辑），上海：上海人民出版社，2009年版。

[76] 熊文驰、马骏主编：《全球治理中的伦理》（《伦理与国际事务评论》第二辑），上海：上海人民出版社，2011年版。

[77] 阎学通、孙学峰：《国际关系研究实用方法》，北京：人民出版社，2001年版。

[78] [意]但丁："帝制论"，载但丁：《但丁精选集》，吕同六译，北京：北京燕山出版社，2004年版。

[79] [英]爱德华·卡尔：《20年危机（1919—1939）：国际关系研究导论》，秦亚青译，北京：世界知识出版社，2005年版。

[80] [英]戴维·赫尔德：《民主与全球秩序——从现代国家到世界主义治理》，胡伟等译，上海：上海人民出版社，2003年版。

[81] [英]赫德利·布尔：《无政府社会：世界政治秩序研究》，张小明译，北京：世界知识出版社，2003年版。

[82][英]马丁·怀特:《权力政治》,宋爱群译,北京:世界知识出版社,2004年版。

[83]俞可平、张胜军主编:《全球化:全球治理》,北京:社科文献出版社,2003年版。

[84]余潇枫:《国际关系伦理学》,北京:长征出版社,2002年版。

[85]俞懿娴:《怀特海自然哲学:机体哲学初探》,北京:北京大学出版社,2012年版。

[86]张曙光、胡礼忠主编:《伦理与国际事务新论》,上海:上海外语教育出版社,2004年版。

[87]张旺:《国际政治的道德基础:国际关系规范理论研究》,南京:南京大学出版社,2010年版。

[88]赵汀阳:《天下体系:世界制度哲学导论》,南京:江苏教育出版社,2005年版。

[89]郑安光:《从国际政治到世界社会》,南京:南京大学出版社,2009年版。

[90]郑永年:《通往大国之路:中国与世界秩序的重塑》,北京:东方出版社,2011年版。

四、中文文章

[1]蔡拓:"全球主义与国家主义",《中国社会科学》2000年第3期。

[2]蔡先凤:"当代西方生态政治理论述评",《武汉大学学报(社会科学版)》2003年第2期。

[3]车丕照:"国际法治初探",载高鸿钧主编:《清华法治论衡(第1辑)》,北京:清华大学出版社,2000年版。

[4]陈承新:"国内'全球治理'研究述评",《政治学研究》2009年第1期。

［5］陈玉刚："欧洲一体化的历史与观念"，《史学月刊》2005年第6期。

［6］陈玉刚："全球关系与全球秩序浅议"，《外交评论》2010年第1期。

［7］丛日云："全球治理、联合国改革与中国政治发展"，《浙江学刊》2005年第5期。

［8］戴桂斌："西方正义论主题的历史嬗变"，《辽宁大学学报（哲学社会科学版）》2004年第6期。

［9］邓超："论当代西方和平运动的主要发展趋势"，《当代世界与社会主义》2015年第4期。

［10］董超文："未来的世界秩序：国外国际政治学者的构想"，《未来与发展》1988年第5期。

［11］冯俊、［美］柯布："超越西式现代性，走生态文明之路——冯俊教授与著名建设性后现代思想家柯布教授对谈录"，《中国浦东干部学院学报》2012年第1期。

［12］高尚涛："国际关系三大理论与规范研究简介"，《国际资料信息》2005年第11期。

［13］郭海儒："福尔克'人道治理'世界秩序思想述评"，《史学月刊》2003年第4期。

［14］韩庆祥："'以人为本'的科学内涵及其理性实践"，《河北学刊》2004年第3期。

［15］何跃："泛经验论——一种超越二元论的尝试"，《探索》2004年第6期。

［16］何跃等："走进人类中心主义还是走出人类中心主义"，《自然辩证法研究》2011年第6期。

［17］何志鹏："国际法治：现实与理想"，载高鸿钧主编：《清华法治论衡（第4辑）》，北京：清华大学出版社2004年版。

［18］何志鹏："国际法治：一个概念的界定"，《政法论坛》

2009 年第 4 期。

[19] 胡莹："论卡特政府的'新世界秩序'战略",《广西社会科学》2006 年第 9 期。

[20] 黄德明、匡为为："论非政府组织与联合国关系的现状及改革前景",《当代法学》2006 年第 3 期。

[21] 黄玉顺："荀子的社会正义理论",《社会科学研究》2012 年第 3 期。

[22] 李滨："考克斯的国际政治经济学理论",《世界经济与政治》2003 年第 5 期。

[23] [加纳] 科菲·安南："联合国秘书长千年报告（摘要）",《当代世界》2000 年第 9 期。

[24] 贾中海、温丽娟："当代西方公平正义理论及其元哲学问题",《学习与探索》2008 年第 3 期。

[25] 姜百臣："稳态经济述评",《经济学情报》1995 年第 1 期。

[26] 江立成、赵敦化："当代美国的社会正义理论刍议",《天津社会科学》1995 年第 6 期。

[27] 金灿荣、刘世强："延续与变革中的国际体系探析",《当代世界与社会主义》（双月刊）2010 年第 4 期。

[28] 孔庆茵："国际体系变革与新秩序的特征",《首都师范大学学报（社会科学版）》2007 年第 5 期。

[29] 李滨："考克斯的批判理论：渊源与特色",《世界经济与政治》2005 年第 7 期。

[30] 李开盛：《美好世界原理——世界政治中人的利益及其实现问题研究》，中国社会科学院研究生院博士论文，2008 年 4 月。

[31] 廖申白："《正义论》对古典自由主义的修正",《中国社会科学》2003 年第 5 期。

[32] 刘成："化解冲突 和谐共存——和平学研究简介"，《中国社会科学报》第 163 期 13 版。

[33] 刘成："和平学与全球化时代的和平建设"，《南京社会科学》2015 年第 3 期。

[34] 刘力："联合国改革的理论视角和中国的思考"，《国际论坛》2004 年第 5 期。

[35] 刘清才、苏云婷、张农寿："世界秩序理论范式的探讨"，载郭树勇主编：《国际关系：呼唤中国理论》，天津：天津人民出版社 2005 年版。

[36] 刘颖："小约瑟夫·奈、罗伯特·基欧汉与跨国关系研究"，《扬州大学学报（人文社会科学版）》2006 年第 3 期。

[37] 刘永涛："后现代主义与后现代国际关系：一个基本考察"，《世界经济与政治》2005 年第 7 期。

[38] 刘东锋：《非政府组织与理念全球化——卡内基伦理与国际事务委员会个案分析》，上海外国语大学博士论文，2004 年 5 月。

[39] ［美］柯布、樊美筠："现代经济理论的失败：建设性后现代思想家看全球金融危机——柯布博士访谈录"，《文史哲》2009 年第 2 期。

[40] ［美］柯岚安："中国视野下的世界秩序：天下、帝国和世界"，《世界经济与政治》2008 年第 10 期。

[41] ［美］罗伯特·基欧汉、约瑟夫·奈："权力、相互依赖与全球主义"，《战略与管理》2002 年第 4 期。

[42] ［美］英尼斯·克劳德："均势、集体安全和世界政府"，载倪世雄、金应忠选编：《当代美国国际关系理论流派文选》，上海：学林出版社 1987 年版。

[43] 孟根龙："建设性后现代主义生态危机理论管窥"，《武汉科技大学学报（社会科学版）》2012 年第 3 期。

［44］那力、杨楠："'国际法治'：一个方兴未艾、需要探讨的主题"，载张文显、杜宴林主编：《法理学论丛（第六卷）》，北京：法律出版社2012年版。

［45］倪世雄："国际关系未来学"，《国外社会科学》1986年第5期。

［46］［挪］约翰·加尔通："和谐致平之道——关于和平学的几点阐释"，《南京大学学报（哲学社会科学版）》2005年第2期。

［47］欧阳康："建设性的后现代主义与全球化——访美国后现代思想家小约翰·科布"，《世界哲学》2002年第3期。

［48］欧阳康："现代化的'围城'及其超越——兼谈建设性后现代主义的价值取向及其启示"，《求是学刊》2003年第1期。

［49］钱文荣："论联合国改革与联合国的未来"，《世界经济与政治》2000年第3期。。

［50］秦亚青："层次分析法与国际关系研究"，《欧洲》1998年第3期。

［51］秦亚青："和谐世界：中国外交新理念"，《前线》2006年第12期。

［52］秦亚青："国际体系的延续与变革"，《外交评论》2010年第1期。

［53］尚伟：《世界秩序模式研究》，吉林大学博士论文，2005年10月。

［54］石斌："'非道德'政治论的道德诉求——现实主义国际关系伦理思想浅析"，《欧洲》2002年第1期。

［55］石斌："权力·秩序·正义——'英国学派'国际关系理论的伦理取向"，《欧洲研究》2004年第5期。

［56］石斌："'英国学派'国际关系理论概观"，《历史教学

问题》2005年第2期。

[57] 时殷弘、叶凤丽："现实主义·理性主义·革命主义——国际关系思想传统及其当代典型表现"，《欧洲》1995年第3期。

[58] 王公龙："和谐世界：国际秩序的新构想和新范式"，《现代国际关系》2007年第3期。

[59] 王治河："论后现代主义的三种形态"，《国外社会科学》1995年第1期。

[60] 王治河："别一种后现代主义"，《求是学刊》1996年第4期。

[61] 王治河："后现代主义与中国"，《求是学刊》2001年第3期。

[62] 王治河："过程哲学：一个有待发掘的思想宝库"，《求是学刊》2007年第4期。

[63] 王治河："中国式建设性后现代主义与生态文明的建构"，《马克思主义与现实》2009年第1期。

[64] 王治河："第二次启蒙呼唤一种后现代经济"，《武汉理工大学学报（社会科学版）》2011年第5期。

[65] 王治河、吴兰丽："华山并非自古一条道——过程哲学和建设性后现代主义给我们的启迪"，《华中科技大学学报（社会科学版）》2008年第5期。

[66] 汪铮："西方社会的和平运动"，《世界知识》1994年第7期。

[67] 汪铮："和平运动：历史与现实"，《欧洲》1996年第1期。

[68] 吴建民等："和谐世界与中国外交"，《外交评论》2006年第1期。

[69] 吴倬："'以人为本'辨析"，《清华大学学报（哲学社

会科学版)》2001 年第 1 期。

[70] 许巧巧、石斌："基督教现实主义国际伦理思想浅析",《外交评论》2010 年第 6 期。

[71] 薛勇民："深生态学与哲学范式的转换",《山西大学学报(哲学社会科学版)》2004 年第 5 期。

[72] 颜飞:《对全球伦理思想产生原因的探析》,中国政法大学硕士论文,2011 年 3 月。

[73] 闫顺利、赵红伟、尹佳佳:"从'增长经济'到'稳态经济'再到'低碳经济'",《社会科学论坛》2010 年第 18 期。

[74] 杨虎涛:"两种不同的生态观——马克思生态经济思想与演化经济学稳态经济理论比较",《武汉大学学报(哲学社会科学版)》2006 年第 6 期。

[75] 姚大志："社会正义论纲",《学术月刊》2013 年第 11 期。

[76] 于光胜:《文明的融合与世界秩序》,山东大学博士论文,2009 年 10 月。

[77] 于文秀："生态后现代主义：一种崭新的生态世界观",《学术月刊》2007 年第 6 期。

[78] 余潇枫："伦理视域中的国际关系",《世界经济与政治》2005 年第 1 期。

[79] 俞正樑："论当前国际体系变革的基本特征",《世界经济与政治论坛》2010 年第 6 期。

[80] 张海滨："联合国改革：渐进还是激进?",《国际政治研究》2005 年第 3 期。

[81] 张奎良："'以人为本'的哲学意义",《哲学研究》2004 年第 5 期。

[82] 张胜军："当代国际社会的法治基础",《中国社会科学》2007 年第 2 期。

[83] 张胜军:"全球治理的最新发展和理论动态",《国外理论动态》2012年第10期。

[84] 张世英:"'后现代主义'对'现代性'的批判与超越",《北京大学学报(哲学社会科学版)》2007年第1期。

[85] 张钊:《当代中国和平理论研究》,中国社会科学院研究生院博士学位论文,2013年5月。

[86] 郑启荣:"试论非政府组织与联合国的关系",《外交学院学报》1999年第1期。

[87] 郑永年:"中国国家间关系的构建:从'天下'到国际秩序",《当代亚太》2009年第5期。

[88] 钟海燕:"'正义论'对我国社会福利制度的启示",《西南民族大学学报(人文社科版)》2005年第1期。

[89] "中华文明对于构建全球伦理可有之贡献"专题系列研究,《北京行政学院学报》2003年第1期。

[90] 周启朋:"西方世界秩序论评介",《外交学院学报》1992年第1期。

[91] 周旭东:"关于世界秩序的几个问题",《国外理论动态》2009年第3期。

[92] 朱锋:"关于区域主义与全球主义",《现代国际关系》1997年第9期。

五、网络文献

[1] Amanda Dugan, "World Peace Through World Law: WPI History Part II", March 1, 2012. http://www.worldpolicy.org/blog/2012/03/01/world-peace-through-world-law-wpi-history-part-ii

[2] Amanda Dugan, "The World Order Models Project", March 7, 2012. http://www.worldpolicy.org/blog/2012/03/07/world-order-models-project

[3] Amanda Dugan, "Toward a New Global Platform", March 10, 2012. http://www.worldpolicy.org/blog/2012/03/10/toward-new-global-platform

[4] Carnegie Council for Ethics in International Affairs, "Carnegie Council History" http://www.carnegiecouncil.org/about/info/history.html

[5] Christian Maisch, "Richard A. Falk: On Humane Governance (Book Review)", Washington Semester Program on Foreign Policy, American University, 28 November, 1998. http://download.webwort.de/politik_ good_ governance.pdf

[6] Free Exchange on Campus, *Facts Count: An Analysis of David Horowitz's The Professors: The 101 Most Dangerous Academics in America*, May 2006. https://portfolio.du.edu/downloadItem/86459

[7] "Introduction by David Krieger, President, Nuclear Age Peace Foundation", The Second Frank K. Kelly Lecture on Humanity's Future, Santa Barbara, February 2003. http://www.wagingpeace.org/menu/resources/publications/2003_ 02_ siege-lecture.pdf

[8] Leszek Buszynski, *International Peace and Security*, Lecture Outline Fall Term 2005 http://www.iuj.ac.jp/gsir/syllabus/05/dcc_ 5430.htm

[9] Linda Mamoun, "A Conversation with Richard A. Falk", *The Nation*, June 30, 2008. http://www.thenation.com/article/conversation-richard-falk

[10] Michael Horowitz and Allan Stam, "Ranking Scholars and Departments", Teaching, Research, and International Policy (TRIP), Institute for the Theory and Practice of International Relations at the College of William & Mary. http://irtheoryandpractice.wm.edu/projects/trip/stam_ horowitz.pdf

［11］ Richard A. Falk, "Gandhi, Nonviolence and the Struggle Against War", The Translational Foundation for Peace and Future Research (TFF), Jan. 28, 2004. http：//www.oldsite.transnational.org/SAJT/forum/Nonviolence/2004/Falk_ GandhiNonviolence.html

［12］ Richard A. Falk, "Responsible Scholarship in 'Dark Times'—Academics as Scholars, Teachers and Public Intellectuals", The Translational Foundation for Peace and Future Research (TFF), April 30, 2007. http：//www.oldsite.transnational.org/Resources_Treasures/2007/Falk_ ResponsibleScholar.html

［13］ Richard A. Falk, "Slouching Toward a Palestinian Holocaust", The Translational Foundation for Peace and Future Research (TFF), June 29, 2007. http：//www.transnational.org/AreaMiddleEast/2007/FalkPalestineGenocide.html

［14］ Richard A. Falk, "Is This a Global Gandhian Moment?", at his personal Citizen Pilgrimage blog, Oct. 10, 2011. http：//richardfalk.wordpress.com/2011/10/10/is-this-a-global--gandhian-moment/

［15］ Richard A. Falk, "Anarchism without Anarchism: Searching for Progressive Politics", at his personal Citizen Pilgrimage blog, Nov. 26, 2010. http：//richardfalk.wordpress.com/2010/11/26/anarchism-without-anarchism-searching-for-progressive-politics/

［16］ Richard A. Falk, "Personal Background and Blog Introduction", at his personal Citizen Pilgrimage blog, Nov. 16, 2010. http：//richardfalk.wordpress.com/2010/11/

［17］ Richard A. Falk, "Rethinking Afghanistan After a Decade", at his personal Citizen Pilgrimage blog, Sep. 19, 2011. http：//richardfalk.wordpress.com/2011/09/

［18］ Richard A. Falk, "Toward a Gandhian Geopolitics: A

Feasible Utopia?", at his personal Citizen Pilgrimage blog, Jul. 25, 2012. http: //richardfalk. wordpress. com/2012/07/25/toward-a-gandhian-geopolitics-a-feasible-utopia/

[19] Richard A. Falk, "The Second Coming of WOMP? Notes on Restoring Vision, Hope, Reason, and Faith". http://www. ceipaz. org/womp/discussion. html

[20] Stephen Gill, "Enlightenment and Engagement in 'Dark Times': Notes on the Intellectual and Practical Contribution of Richard A. Falk", Stephen Gill spoke on International Studies Association panel in honor of Richard A. Falk as that year's (2007) Outstanding Public Scholar in International Political Economy. http: //www. stephengill. com/Falk. pdf

[21] "The Impact of World Order Values: A Workshop and Article Launch", January 28, 2011, New York. http: //www. globalactionpw. org/index. php? s = womp

[22] "WOMP Debrief". http: //www. ceipaz. org/womp/background. html

[23] World Policy Institute, "World Policy Institute History". http: //www. worldpolicy. org/history

后　记

　　自 2004 年进入南京大学国际关系专业学习以来，我已从事国际关系学习、研究和教学工作十余载。犹记得刚跨专业考取研究生的兴奋和初涉国际关系学科的忐忑，形成了鲜明的对比。硕研三年间，我从第一学期的一片空白、沮丧得甚至想退学，到毕业时决心从事国际关系专业教学研究工作，无疑是发生了巨大的转变，不知不觉间爱上了这个偶然选择的领域。非常感谢南京大学国际关系研究院诸位师长的教导和熏陶，你们无疑是我学术道路上的启蒙者和领路人。

　　硕士毕业之后，我进入西安外国语大学从事国际政治和外交学专业教学科研工作。然天性鲁钝，又非敏于好学之人，虽有心向学，却总在惴惴然间无所增进。虽已为师，却一直未敢言真正进入学术殿堂，恐只是"一只脚"踏入了而已。为此深感需要师辈继续不吝教导，故重返南大国关"回炉"再深造。

　　本书即源于 2011 年春参加完博士生入学考试之后偶然的阅读。压力顿释之余的游思最为自在舒心。似乎冥冥之中自有天意，我在阅读王治河的哲学作品之时偶遇了建设性后现代主义以及其代表人物之一、著名国际法与国际关系学者福尔克。从福尔克出发，我又重新回到国际关系领域，了解到了世界秩序模式工程这一浩大的学术实践。我深深为建设性后现代主义、特别是福尔克的思想所吸引，仿佛找到了精神上的同路者，没有比内心深处的共鸣更兴奋幸运的事了。

　　重回南大师从著名欧洲问题专家洪邮生教授攻读博士学位之

后，我就迫不及待地向洪老师请教以福尔克世界秩序思想为博士论文选题的可行性。老师在肯定鼓励我的想法之余，建议我将选题扩展至对包括福尔克在内的世界秩序模式工程学者群体——世界秩序学派的研究。这一指导如同将山外层峦呈现在我面前，一下子使我的视野豁然开朗。

在此后的研究思路形成、成文特别是漫长的修改提升过程中，洪老师的严格要求、督促特别是对核心内容提炼的点睛之语，是本书能够较为成熟地呈现在读者面前的关键和保障。如果没有洪老师的提点，恐怕我依然迷失在世界秩序学派浩繁的海量文献中，停留在介绍的阶段，根本不可能凝练出逻辑严谨的理论体系来。洪老师对我的严格要求，也是我心性磨练和学术素养升级的炼丹炉，终使我在科学研究的漫漫长路上步入神圣的学术殿堂。特别令我感动的是，洪老师不仅学养深厚令人敬仰，他对学生论文细致入微的悉心修改更令人感激不已，也令我每每担心时常熬夜批改论文的老师是否有足够的休息时间。可以说，没有洪老师的指导，这篇论文就不可能呈现在大家面前！

感谢石斌、朱瀛泉、蔡佳禾、计秋枫、谭树林、郑先武、郑安光诸位老师对我的教导，特别是在论文开题、答辩会上提出的中肯建议。诸位老师的提点使我的论文在结构安排、内容深化、甚至遣词造句各个方面更为合理！奈何学生资质平庸，恐仍难达到他们的要求。感谢中国政法大学蔡拓教授一语见地的修改意见和对我的关怀与帮助，蔡老师的人格魅力令人十分敬佩！

感谢王帅、严骁骁、臧其胜、高欣、马晓云、袁建军、张建红、张心雨、王小强、李敏、王爱娟等学友的帮助和陪伴，漫漫思路上有你们一道同行，是人生的一种幸运！

感谢南大的培养，两段情缘使我的血脉里流淌着诚朴雄伟、励学敦行的南大特质，身上打下了深深的南大烙印，我以身为一名南大学子而自豪！感谢工作单位海南医学院特别是马克思主义

后 记

学院，本书得以顺利付梓，有赖于马院领导的支持和学院的资助！

最后、最要感谢的是我的父母、妻子和家人，没有你们的支持，就没有我的一切，你们是我最坚强的后盾、最温暖的港湾。感谢我最爱的女儿，多年前我刚踏入国关领域时，曾读到一位学者在博士论文的后记中写到，孩子与博士论文一起降生，留下了深刻的印象。没想到我也迎来相似的经历！谢谢女儿给我生命带来的灿烂阳光！

图书在版编目（CIP）数据

世界秩序学派研究/马朝林著. —北京：时事出版社，2019.4
ISBN 978-7-5195-0296-6

Ⅰ.①世… Ⅱ.①马… Ⅲ.①国际关系—研究 Ⅳ.①D81

中国版本图书馆 CIP 数据核字（2019）第 040834 号

出 版 发 行：	时事出版社
地　　　　址：	北京市海淀区万寿寺甲 2 号
邮　　　　编：	100081
发 行 热 线：	（010）88547590　88547591
读者服务部：	（010）88547595
传　　　　真：	（010）88547592
电 子 邮 箱：	shishichubanshe@sina.com
网　　　　址：	www.shishishe.com
印　　　　刷：	北京旺都印务有限公司

开本：787×1092　1/16　印张：18.75　字数：235 千字
2019 年 4 月第 1 版　2019 年 4 月第 1 次印刷
定价：110.00 元
（如有印装质量问题，请与本社发行部联系调换）

9